# 从零开始——学

# 投资估值

蒋宗全 —— 著

中国铁道出版社有限公司

CHINA RAILWAY PUBLISHING HOUSE CO., LTD.

## 内 容 简 介

　　市场上关于价值投资理念的图书很多，但专门针对股票估值的图书却较少，而结合 A 股市场具体案例分析的图书则更少。做价值投资最关键同时也最难的就是估值。本书介绍价值投资理念、投资决策过程、护城河、商业模式、安全边际、估值的理论及方法等内容，同时结合 A 股几家上市公司的经典实战案例，详细讲解了各种估值的方法，具有很强的可读性和实战性。

　　本书定位于有一定的投资经验、希望尽快掌握企业基本面分析及价值评估方法的投资者，以及企业管理人员、证券分析人员，也可作为高校企业管理及金融相关专业的教辅资料。

**图书在版编目（CIP）数据**

从零开始学投资估值 / 蒋宗全著 . —北京：中国铁道
出版社有限公司 , 2021.11
　ISBN 978-7-113-27649-2

　Ⅰ . ①从… 　Ⅱ . ①蒋… 　Ⅲ . ①股票投资－基本知识－
中国 　Ⅳ . ① F832.51

　中国版本图书馆 CIP 数据核字（2021）第 182737 号

书　　　名：从零开始学投资估值
　　　　　　CONG LING KAISHI XUE TOUZI GUZHI
作　　　者：蒋宗全

责任编辑：张亚慧　　编辑部电话：（010）51873035　　邮箱：lampard@vip.163.com
编辑助理：张秀文
封面设计：宿　萌
责任校对：焦桂荣
责任印制：赵星辰

出版发行：中国铁道出版社有限公司（100054，北京市西城区右安门西街 8 号）
印　　刷：三河市航远印刷有限公司
版　　次：2021 年 11 月第 1 版　2021 年 11 月第 1 次印刷
开　　本：700 mm×1 000 mm　1/16　印张：15.5　字数：244 千
书　　号：ISBN 978-7-113-27649-2
定　　价：69.00 元

# 理解价值，才能投资于价值

## 一、股票是最好的长期投资品种

中国经济自改革开放以来经历了长达四十多年的高速增长阶段之后，逐渐进入中高速增长阶段。随着低利率时代的到来，资产的保值、增值便成了大家的迫切需要。国内投资者投资渠道主要集中在房产投资、债券、基金、股票投资、银行理财等，近年来房地产市场"房住不炒"的主基调，让很多国内投资者开始将目光转向股票及基金产品。

需要指出的是经济增速换档，对股票市场未必是坏事。经济放缓只要不是经济危机或经济崩溃，可能对股市反而有利，其中有几个内在原因，具体如下：

一是高GDP增长时企业之间竞争激烈，企业资本支出较多，降低企业现金流及增加折旧，而低GDP往往伴随行业集中度提高，企业利润率及现金流增加，比如前几年白色家电的龙头企业市场份额提高了，利润增长更是快于营业收入增长，因为行业竞争格局稳定，企业利润率提高，经营现金流水平也更好；

二是高GDP增长时投资者往往有信心，对未来有过高预期，导致股票估值高，而低增长也使投资者对未来的预期降低，可能带来较低的估值。所以经济增长放缓—行业集中度提高—龙头公司盈利增加。

三是高增长时期社会财富积累基本完成，经济放缓后资金对股票配置增加。股票市场和经济增长阶段性不一定一致，但是和估值更相关。较低估值水平、龙头公司盈利增长、社会资金配置股票增加，三个方面合力可能带来股票市场在经济增长放缓时反而持续上升。

优质股票一定是未来保值、增值的最好载体。公司是市场经济的主体，只有优秀公司可以持续创造更多现金，优秀公司由稀缺优秀人才创办并经营管理，投资优质股票可以拥有个人无法创立的好生意。优质股票可以带来哪些财富效果呢？

一是保值、增值；

二是可以带来财富（长期持有优质股票的复利效应，A股优秀上市公司的回报＞全部上市公司的平均回报＞全国所有企业的平均回报＞名义GDP增长率＞实际GDP增长率＞长短期债权回报＞现金及货币基金回报）；

三是可以带来每年分红。

据统计，股票投资持股1年以内的风险大于任何资产投资，持股10年以上的风险与国债基本相当。一般来说，中长周期投资比短期波段操作回报更为丰厚且稳定。在复利的作用下，中长周期投资往往会取得意想不到的效果。从长周期来看，股市收益率远远大于房市、债市和黄金。从过去100年的长周期角度来看，大类资产的收益有以下的大致排序：股市>债市>商品、地产，商品仅是投入品，债券仅是获得了经济发展中的无风险收益，而股市可以享受到经济发展过程中创造附加值带来的超额收益。

**二、什么才是企业的价值**

企业价值即指企业本身的价值，是企业有形资产和无形资产价值总的市场评价。企业价值不同于利润，利润是企业全部资产的市场价值中所创造价值中的一部分，企业价值也不是指企业账面资产的总价值，由于企业商誉的存在，通常企业的实际市场价值远远超过账面资产的价值。

一个企业的内在价值，是由企业内在的品质决定的，就是企业在其余下的寿命之中可以产生的现金流的折现值。关于现金流的折现，在本书的第6章将详细讲解。

内在价值是价值投资中一个非常重要的概念，它为评估企业的价值和相对吸引力提供了唯一的逻辑依据。

企业资产的多少并不代表企业价值，企业的资产由两部分构成：属于股东的资产（在资产负债表上表现为股东权益）和向债权人借入的资产（在资产负债表上表现为负债）。企业的价值肯定不能用总资产的多少来衡量，因为向债权人借入的资产是要偿还的。如果总资产越多，企业价值越大，公司只要多举债，这一目标就能实现。剔除掉负债因素，公司的价值能否用净资产（股东权益）的多少来衡量呢？这需要考察公司资产的质量。实际上公司资产质量是有差异的，有的资产质量很高，如现金、银行存款、短期投资等；有的资产的质量就要差一些，如应收账款、长期投资、固定资产等；有的资产质量很低，被戏称为"垃圾资产"，如长期待摊费用、递延税款等。正因为资产的质量存在高低之分，净资产同样不能代表公司的价值。

在具体形态上，公司的价值增加大都表现为净资产和净利润的增加。如前所述，不能用净资产来衡量公司价值的高低，这里又说公司的价值增加大都表现为净资产和净利润的增加，二者是否矛盾呢？回答当然是否定的，原因在于净资产和净利润与公司价值是现象与本质的关系，现象不能代表本质，但本质能解释说明现象。

《巴菲特之道》《巴菲特的投资组合》作者罗伯特·哈格斯特朗曾以1 200家美国上市公司为样本，进行企业经营成果与股价的相关性研究：当股票持有期为3年时，企业收益与股价相关程度在0.3左右，持有期为5年时，两者关系在0.4～0.6，若持有期拉长到10年，两者关系上升到0.6～0.7，若再延长至18年持股期，企业收益和股价的关系就稳定在0.7以上。

不考虑估值变动因素影响，在企业资产价值提升或盈利能力提升的情况下，你手中的企业所有权将更加值钱。换言之，此时有人愿意以更高的价格购买你手中的企业所有权。对价值投资认识不坚定的，试图卖出股票来躲避风险。岂知大的波动是必须承受的。看一个统计数字，1926—1996年，美国70年800多个月，90%以上的涨幅是在6个月完成的，这6个月仅占7%的时间，也就是说7%的时间完成几乎所有涨幅，只有一直持有才能获得收益。当然最好能判断何时涨跌，但没有人能够提前准确判断何时涨跌，如果试图通过预测市场时机来进行买卖，最终一定是错误及降低收益的。

正如邱国鹭在《投资中最简单的事》里所说，做价值投资，把时间拉长，总是赚两方面的钱：一方面赚的是企业被低估的钱，当市场处于恐惧或疯狂等非理性时，你比别人更耐心，善于控制情绪，更坚定地做出独立判断，甚至进行逆向投资操作，这是市场过度悲观、市场情绪化定价所带来的机会，也即市场价格和公司价值的错配，是市场错误定价带来的回报；另一方面赚的是企业成长的钱，是管理团队不断为股东创造新的价值、新的收益。

总之，前者是由于市场波动带来的估值提升的投机收益，后者是由收益增长和股利所决定的投资收益。如果我们要实现投资收益的最大化，就把投资研究完全放在拥有经济护城河的公司身上。也可以让我们最大限度地降低投机收益的风险，也就是其他投资者的心理变化对我们投资带来消极风险的影响。对于未来的投资收益，我们可以通过合理的估值，实现可预见因素（企业财务状况）影响的最大化，不可预见因素（其他投资者的心理）影响的最小化。

**三、学会估值**

虽然A股过去二十多年的投资方向和风格都发生了翻天覆地的变化，但投资的本质亘古不变：未来现金流折现后的现值决定了资产的价值，不管是股票、债券，莫不如是。评估现值对于投资者而言比较困难，因为价值中的三大要素：现金流、时间和风险在股票投资中都是由预期决定的。而相较之下，债券投资中的现金流和时间因素都是由合约事先规定好的。自由现金流贴现（DCF）是最好的估值方法，优秀的投资者关注并理解自由现金流的重要性，即其可持续性。具体而言，需要综合考虑公司所处的行业生命周期、公司在整个行业竞争中所处的位置、可复制的商业模式、行业的进入门槛和公司管理层配置资源的能力等。投资者在估值实践中认识到自由现金流贴现方法有很多的局限性，所以才出现了市盈率，实际上，市盈率是DCF贴现的简化方法。这些指标并不直接代表企业价值，而只是估值过程中需要用到的工具而已。

好公司比好价格更重要。很显然，合理价格买入优质公司，往往还能获得优质企业不断成长的钱，而低估价格买入平庸企业，则可能发生一般企业价值不断下降的现实。时间是优秀企业的朋友，是平庸企业的敌人。

高估还是便宜，与投资人的眼光和能力有着密不可分的关系。往往很多投资者认为贵的不一定真的贵，认为便宜的不见得一定便宜。存续期很长、竞争优势明显、管理层优秀、市场拓展空间较大的企业，从短期来看，认为高估的，可能是因为能力看不到那么远，因为这样企业的价值更多取决于未来增长的价值，长期持有这样的企业仍然会有不错的收益。所以，尽量从多个维度来评估企业的内在价值，使估值更接近客观真相。

对企业价值的评估和判断是价值投资的核心。笔者认为，站在企业经营角度去认识价值来源是有效的方法之一，也就是通常所说的将股票当成企业资产所有权的一部分。做价值投资最关键也最难的就是估值，可以毫不夸张地说，估值是优秀投资人的核心竞争力。这也是我写作本书的初衷所在，希望本书在这方面能够帮助到读者。

因为水平所限，本书难免存在一些不足和错误，请读者及各界人士不吝赐教。本书出版之后，我会在雪球个人主页更新错误之处及其他与本书相关的内容，也很期待能与读者朋友就相关投资问题进行更多的交流与探讨。

作　者

2021年8月

# | 目 录 |

# 第1章

# 投资决策过程

———◆——————————————◆———

赌博，永远是"零和游戏"，赌场上有人赢，必定有人要输。而股票投资不是赌博。对于短线炒作者，也即投机者，是想赚市场的钱、赚其他投资者的钱，我们看到的就是进行价差买卖，涨了就赢钱，跌了就亏钱，好像和赌博没什么两样，其实这么去理解是非常片面的，需要区别对待来深入分析：对于短线炒作者，我们称之为"赌徒"或投机者，"赌徒"的亏损从结果上看是大概率事件，这类低胜率的投资，说穿了还不如抛硬币类赌博的50%胜率高；与"赌徒"或投机者相对应的，即想赚企业成长的钱的人，我们称之为投资者（也即价值投资者，大家习惯把依据基本面分析的投资者称为价值投资者。如无特别说明，下文所提到的投资即为价值投资，投资者皆为价值投资者），投资者的每一笔投资都是对于上市公司融资和实业发展的贡献，而不是毫无意义的投资者之间的资金流动，股市的存在，能够很好地将虚拟的金融与实业发展联系在一起，随着经济的发展，股票资产会随企业内在价值的提升而不断增值，正常情况下，股票分红能得到"现金流"。

另外，股票的净资产也因为企业盈利而增加。这样从结果上看，股市投资是完全可以共赢的，如果把这样的共赢型价值投资也看成是赌博，实在是不太可取。

搞清楚了价值投资是一种投资人之间、投资人和上市公司的共赢模式，也确实为社会在创造价值，使得国家的资本利用率更高，推动国家更繁荣，股市开始牛长熊短的格局。尽管目前的A股还不够成熟，并没有多少股民真正懂得价值投资，大多数股民仍然还是在追求短期收益。真正的价值投资是寻找存续期很长、拥有持续竞争优势即护城河、管理层优秀、市场拓展空间较大的企业，在估值合理偏低时买入投资。

## 1.1 分析行业

迈克尔·波特认为,决定企业获利能力的首要因素是"产业吸引力"。确实如此,行业与行业是不同的,有些行业确实比另一些行业更容易赚钱,对企业基本面的分析离不开行业分析这个大背景。行业天生是有优劣之分的,有些行业天生丽质,企业都活得很滋润,比如白酒行业,假设没有选到龙头,选到二、三、四……收益也还是过得去的,这就是所谓的容错概率大。其他行业,选不到老大、老二,基本上就是亏钱的命了。比如,白色家电没选格力、美的,就基本比较惨了。但是,白酒错过了茅台,选五粮液、汾酒、泸州老窖,也可能收益颇丰。有些行业天生微利,辛辛苦苦地劳作,但最终只能解决温饱问题,可以说行业是影响企业价值的主要因素之一。

行业分析主要从行业周期性、行业格局、行业产业链位置、行业前景、行业技术变化、行业属性(轻资产或重资产)、行业先发优势、行业壁垒等几个方面来展开。

### 1.1.1 行业周期性

一年有四季,万物有兴衰。从绝对意义上来说,万物皆有周期,或长或短,循环往复。只是我们常说的周期性行业的周期非常显著,而其他行业的周期性相对不明显而已。尽管我们往往倾向于认为周期性行业的周期能为我们带来明确的阶段性投资机会,但实际上很多其他行业的投资机会也来自周期性。在经济中绝大多数企业都是周期性企业,因为最终影响企业经营活动的因素是多方面的,我们要做好股票投资就不得不深入研究周期性企业的特点。

一般来说,企业的周期性主要有三个原因:宏观经济、行业波动和企业的经营周期。通常我们所说的周期性行业是指和国内或国际经济波动相关性较强的行业,其中典型的周期性行业包括大宗原材料(如钢铁、煤炭等)、工程机械、船舶等。

市场一般将股票分为强周期股和弱周期股。为什么做此划分，因为两者的特征和投资逻辑是不同的。

经济周期一般可分为繁荣、衰退、萧条、复苏四个阶段，凯恩斯的宏观经济学理论认为，经济周期产生的原因主要是总供给和总需求的失衡到动态再平衡的循环导致的。

从本质上来说，周期是价格机制发生作用产生的。当社会总供给大于总需求，均价下跌，生产萎缩，行业中开始发生亏损的企业，失业增加，社会需求减少，当售价不能弥补固定成本时，企业停止生产，供给减少。而供给相对于需求不断减少，导致价格慢慢回升，供需慢慢趋于新的平衡。反之，当社会总需求大于供给时，价格上涨，行业利润率上升，企业生产积极性高，甚至有更多的竞争者加入这个行业，分割"利润蛋糕"，供给相对于需求不断增加，价格出现下跌。

当然，这其中还穿插着政府的财政政策和货币政策逆周期因子的调节，政府的政策会在一定程度上影响着周期的更迭速度和频率。现实中，经济运行非常复杂，实际上没有谁真的能够预测周期，即使是经济学家也难以预测经济周期更迭。

因此，周期属性的来源是人类对未来的不可知性，导致的供给和需求在时间上的错配：要么是供给不能满足需求的快速变化，要么就是需求跟不上供给的快速变化。在传统的周期性行业里，供需中的某一方变化往往明显快于另一方，形成了我们观察到的"周期性"，而我们所定义的"非周期性"行业，也存在这样的供需错配问题，只是错配并不严重。但是，这种错配形成的"超预期"却可能为我们带来与传统周期行业很相似的投资机会，其原理在于，预期比客观事实更容易波动。

绝大部分行业都会受到经济周期的影响，只有那些关乎生存的行业，受经济周期的影响很小，例如再穷，饭也要吃，生病了也要看病吃药。我们通常称消费行业为弱周期行业。但是，即使同为消费行业，其周期性也是不同的，米面酱油等这些生活必需品几乎不受经济周期的影响，茅台等酒类便逃不开周期的影响，很难想象经济萧条的时候，茅台或五粮液的销量还能一直增长。而食品饮料的周期性又要弱于汽车、纺织服装、珠宝、旅游传媒等可选消费行业。

所以，不同行业，甚至是行业中的不同企业，其周期性强弱也是有所区别的，主要取决于经济周期所处的阶段及需求的刚性程度。

另外，强周期性行业的周期长短也是不同的。一般来说，建设周期长，固定成本占总成本比重高，价格的调节机制发生作用所需的时间越长，行业周期性越长。因为在扩张期，企业扩大生产线、建造厂房、招聘培训职工等都需要时间。

此外，产品的差异化程度导致不同产品受经济周期影响程度也有所差别。例如，钢铁、煤炭、有色金属、白糖等无差异产品，由于产品的无差异性，这些行业往往没有定价权，行业中企业的"拼杀"主要是拼成本，受供需的影响较大，在经济萧条期可能出现全行业亏损。而一些有品牌溢价的差异性产品受经济周期的影响相对较小。

周期性行业也随着经济的发展不断变化，如电力，过去曾经是典型的弱周期性行业，但由于煤炭价格的彻底放开，一旦煤矿价格大幅上涨，该行业也会大幅亏损。所以应该用变化的眼光看待问题。

总的来说，大部分行业都是具有周期性的。

在投资中，我们分析行业的周期性要从两个方面进行。

第一，行业周期性往往是根植于经济发展的周期性，经济发展的不同阶段所需要依赖的行业有所差别，每个时代的主航道行业是不一样的。2000—2010年期间，是中国大建设时期，涨得最好的就是有色金属、钢铁和水泥等传统基建行业的股票，这些行业发展达到阶段性高位之后，开始进入长达10年左右的低迷期。投资者如果没踩准行业周期性的节奏，可能需要付出极大的时间和经济成本。

第二，从行业本身的发展周期来看，一般都会经历幼稚期、成长期、成熟期和衰退期四个阶段（见下表）。每个周期，行业的发展特征不一样，掌握一些基本行业分析方法是很容易得出结论的。

| 发展阶段 | 特　征 | 策　略 |
| --- | --- | --- |
| 幼稚期 | 产品类型多、不断涌现新的企业、利润低、增长快等 | 跟着龙头企业、探索市场 |
| 成长期 | 发展快、部分企业开始退出市场、市场占有率出现集中等 | 增加投入、建立进入门槛 |
| 成熟期 | 发展稳定、行业集中度提升、兼并频发等 | 控制成本、提高效率、兼并、扩大市场占有率 |
| 衰退期 | 产能过剩、增长率下滑、产品减少等 | 退出、寻找新的业务增长点 |

从投资的角度看，如果你投资的公司所在行业是处于幼稚期或是衰退期，是极其危险的。处于行业幼稚期的企业，很有可能因为产品开发策略出现问题而丢失市场，衰退期的企业有可能无法寻找新的业务增长点而退出历史舞台。这对于投资来说，都是大忌。因为风险一旦发生，可以说是致命的。

价值投资者一般会回避强周期性行业的公司，选择弱周期性行业，原因主要在于强周期性行业的企业业绩的波动性，令价值投资者无法预估企业未来的利润。股价何时高估、何时低估，往往无所适从，最终陷入趋势投资的追涨杀跌，而将有限精力从关注企业发展转移到股价波动上。价值投资的一个重要基础就是能对企业有一个相对精确的估值，强周期性行业的企业不符合价值投资者对投资标的的长期确定性的要求。周期性行业的企业还蕴涵以下几个方面的风险：

首先，每一次行业周期的轮回，都有一批企业"倒"下去。投资者能保证自己投资的企业屹立不倒吗？这需要对该企业有超出一般投资者的深入了解，并且要时时跟踪。

其次，伴随股价的剧烈波动，持有人虽然抱定持股不动的信念，内心必然备受煎熬。与其忍受这种折磨，不如持有非周期性股票，夜夜安稳睡觉。

再次，一般来说，周期性行业的产品没有差异化、同质化竞争，当行业出现经济周期向下或产能过剩的时候，只能通过价格战解决，于是整个行业陷入低谷。

最后，强周期性行业多是重资产企业，不停地追加投资、更新设备，容易将股东留存的利润最终化为乌有，价值投资者讲究的是低投入高回报，所以强周期性行业这种重资产及不断追加投资的行业不符合价值投资对标的的要求。

周期性企业的利润波动幅度大，企业价值是不确定的，所以估值上是折价的，弱周期性企业的利润是保持稳步增长态势的，企业的价值是逐步增加的，估值上也是溢价的。所以说周期性因素是影响企业价值的重要因素。这点我们将在第 8 章再详细阐述，这里不再赘述。

## 1.1.2 行业格局

很多投资者在研究一家企业时，会重点看这家企业所处行业的成长性，这当然没有任何问题。但是如果只是看行业的成长空间，那就有问题了。比如一家互联网企业,行业发展空间非常大,很多人会认为这家企业就有潜力,而另一家制造业,行业到了天花板,就会单纯地认为这家企业没有潜力。

其实,决定一家企业长期的成长性除了行业空间,恐怕最被大家忽视的是行业竞争格局,从某种意义上来说,行业竞争格局比行业空间更重要。

有些行业,比如服装是个万亿级别的大行业,人们在穿衣打扮上花的钱只会越来越多,行业发展空间非常大,但这个行业很难出大公司。为什么呢? 因为这个市场是一个无序竞争的市场,从事服装行业的企业几十万甚至上百万家,而且消费者对服装的个性化需求太大,品牌的忠诚度很低。

但有些行业,市场会慢慢向少数几家公司集中,形成稳固的行业竞争格局,而且这个格局很难被打破,此时这个行业如果高速发展,行业的龙头公司会获得更快的发展速度和更高的利润。

行业竞争格局有多种划分方法,从实用的角度出发,笔者一般把行业竞争格局分为充分竞争和有限竞争(寡头竞争)两种。从实业的角度来看,在充分竞争的行业格局下,企业面临充分的竞争,产品缺少定价权,往往会陷入价格竞争,一般都无法获得超额收益;而在有限竞争的行业格局下,企业面临的竞争有限,常常掌握了一定的定价权,因此才有获得超额收益的可能。

这里有两个视角:一个是行业横向对比,比如同为家电行业,空调行业是格力、美的双雄争霸,处于有限竞争的格局,两家都赚得盆满钵满。为什么空调行业会从分散走向集中? 因为空调是一种比较标准化的产品,空调不像衣服,每个人都有不同的穿衣风格。消费者在买空调时主要看这个产品的性能和品牌实力,那么行业中比较强的公司会越来越赢得消费者的青睐,最终市场会集中到一两家企业手里。而同为家电行业的电视机行业则相当分散,处于充分竞争的局面,行业内的公司基本都利润微薄。

另一个视角是从纵向看行业,2002—2005年,空调年销量从605万台快速增长至2 634万台,年复合增长率达63%,然而当时行业处在充分竞争阶段,企业利润相当一般,以格力电器为例,2002—2005年,无论是净利润增速(年复合增长率19%),净利率(3%),还是净资产收益率(低于20%),都相当普通;反而是2005年以后(2005—2011年,行业销量年复合增速为15%),行业逐渐进入低速增长阶段, 行业进入洗牌阶段, 格力和美的崛起, 行业逐渐进入有限竞争阶段, 龙头企业利润丰厚。还是以格力为例, 净利润增速年复合增长率达到48%, 净利率提升到6%以上, 净资产收益率达到35%。

当市场格局越来越稳定时, 龙头公司的利润率会越来越高, 因为规模越大, 生产成本越低, 而售价还可以慢慢提高。一个有趣的现象是, 近几年空调行业库存高企, 格力和美的都要想办法降价消库存, 但年报出来一看, 两家公司的利润率反而还上升了。

因为降价只是一句口号, 在只有两强争霸的行业里, 两家公司表面上虽然斗得你死我活, 但在销售端会形成一个默契, 就是绝不会打价格战, 如果有一方大幅降价, 另一方也只能降价, 这样行业格局会被打乱, 大家都没有钱赚, 而价格降下去以后再想涨回来则会很难, 这是双方都不愿意看到的结果, 所以大家都不会降价。如果空调行业有很多参与者呢? 价格战会让大家都没有钱赚。

在分析行业竞争格局时, 要有区域市场的概念, 包括产品及地理空间两个方面。

首先, 在产品上, 要注意品类的细分, 产品是在细分品类内竞争的, 特别是消费品行业, 如伊利从大行业来说, 属于奶制品行业, 但实际从整体去分析伊利在奶制品行业的市场份额, 其意义不大, 因为品类早已细分, 消费者是在细分品类的品牌之间进行选择, 如儿童奶品类, 是QQ星与未来星竞争; 常温酸奶品类, 是莫斯利安、纯甄和安慕希竞争, 必须分析伊利在各细分品类下的竞争情况, 才能对伊利的竞争力有客观地认识。

其次, 在地理空间上, 有些行业从全国范围来看, 市场好像挺分散的, 但实际在区域市场上, 市场可能已经相当集中, 这主要是一些销售半径小的行业如啤酒、水泥等。现在啤酒品牌太多, 都不怎么赚钱, 等到行业大鱼吃小鱼, 兼并收购, 行业最后只剩一两家时, 价值就出来了, 就像可口可乐和百事可乐, 因为是双雄争霸, 双方会很默契地把售价稳定在一个区间, 这个区间大家都有比较不错的利润。

格力电器这十多年股价涨了上百倍, 难道是这个行业成长了百倍吗? 远远没有, 因为行业在不断集中, 在集中的过程中, 利润率又在不断上升, 你看格力十年前的净利率只有3%～4%，现在达到14%～15%。这样的公司会大幅超越行业的涨幅，行业上涨十倍，公司股价已经上涨百倍了。

这就是行业格局的力量，行业格局远比行业本身的成长更有研究价值。

那么，什么样的行业能够走向集中？这个涉及行业特性、产品特点及竞争优势的问题，拥有竞争优势的企业最终是行业变化的受益者。涉及行业特性、产品特点等方面，行业集中度的提高意味着很多参与企业退出市场，退出市场一般是因为亏损或者缺乏超额收益。综合起来有三个导致行业集中度提高的因素：行业衰退、需求升级、用户趋同。

### 1. 行业衰退

行业衰退时，所有企业的日子都不好过，比如钢铁行业。成立于1901年的美国钢铁，由卡内基钢铁和联合钢铁等十几家企业合并而成，曾经控制美国钢铁产量的65%。它先后吞并了50多家企业，美国钢铁行业的集中度不断提高。股价在2007年见顶后一路下跌，平均下来ROE小于4%，完全没有超额收益。

衰退就意味着很难有超额收益，由于经营资源具有易得性，很多竞争对手会在萧条中"死"去，又有可能在再次景气中复活或者出现新对手，所谓"野火烧不尽，春风吹又生"。因此，衰退的行业即使行业集中度大幅提高也很难有投资机会。这类集中度的提高一般发生在行业发展的末期。

### 2. 需求升级

需求升级，一般源自客户需求品质的提升。客户的需求品质提升时，那些提供次等质量的产品或服务的公司容易被挤出市场。

中国经济增长趋缓，很多传统行业的市场空间已经很小了，剩下的更多的是在存量竞争者之间的竞争。

需求升级导致的行业集中度提升，其龙头股涨幅也很可观，比如前面提到的格力电器。这类行业集中度的提高一般发生在行业发展的中期。

### 3. 用户趋同

一般来说，行业衰退和需求升级导致集中度的提升是外部环境变化的结果，那么，用户趋同性导致行业集中度的提升，是行业内禀属性决定的。用户趋同性一般发生在产品具有天然互通性要求的行业，用户难以或者懒于选择多样化的产品或者服务，比如Windows操作系统、微信等。当某公司的产品或服务达到一定的市占率后，对于潜在用户而言，使用市占率最高的产品，是最安全也是效益最大化的选择。互通性的结果将导致业内出现"赢家通吃"现象，这种特性常见于无形的信息产业，而在有形的实物类产业中却很少出现。

相比行业衰退和需求升级因素，用户趋同性导致行业集中度的提升可以达到极高的程度，这类行业集中度的提升，一般发生在行业发展的初期或者中期。显然，对于增长而言，这是最有投资价值的行业。

体现用户趋同性的另一个方面是细分领域超级品牌的诞生。

很多人会问，食品饮料行业这么分散，为什么会出现可口可乐这样的大市值公司呢？对于食品饮料这种超大行业，要细分来看，在可乐这个细分领域，行业集中度极高。

拿可口可乐来说，如果有一家企业能够生产出和可口可乐一样口味的产品，消费者会为这个产品买单吗？不会，大家还是会选择可口可乐。这就是品牌的力量，在这里就是最有力量的证明，对于一个消费品牌来说，品牌才是最宽的护城河。

对于品牌，很多投资者的认知高度并不够，他们只是认为快速消费品需要强大的品牌，而耐用消费品则只需把产品做好就行了，其实投资者低估了品牌的力量，品牌一旦占据了消费者的心智就几乎无法动摇。对于那些没有占据消费者心智的新进入者，你做出了一样的产品，甚至做得更好，但是消费者也不会买单。

因此，行业格局和行业集中度由产品和行业属性决定，有些行业会不断集中，而有些行业会越来越分散，即使行业发展空间很大，对于单个公司来说，也没什么意义。

选择行业集中度可以不断提升的行业，就增加了我们投资的确定性。以下是A股未来集中度可以不断提升的代表性行业：

（1）白酒行业：近年来，前七大酒企（茅台、五粮液、洋河、泸州老窖、山西汾酒、郎酒、剑南春）的合并市场占有率从约18%上升至约34%，品牌集中度越来越高。因为健康认知、人口结构等原因，未来白酒消费总量应该是稳中趋降，但由于消费升级影响，越来越多的消费者趋向"少喝酒、喝好酒"，白酒龙头由于品牌、产能、营销各方面的优势，势必会在未来不断挤压中小酒企的市场份额，白酒行业集中度也将越来越高。

（2）房地产行业：国内房地产企业2017年前五位只占国内总体市场的10%，2019年前十月已经占到近19%。行业集中度不断提升的趋势很明显，根据国内房地产行业情况，头部房企能够发挥融资、品牌及运营管理优势，获取更多高性价比的土地储备，十年之后前五位有望占到30%甚至40%。

（3）调味品行业：从具体企业来看，2016年，海天味业占据着最大的市场份额，约为6.46%；李锦记紧随其后，约为4.27%；第三至第五位分别是老干妈、太太乐、美味鲜，市占率分别为3.63%、2.89%、2.83%。前五大品牌，市场占有率不足20%，由此可见，我国调味品行业集中度很低，未来还有很大的提升空间。随着消费者越来越注重生活质量的发展趋势，调味品表现出向高档化发展的趋势，中高档调味品市场容量在进一步扩大，大品牌公司依靠积累起来的渠道优势、品牌影响力等纷纷推进品类延伸，借助现有资源推出新品，协同效应明显，不断挤压小品牌，提高集中度。参考其他龙头消费品和国际调味品，行业发展成熟后前五位的集中度有望提升到60%，行业龙头还有数倍的成长空间。

（4）医疗器械行业：医疗器械行业属于全球范围内集中度较高的行业，并且集中度不断提升。中国前二十大医疗器械企业（按照销售额）的行业集中度2017年达到14.18%，虽较2010年的10.75%有所提升，而全球医疗器械行业2017年前十大器械企业市场份额占比约为39%，前二十大器械企业市场份额占比约为54.5%，前三十大器械企业市场份额占比约为64%。

2017年，我国营业收入最高的三家医疗器械公司为迈瑞医疗(111.7亿元)、新华医疗(99.8亿元)和威高股份(62.9亿元)，与国际医疗器械龙头美敦力(300亿美元)、强生(266亿美元)和雅培(160亿美元)等公司相比具有较大的差距。国内医疗行业集中度还处于比较低的水平，这一方面是由于中国某一特定细分领域的行业集中度不够；另一方面是由于大部分企业的产品线较为单一。中高端市场国产市占率低。国内医疗器械流通市场呈现出整体分散、趋于集中的竞争格局。

2011年以来，国家继续加大对国产设备的支持力度，推动我国医疗器械产业的跨越式发展。尤其是2018年8月，国务院办公厅印发了《深化医药卫生体制改革2018年下半年重点工作任务的通知》，文件中明确提出要"推进医疗器械国产化，促进创新产品应用推广"。在医疗器械采购方面，国家卫健委提出要严格执行政府采购法，确保财政资金优先采购国产医疗设备。在国家鼓励创新及国产化政策的引导下，资源将越来越集中于优秀的国产企业，各细分领域的头部企业将掀起大规模并购的浪潮，带来行业集中度的提升。我国医疗器械企业的市值较国际巨头还有很大的成长空间，潜力巨大。

## 1.1.3　行业产业链位置

产业链分析则是对整个产业链进行纵向分析：一个行业，它的上游是什么？下游又是什么？彼此的关系如何？谁的话语权最强？一条产业链，从源头到终端，一般来说，总有一个行业环节利润是最丰厚的，这个环节的企业要么是拥有某种特别的资源，如稀土、金矿等资源类企业；要么是拥有强大的品牌，如苹果、茅台等品牌企业；要么是拥有终端渠道，如沃尔玛等零售企业。总而言之，要想获取产业链上最丰厚的利润，必须拥有特定的竞争优势。根据微笑曲线理论，上游的品牌企业和下游的终端类渠道企业利润往往比较丰厚，而中游的加工企业则往往利润微薄。

因为拥有强大品牌的企业，通过产品差异化战略能够享受到品牌溢价，避免了价格战；而渠道类企业则因为一般只面临附近商家的竞争，处于有限竞争或局部寡头竞争状态，所以两者利润比较丰厚，而中游加工类企业则因为产品同质化严重，如果不能形成规模优势，则只能深陷价格战泥潭。如今电商大发展加剧了渠道类企业面临的竞争，很可能将永久性地改变零售企业的市场地位。电商面临的竞争是全网的，无法形成传统零售企业的局部垄断地位，而且消费者的转换成本也极大地降低了，只需动动手指头（鼠标），连腿都不用抬，这是前所未有的。这些都使电商面临的价格竞争极大地加剧。

产业链分析还应注意到的一个现象是：一个产业环节的企业越少，市场集中度越高，往往预示着这个环节的利润越丰厚。寻找最简单的产业链，跟踪极少的变量，因为企业少，市场集中度高，面临的竞争就小，对上下游企业的谈判能力就强。

通过分析产业链有助于我们对产业链中优势企业的选择,我们尽量避免主营业务处于附加值较低的制造环节的公司。这里面蕴含一个很简单的道理——需要依赖创新创造的环节必然是价值创造和利润的获取环节,而那些只需要程序化的重复性工作的环节创造的价值有限,获取利润的能力当然也有限。以手机产业链来讲,在这个较长的产业链中,真正附加值高的领域还是芯片研发、操作系统研发环节,而不是手机制造环节。所以比较容易理解,像苹果、高通这样的公司是这个产业的价值创造者和超额利润获取者;而富士康这类的手机生产组装商,利润率就低得多。

## 1.1.4 行业前景

很多投资者经常挂在嘴边的一个词便是好生意。而好生意就涉及赛道/公司两个层面。一般来说,好生意都是前景较好的行业里占据垄断地位的龙头企业,行业前景一般,但龙头企业占据垄断地位后,仍然可以认为是好生意。

尽量选择景气度不断往上走的行业。爆发性增长的行业,才有较大机会分享整个行业发展的红利。选择好赛道,应该选择随着中国经济发展及经济结构变迁而衍生出来的具有远大前景的行业,并寻找优质的公司进行深度跟踪。这里需要说明的是,行业前景一般甚至负增长,不代表这个行业的龙头公司不能投资,比如白酒行业从2016年以来,产销量呈现出稳中有降的趋势。白酒消费总量尽管不容乐观,但不代表白酒行业的龙头企业贵州茅台或五粮液不能投资。

再比如烟草行业,以菲利普莫里斯公司为例,这只在过去50年美国市场表现最好的股票,长期回报率高企的原因在于分红很高、业绩几乎没有成长,但是它的ROE很高。这家公司销量下滑但是价格提升,行业没有技术进步,公司几乎不需要投入,绝大多数利润都用于分红。投资者对于烟草行业存在种种担心,包括销量下滑、持续经营的合法性等,导致烟草公司的估值一直很低,而低估值又推升了股息率,数十年的高股息率,在复利的作用下,爆发出惊人的威力。

在这里,我们可以说,如果选择了较窄的赛道(景气度面临恶化风险的行业)的投资标的,未来的容错率较低,而选择较宽的赛道(即景气度向上的行业)的标的,未来的容错率可能更高。

从经济转型的角度看，既然产业升级需要靠技术进步来推动，那就需要研究哪些行业的研发投入量更大，其成长机会也就更大。从行业看，我国在计算机、通信和其他电子设备制造业、电气机械和器材制造业、新能源汽车制造业、医药制造业等行业研发经费的投入很大。例如，半导体行业是政府巨额投入的战略性行业，此前的投入一直没有满意的回报，但近来据说是随着摩尔定律的"放缓"，给了中国半导体行业赶上的机会。中国每年在芯片方面的进口额高达1.6万亿元（人民币），超过原油的进口额，如果能从部分替代变成完全替代，将给半导体企业带来巨大的商机。

如今，政府还在持续投入，设立的半导体产业基金总和是万亿级的。因此，这个行业就值得看好。此外，如人工智能技术的推广和应用，也将导致多个产业领域的变革，从而带来新的投资契机。随着5G的推出，中国在通信领域领先于全球，这将进一步支持网络消费、网络金融等新型服务业的更快发展。人口老龄化与消费升级也是未来一个长期投资的主题，它带来了服务消费如健康养老、教育娱乐、医疗服务等消费增速的持续上升。

## 1.1.5　行业技术变化

如果一个企业所在行业每过几年就面临一次重大颠覆性的技术革新或者其他什么颠覆性要素的出现，那么对这个企业的未来预期是极其困难的。比如高科技技术企业，或者貌似前景无限但是技术前途及商业模式极其不确定的朝阳产业。巴菲特曾经为什么不投科技股？巴菲特认为，投资决策的关键不是看一个行业可以给社会带来多大的影响、可以增长多少，而是研究特定公司、资产的优势和持续性。拥有宽广的、可持续的护城河的产品或服务才能给投资者带来高额回报。

科技行业日新月异，发展变化太快，令人无法预测其未来，难以看清10年后的情形。巴菲特曾经不投科技股一个重要的原因就是这个行业技术变化太快，先发优势不明显，护城河每隔3～5年就要重新挖一次，太难把握。并且科技公司每年都需要投入大量的研发经费，这些经费能不能有成果还是个未知数，公司不可能每年都有新的研究成果。最重要的是，科技型公司具有强大的颠覆性。新的科技产品一经出现就可能完全颠覆旧产品,比如智能手机颠覆了传统手机、互联网颠覆了传统报纸传媒。颠覆性的、技术变化快的行业,是很难在事前知道谁是赢家的。并不是行业增长快就能随意购买股票。这个逻辑在2013年的市场中是不被认可的,大家只是想着要买符合转型的公司、快速增长、有远大未来的公司,但是这种逻辑是经不起时间检验的。

既然科技股存在很大的不确定性,那就把目光多投入技术进步慢甚至基本上不需要技术进步的行业。让我们来看看究竟有哪些不需要技术进步的行业:

(1)白酒行业。白酒基本上是不需要技术革新的行业,所以也就不需要大量的研发支出。追求的是传统工艺,旧的产能比新的产能更有优势,这是一个具有先发优势的行业。

(2)调味品行业。调味品的形成与地方饮食文化密不可分,区域性差异较大,国内传统调味品对中国人的口味适应度更高,具备天然的味觉壁垒,世界各大区域均诞生了本土调味品巨头,味觉记忆筑基业长青,饮食差异造就高护城河,经营存续期可以足够长,不会在短期内消亡或被其他行业颠覆替代。因为功能需求比较稳定,行业的技术进步也相对缓慢,传统优势企业保持优势的时间相对更为可靠,或者说传统优势可以保持在一个相对稳定的方向上缓慢创新。

(3)中医药行业。对于中医药企来说,其业绩往往是依靠销售和品牌驱动,而不是创新药企一贯的产品驱动,更加导致中药企业重营销、轻研发。部分中药企业如片仔癀、东阿阿胶和云南白药更多是靠文化、甚至是信仰驱动,而不是产品驱动,其生命周期则要比化学原研药企长得多。中医药行业与白酒和调味品等消费品类似,具有技术变化慢,研发投入少等特征。

## 1.1.6 行业属性(轻资产或重资产)

资产的轻重只是一个相对的概念,就一个企业而言,我们平时耳熟能详的厂房、设备、原材料等,往往需要占用大量的资金,属于重资产。这样的企业一旦达到产能限制,而市场需求仍然增长,如果要想获得更高利润,则必须投资新的产能,这需要消耗大量的资金和时间,如果投产过慢(厂房和设备及调试需要几年的时间),则可能丧失时机,因为等到新建产能投入使用时,市场需求可能早就发生变化了，并且一旦需求转向，重资产的公司不仅盈利增长乏力，而且计提这些新设备和厂房造成大量的折旧，反而会降低利润。

从财务报表来看，一般固定资产与总资产或者销售收入的比例非常大，属于重资产，固定资产与总资产或者销售收入的比例比较低的公司属于轻资产。所谓轻资产，主要是企业的无形资产，包括企业的经验、规范的流程管理、治理制度、与各方面的关系资源、资源获取和整合能力、企业的品牌、人力资源、企业文化等。因此轻资产占用的资金少，显得轻便灵活，所以"轻"。

投资者都喜欢轻资产的公司，笔者也不例外，因为风险相对小，相应的股东回报也很大、发展速度也非常快。

轻资产还是重资产，是投资决策过程中一个比较重要的问题。重资产公司，因为会固定地产生大量折旧或摊销，必须有大量的产品来分摊，一旦产品销量下滑，单位产品分摊的固定成本会使企业更容易滑向亏损的泥潭。

所以，对于一些重资产的公司，往往财报上名义的利润会有一部分被迫重新投入更新资产设备（或者研发）上，那么这些并非真正的股东权益。价值投资者常常会避开这种拥有大量限制性的利润（也即需要被迫投入更新设备或研发上的利润）的重资产公司。

而轻资产公司，恰好巧妙地避开了高固定成本，其产品或服务的成本，主要是可变成本。即使遭遇市场不景气，成本也会跟随销量下滑，使企业更容易在逆境中保持盈利能力。作为投资者，因为有条件选择，所以完全可以将注意力放在那些不需要持续更新资产的企业上。正是因为不需要投入太多资金更新资产，因此企业有条件让股东分享更多的企业利润。

我们经常给轻资产企业更高的估值，也是基于这个道理，因为在相同利润的情况下，轻资产企业往往可以比重资产企业获得更多的自由现金流。轻资产的公司，一般净资产收益率比较高，按市净率定价的话，结果会导致基本上都是高市净率即高PB公司，高PB要求公司的竞争壁垒很强。

高壁垒、高净资产收益率（即高ROE），才有高PB。轻资产模式的核心竞争力不在于品牌的优势，当然有品牌的优势更好，如耐克公司、可口可乐公司、肯德基公司，只要输出品牌即可，它们的核心竞争力在于资源的快速整合和市场反应速度。轻资产企业的前两个定义是知识资产为主、品牌为主的企业，第三个定义是大规模协作，打破企业边界，充分利用社会资源。轻资产的轻就在于能够创造大量现金流，而价值投资的安全边际看的就是现金流。安全边际的另一面是企业的有效成长性，企业多元化常常是一个陷阱，多元化如果不能产生协同效应就会无限制的消耗企业现金流。

轻资产公司运营一般通过两种方式：一是将重资产业务外包或转让出去。二是收购其他企业的一部分股权，本企业输出品牌、输出管理，利用自己有限的资金，盘活被收购企业的重资产。轻资产公司的核心理念是用最少的资金（或者最轻的资产）去撬动最大的资源，赚取最多的利润。要实现这个目的，企业的客户资源、治理制度、管理流程等轻资产，必然要取代生产线等重资产，成为企业获利的主角。轻资产模式也更适应当前讲究速度和创新的时代。因为轻资产公司一旦发现市场需求，可以快速反应，迅速投资来满足市场需求，最快获取巨大的现金流和利润。

未来国内会大量涌现轻资产类公司。主要是因为我国逐渐成为全球制造中心，多数商品的供应是过剩的，行业竞争也在加剧。在这种情况下，很多制造业企业缺少投资价值，只是在赚辛苦钱，而这些供给过剩的领域都是未来轻资产公司诞生的"温床"。轻资产公司在这里最关键的作用是作为产业链与价值链的组织者和协调者，具有很大的投资潜力，是中国经济的新生业态。这里还要强调的是轻资产本身并不是一种竞争优势，投资轻资产的核心在于其创新的整合能力和对市场需求的快速反应。

轻资产公司也存在两个缺点：

第一，轻资产公司在运营上有很大的软肋。该模式对企业的运营管理能力要求非常高，不能让任何环节出现问题（很多环节是外包出去的，不属于公司内部管理范畴，因此可控性差，容易发生问题），否则业绩会受到很大影响。比如轻资产战略可能就不适用于现在中国的乳制品行业，因为乳制品如果将生产环节外包出去，产品质量容易失控。乳制品一旦出现品质问题，那就是毁灭性的打击。所以轻资产并不适合乳业，要顺其自然，不能勉强。

第二，轻资产运营的模式很容易被模仿，难以形成中长期的竞争优势。同时轻资产公司并不能提供一种规模经济。规模经济的前提就在于"重资产"。

因为企业要通过规模经济建立竞争优势，必须满足两个条件：

第一个条件是固定成本必须在总成本中占有很大的比例，这里的很大是相对于企业在其中经营的市场规模而言。这些固定成本可能是厂房这样的资本投入，也可能是广告这样的经营费用。随着固定成本分摊到更大的销量上，平均成本就会不断降低，这样相对于其他企业，就会形成低成本优势。因此，如果市场规模非常大、成长迅速，每单位产品的固定成本份额就变得相对小，这样规模经济就难以在轻资产的公司中得到体现。

第二个条件是规模经济必须与某种程度的客户忠诚度相结合，这样才可以把竞争对手拒之门外。因此，现在看来，轻资产公司要形成的长期核心优势应该不是靠规模，而更多的是在需求方面体现竞争优势，比如通过某种运营使得客户习惯通过该公司消费，或者不愿意转换到其他公司消费。不过，即使轻资产公司存在一些软肋，也并不妨碍当前形势下该类公司的巨大发展空间。

所以，一味地追求轻资产容易掉进坑里，资产轻重本身并无绝对好坏之分，重资产也不是一无是处，有时也是重要的竞争门槛之一，如果重资产能给未来带来大量的现金流，那当下的重资产也是重要的投资价值所在。

价值投资需要研究的是企业的商业模式和增长方式，而不是把目光投向财务报表，正是因为轻资产的核心理念是用最少的资金（或者最轻的资产）去撬动最大的资源，赚取最多的利润，轻资产公司对资本的消耗是非常小的。这就是为什么巴菲特喜欢投资消费垄断型公司，因为它对资本的消耗非常低，笔者也特别青睐于此类公司。

轻公司的价值主要取决于三个因素：即现金流、管理层和商业模式。在所有的财务报表中，需要特别关注现金流量表，因为现金流量表是根据收付实现制来制定的，很难造假，可信度最高。这与利润表截然不同，利润表采用的是权责发生制，权责发生制只要企业的货物发出去给商家或客户了，开了发票，在利润表上就确认为收入或者净利润，这个造假难度系数就小多了：比如年底压货给经销商或渠道商，而压货往往很难收得到实实在在的现金，这样就会产生大量的应收账款，并且压货会影响第二年的销售额。

现金流量表可以揭示这些公司现金流的历史、现状和未来趋势。在我们最关注的现金流量的稳定性和成长性中，现金流的稳定性又是价值投资者考察的重中之重。这样的公司一般毛利率都比较高，绝对成本比较低，但由于一些公司大量依靠外部融资，所以现金流的稳定性就成为衡量这类公司未来风险的关键。

轻资产公司的商业模式只有在它的收入规模达到一定程度时才会表现出这种稳定性，富有吸引力的成长性主要表现在规模放大带来单位产品或者服务的固定费用将被分摊掉，从而极大地提高现金流，这时我们认为这种商业模式能够产生巨大的投资价值（现金流支持扩张）。管理层的执行力、对资源的快速整合能力是轻公司成功的第一要素。我们还需要评估公司商业模式的扩张能力，也就是它的商业模式能不能被复制，如果能，就具备大规模扩张能力，如果不能，成长性就有限。

## 1.1.7　行业先发优势

对于投资者来说，寻找高确定性的投资标的是最重要的事情，只有高确定性，盈利才有保障，先发优势就是确保高确定性的因素之一。

有些行业具有先发优势，行业内领先的龙头公司，后来进入的企业无论如何努力追赶也追不上，这类行业的龙头公司就比较适合长期投资。

没有先发优势的行业就会经常出现后浪推前浪。具有先发优势的行业，领先10年的企业，后面的企业想要追赶也许永远都不可能追赶上。

那么什么是先发优势呢？所谓的先发优势是指一家公司第一个进入某个行业或市场，具有一定形式的竞争优势。先发这件事并不天然的构成先发优势，先发者需要通过一系列商业活动构筑出自己产品的竞争壁垒才能具备先发优势，也就是取决于先发者能否获得一个后来者无法或者很难超越的东西。

先发者获得的优势主要来自五个方面：

首先，先行者有机会探索网络效应和正反馈回路，决胜竞争对手的技术。

所谓网络效应就是指一个产品的价值会随着它的使用者变多，价值出现几何增长的现象。比如微信，假设世界上刚开始只有一个人使用微信，这时微信其实是没有什么价值的，因为它起不到社交软件的作用。如果第二个人开始使用微信，这两个微信就可以开始互发微信了，这时微信就具备了社交价值，但显然这时微信的价值还很小。当使用微信的用户变得越来越多时，微信的价值才会变得越来越大。除了社交软件，当前的电商也具备这个特征。

其次，先行者可以建立重要的品牌忠诚度，后来者很难打破。

当人们在使用某件产品时，人们总会倾向于按自己最熟悉的方式去进行选择；有时尽管可能有更好的方法或更高效的方式，可由于惯性，我们还是会去选择一些低效或者不那么好的路径。比如在现实生活中，很多熟悉Word 2003软件的人就不愿意用更新版的Office，就因为他们已经熟悉了之前的版本，切换到新版本会让他们很不适应。用惯了苹果系统的用户也较难适应安卓系统。主要是因为用户在使用新产品时存在学习及转换成本。

再次，先行者可能有机会先于竞争对手实现销售，通过规模经济和学习效应实现成本优势。

再其次，先行者为使用它的顾客创造了转换成本，后来者很难从先行者手中夺取顾客。

最后，先行者可能积累起关于顾客需求、分销渠道、产品技术、工艺技术等有价值的知识。

当互联网行业的某个风口出现时，早期进入的公司可以通过免费或优惠等策略迅速积累起大量用户，而大量用户的积累会带来更大的网络效应。当一个产品的使用用户足够多时，用户就会形成路径依赖（也就是所谓的产品黏性），这时竞争对手即使产品相对更好，也很难抢走自己的用户。

先发优势，并不是护城河。先发优势，只是帮你争取到了挖护城河的时间。先发者需要通过一系列商业活动构筑出自身产品的竞争壁垒才具备先发优势，也就是取决于你能否在先发的时间里创造出一个后来者无法或者很难超越的东西。

护城河挖通之后给企业创造的巨大的商业价值值得创业者付出更多的思考与努力，这也许很难。虽然付出甚多，但回报也很大。

拥有护城河的企业具有两个方面的价值：一是对买了这个公司股票的投资者，风险极大地降低了，二是投资回报率会比较高。比如空调行业的格力，如果现在给一个公司500亿元，它也是无法竞争过格力的，因为格力有多年经营形成的先发优势，行业的门槛很高了，不是砸钱就能把第一名给砸倒在地的。而在2006年格力成为行业的老大之后，到现在给投资者的回报加上分红已经达到惊人的50倍，这就是先发优势带来的高回报。

那么哪些行业有先发优势呢？主要出现在部分互联网企业、消费品行业及医药行业。

### 1. 互联网企业

大多数科技企业没有先发优势，这一点我们在行业技术变化相关内容时有过阐述，当然也有一小部分科技企业是具有自身的核心竞争力的公司，比如互联网应用社交方面的腾讯公司是拥有先发优势的代表性企业。一般来说，靠先进科技取得的先发优势具有不稳定性。

一方面，先进科技的技术保护有时间限制（专利保护有时间限制，而且专利日期到了技术必须公开），所以这个领先具有阶段性，无法长久。

另一方面，现在的模仿能力特别强大，一款赚钱的新产品上市，没多久就有很多山寨货。而且科技公司每年都需要投入大量的研发经费，这些经费能不能起到作用还是个未知数，公司不可能每年都出新的研究成果，但是每年必须投入大量的研究经费。最关键一点的是科技型公司具有强大的颠覆性，创新的科技产品一旦出现就可能完全颠覆旧产品，比如智能手机颠覆了传统手机。

### 2. 消费品企业

与科技互联网行业的先发优势的不稳定性相对应的，消费品领域的先发优势具有相对稳定性。

白酒行业的先发优势就具有较强大的稳定性，贵州茅台已经有好几百年的历史了，科技如何发展、社会如何进步，1 000年前我们喝酒，现在我们还喝酒，相信100年后的人们可能还是会喝酒。像贵州茅台这种白酒品牌，通过历史的积淀形成强大的品牌效应，喝茅台不仅仅是口感的问题，还是有历史积淀的酒文化。这些都是先发优势的构成要素，不是刚刚起家的白酒公司马上就能建立起来的。几百年来，茅台已经经历了各种波折起伏，直到今天还能持续发展，这也说明了茅台强大的先发优势。

另外，消费品行业的调味品也具有很稳定的先发优势。比如海天酱油到现在也有300年的历史了，调味品是目前食品饮料中少数几个集中度提升和结构升级均有较大空间的行业，酱油在我国和白酒一样，都已经是很成熟的商品，行业基本上都不需要技术创新。在日常生活中大家都是通过超市或者小区附近的便利店购买酱油，不受进口冲击、不受电商冲击的特点使之拥有较深的护城河，竞争格局稳定，潜在进入者威胁小，而调味品当前一超多强的竞争格局，也决定了龙头海天味业拥有很强的定价权。

一般喜欢什么口味的调味品，下次还是会购买这种调味品，所以无论销售渠道还是消费者的购买都具有很强大的稳定性，海天味业作为一家老字号企业，也具有很强大的先发优势。海天的品类扩张实际上是产品（或服务）能力的"从1到N"（"从0到1"是商业模式的验证阶段，是质变；"从1到N"是扩张，是商业模式的复制和放大，是量变）。即一家公司通过研发、创新，能够从原来提供1个好产品、1个品类拓展到多个好产品、多个品类，都是聚焦主业的深化，是相关产品的多元化。

海天味业的多元化是对酱油产品的丰富，对蚝油、酱、醋等产业的加强，这些多元化都可以使海天产品线得到充分的延伸，不是草率的多元化，与传统的跨界"多元化"有本质上的区别。海天味业这些新业务的客户本来就是现成的，而且是对这些新业务产品有强烈需求的，提供这种业务只是水到渠成的事情，成功概率很高，而传统的多元化，是公司进入一个新的行业，客户、需求、推广都有可能需要重新开始，成功概率当然要低很多。

这种"从1到N"需要具备的最重要的条件是：有一项主营业务在竞争中取得明显优势的地位，并源源不断地产生强大的现金流，这样才能支持企业不断开拓新的领域，而且新的领域要与原来的业务能够产生良好的协同效应，这样成功的概率才会大。

乳业的伊利股份类似于海天味业，完成了0到1的还有爱尔眼科、宋城演艺（两者已确立了各自行业的龙头地位，能以类似的商业模式进行异地扩张，并且商业模式的可复制性也已得到验证）。

爱尔眼科这类连锁经营企业，要想业务量扩大必须扩张门店，表面看起来扩张有风险，但实际上这类扩张是无风险的复制，它不需要业务模式、技术、经营方式的创新，是对原来已经无限成熟和规范的业务模式、生产工艺过程在异地和新市场领域的复制和扩张。在这个扩张过程中，一般来说几乎没有风险，因为是此前的成功模式拿过来重新利用，它不是进入一个陌生行业，不需要一种陌生的工艺、技术、管理，它是在这个企业积累了几十年固有的成功优势和被市场完全证实可行的一套方法、原则的重新复制和再利用。

所以，这类扩张固然说是业务量的扩张需要额外支出一些成本，但这类成本是保障的支出，是有一系列成功经验做保障的再复制，新开的店风险极低，而且共享了原有公司所有的软资源、信息资源、品牌资源、管理资源，扩张过程中固然有一些费用投入，但它几乎是轻车熟路的重新复制，成功率非常高。

因此，适当的支出一些成本，只是这些资本的经营运作过程原来模式的重演，没有新风险，一旦产品出来马上就可以转化为利润，这类企业也是轻资产公司。

投资最好的选择就是选择天生具有高壁垒垄断性的消费及医疗行业中的持续高景气的企业，而且这个行业在成长初期就已经形成寡头竞争的格局，市占率还很低，未来还有极为广阔的成长空间，如果行业龙头有着优秀的管理层，其竞争优势远超过其他竞争对手那就是极品。接下来就是"从1到$N$"的过程，投资就是要选择已经完成了"从0到1"过程的优秀企业，然后慢慢陪伴优秀企业走完"从1到$N$"这段历程。有关商业模式的验证和复制，即"从0到1"和"从1到$N$"，将在下一节——企业护城河分析中将有更详细地讲解。

云南白药也具有一定的先发优势，如果在消费者心中拥有品牌地位时，企业的市场份额自然会上升。片仔癀及东阿阿胶也类似。

先发优势是我们分析企业、寻找确定性高的投资机会的一个重要因素，在分析企业时一定要认真研究、仔细分析，看看企业是否具有先发优势，具有的先发优势能不能持久稳定。只有具有持续稳定先发优势的企业才是我们长期投资的标的公司。

### 3. 医药行业

医药行业是一个具有先发优势和资金密集、研发密集的行业，是一个容易形成马太效应的行业。医药行业重研发投入，但在固定投资上却是轻资产的行业，从这点上看又类似于科技股属性。但与科技股又有截然不同的本质区别：与科技品颠覆式的创新相比，医药行业数以亿计的消费者需求不会在一夜之间突然消失，消费品企业的优势、品牌的传承与凝聚力也不会在一夜之间发生巨变。

同样的，无论如何，人们的疾病不会突然全部治愈，对于药物的需求将是持续而稳定增长的。医药行业药物的研发一般由公司自主完成，需要长期的病理试验及临床经验的积累，具有非常强的传承性。公司在自身长期的摸索中，不断沉淀，并且通过与医院的合作，在长期临床观察中不断积累，具有渐进性。

细分领域的龙头公司厚积薄发，有很强的先发优势，原研药享有长期专利保护期，保护期内价格很高，且具有唯一性，将帮助公司覆盖研发投入并获得丰厚的利润。即便在专利到期后，仿制药的壁垒也远远高于科技产品。

同时与新公司相比，原来的龙头公司更有可能在持续不断的研发投入及临床积累下研发出新的原研药或改进型的新药。美国前十大制药企业占据90%的市场份额。从中长线来说，投资医药行业就是要找出未来的大赢家。

## 1.1.8  行业壁垒

所谓壁垒，就是潜在的竞争者进入的难易程度。行业壁垒是指跨行业经营者丢掉擅长的业务而去开拓不擅长业务会遇到的"陌生的困难"。壁垒高的企业，竞争者进入成本高，企业就会有足够深的护城河，带来较高的利润率。反之，壁垒低的企业，竞争激烈、盈利前景堪忧。

行业壁垒对于价值投资的重要性不言而喻。投资就是要长期投资于具有高壁垒的、最能赚钱的行业。因此，可以持续不断地获得高于社会平均利润率的垄断利润。高壁垒往往意味着高利润率，为投资盈利保驾护航。

壁垒的高低是由市场竞争、社会发展状况、法律体系完善程度等综合因素决定的。行业壁垒是阻止或限制进入某一行业的障碍，是保护市场、排除竞争的有效手段和重要方法。行业壁垒越坚固，市场障碍越多，企业越难以加入，市场垄断程度越高，竞争相对缓和。垄断行业通常具有较高的进入壁垒，因此可以持续不断地获得高于社会平均利润率的垄断利润。

对于一个产业来讲，进入威胁的大小取决于进入壁垒加上准备进入者可能遇到的现存守成者的反击。如果壁垒高筑（护城河宽）或新进入者认为严阵以待的守成者会坚决地报复，则这种威胁就会较小。

企业不止有进入壁垒，还有退出壁垒。

退出壁垒包括经济上、战略上及感情上的因素，这些因素使一个公司即使在收益甚微甚至投资收益为负的条件下仍然维持在该产业中的竞争。

退出壁垒的主要来源：

（1）专用型资产：资产涉及具体业务或地点的专用性高则其清算价格低，或者转移及转换成本高。

（2）退出的固定成本：这方面包括劳工协议、重新安置的成本、备件维修能力等。

（3）内部战略联系：指某经营单位与公司其他经营单位在市场形象、市场营销能力、利用金融市场及设施共用等方面的内部相互联系。这些因素使公司认为待在该产业中具有战略重要性。

（4）感情障碍：管理层不愿从纯经济角度公正地做出撤退决策，原因有与某具体业务的融洽、对雇员的忠实、对自己事业的担忧、骄傲及其他原因。

（5）政府及社会约束：这里包括政府出于对失业和对区域经济影响的关注而对撤出的否决与劝阻。

当退出壁垒很大时，过剩生产能力便无法释放到该产业之外。同时，在竞争战中已失败的公司也不愿认输。它们顽强不屈地忍耐着，由于它们的弱点而不得不诉之于极端的策略。结果整个产业的利润率就可能持续保持低水平。

进入壁垒与退出壁垒共同构成了产业分析的一个重要方面。波特提出了一个行业进入壁垒与退出壁垒关系的矩阵见下表：

| 进入壁垒 | 退出壁垒 | |
| --- | --- | --- |
| | 低 | 高 |
| 低 | 稳定的低利润 | 低利润高风险 |
| 高 | 稳定的高利润 | 高利润高风险 |

从产业利润角度来看，最好的情况是进入壁垒很高而退出壁垒很低。在这种情况下，进入将受到抵制，而在本行业经营不成功的竞争者会离开该产业。

反之，进入壁垒低而退出壁垒高是最不利的情况，在这种情况下，当某行业的吸引力较大时，众多企业纷纷进入该行业，当该行业经营不景气时，过剩的生产能力仍聚集在该行业内，使得利润长期低下，相当多的企业会因为竞争不利而陷入困境。

如果进入壁垒与退出壁垒都很低的情况，难以引起企业产生很大的兴趣。当进入与退出一个产业的壁垒都很高时，利润潜力很大，但通常带有较大的风险。虽然进入行为受到阻挡，但产业里未获成功的企业将仍然待在里面坚持战斗。

至此，我们将好行业标准总结如下：

（1）竞争格局好，宁数月亮，不数星星。行业集中度高，前三名市场占有率至少在50%以上，行业集中度仍处于上升趋势，并且行业集中度远大于上下游的集中度；

（2）差异化竞争、具有明显先发优势的行业；

（3）行业进入壁垒高，具有品牌、规模、资金等准入门槛；

（4）行业发展空间大；

（5）行业技术变化慢，没有新技术变迁对行业产生颠覆性的变化；

（6）属于弱周期行业；

（7）属于轻资产，边际成本递减的行业，易于产生规模效应和扩张；

（8）处于产业链中附加值高的、有定价权的行业。

# 1.2　企业护城河分析

巴菲特在1993年致股东信中首次提出护城河的概念："可乐和吉列剃须刀在全球的市场份额实际上还在增加。它们的品牌威力、产品特性及销售实力，赋予它们巨大的竞争优势，在它们的经济堡垒周围形成一条护城河。"此后，巴菲特在多个场合都反复提到过要寻找有"护城河"的企业。

我们在日常生活中有着很多生动的"护城河"案例：前几年零售价每瓶不到1 000元的贵州茅台，目前零售价已经超过2 000元，比五粮液及泸州老窖等其他高端白酒卖得贵好多；不管是年轻人还是中老年人，如果让他们在苹果和微信中二选一的话，相信绝大多数都会选微信。

护城河对于投资有多重要？从实业投资的角度看，企业经营的目的是赚钱，而且企业的高管团队每天都在致力于让自己的企业能够赚更多的钱。股票本身是企业的部分权益，股票投资和实业经营本质上应该是一样的，从长周期的角度看，我们投资应该寻找能够长期获得超额收益的企业。

一个企业的竞争优势是该企业的护城河，是保护企业免遭入侵的无形沟壑。优秀的公司拥有很深的护城河，并且伴随着企业的成长逐渐加宽，为企业提供长久的保护。但微观经济学常识告诉我们，资本的天性是寻求回报率高的领域，竞争在绝大多数情况下会把超额收益降低至平均水平，因此要想长期获得超额回报，必须要有牢固的护城河，也就是持续的竞争优势。

因此，所有因素最终都要落实在竞争优势可持续性的评估上面。但在长期的商业实践中，"竞争性毁灭"力量会不断侵蚀企业的竞争优势，因此投资者应该致力于识别而且只购买那些有很大机会击败这些围攻力量的企业。

高投资回报率（ROIC）是超额收益的源泉，在不考虑杠杆的情况下，ROIC是公司的长期可持续增速，而可持续的高ROIC来自可持续的竞争优势，也就是企业的护城河。评估企业的内外部因素，核心在于识别企业的竞争优势及其持久性。

护城河只是价值的一个必要条件而非充分条件。护城河只是保护作用，真正的城堡则是"商业价值"，两者结合再加上错误定价才是"投资价值"。

## 1.2.1　识别护城河

一家企业在没有护城河的情况下，即使企业找到了价值假设和增长假设的最佳途径，但是随着时间的推移，该企业在财务上取得成功的可能性也很小。因为商业的本质是竞争，如果企业没有护城河保护自己的业务，竞争对手迟早会抢走其利润，降低其盈利能力。

所以，投资资本的持续回报才是企业长期生存的先决条件。尽管一家企业具备了价值增长假设的条件，但却会因为没有护城河而失败。在最坏的情况下，没有护城河的企业永远不会盈利。最好的情况是没有护城河的生意在一段时间内是有利可图的，但是随着时间的推移，它会逐渐被替代。护城河的存在对于降低竞争风险至关重要。相反，护城河深的企业，不仅可以保护自己的原有业务，还能通过抢占竞争对手的市场或通过提价来提升盈利水平。企业具备深度护城河，意味着企业利润的可持续性和成长的保障性。

**1. 哪些行业容易产生护城河**

识别护城河，首先从行业视角优选"好生意"。因为建立宽阔的护城河需要一些土壤，可以将其概括为长坡（能长期存在的行业）、厚雪（所处行业的利润较为丰厚，建立护城河的企业能够通过各种手段获得较高的盈利能力，行业具有十分可观的市场规模）、慢变（稳定的外部环境）。

在肥沃的土地上比在贫瘠的土地上播种，获得成功的概率肯定更高一些。在一片金矿的地方去寻找黄金，自然也要比在一堆沙子里面去寻找黄金要容易得多。

哪些行业比较容易产生护城河呢？《巴菲特的护城河》中对各行业护城河宽窄程度划分："宽护城河"10%以上的行业包括媒体、医疗卫生服务、商业服务、金融服务、消费品；"总体护城河"60%以上的行业包括金融服务、媒体、公用设施、能源。

（1）金融行业。首先，金融行业的生意并不是你想做就可以做的，必须得经过重重政策审批并在严格的监管下。这一方面是门槛，另一方面也是已经被审批通过的金融公司建立护城河的过程，你不能做，我能做，这就是很大的优势。

（2）媒体行业。是一个比较容易产生护城河的行业。晨星公司的数据显示，大约有83%的媒体公司是具有护城河的，其中又有20%的公司护城河极其宽广。当媒体行业中的某家公司拥有可以反复收费的内容时，即便它们停止制作新的内容，靠着电视台的重播和品牌授权，这家公司也能混得很好。比如，迪士尼公司可以用零成本不断地把米老鼠、白雪公主等产品卖给电视台和品牌授权商，获得高额收益。

（3）公共事业类。供电、供水等公共事业类的公司也比较容易产生护城河。因为这类公司的建立，必须有政府授权，即使有再多的钱，自来水厂和电厂也不是说开就能开的。但是值得注意的是，这种公共事业类的公司，它们销售水费和电费的价格同样接受政策管控，这就使得这类公司无法获得很高的利润。

（4）食品饮料行业。稳定的行业更有利于持续的价值创造，食品饮料行业是一个稳定的行业，随着时间的推移只是缓慢地发生趋势变动。比如，白酒行业是最容易形成品牌优势的企业，尤其是高端白酒业就是典型的厚雪的行业，行业规模足够巨大，差异化十分显著，盈利能力极高，生产资源的投入不需要大额的现金投入，存货没有保质期，同时还能升值，所花费的营销费用都形成了差异化的品牌力，优势企业的护城河在不断拓宽，地域性的产品也可以守住较高的盈利能力。

（5）家电行业。这里主要指空调、洗衣机、油烟机等行业。变化太快对护城河是致命的，坚固的护城河需要稳定的外部环境，剧烈的变化会使得原有的努力都付之东流，甚至有些变化对新进入者更有利，这会使得新的竞争者蜂拥而入。电视机由于技术更新太快及生产效率快速提升，导致产品价格快速下降，资产负债表的生产设备永远在超过会计折旧的情况下折损，所以技术和品牌难以形成有效的积累，一个技术没用上半年，别人的新技术又出来了，所以要不断投入、不断更新，难以形成积累，也很容易被新进入者以更新的技术弯道超车。空调、洗衣机、油烟机则更新速度相对较慢，所以容易形成技术品牌的积累，行业格局一旦形成，后来者很难超越。格力电器、美的电器、老板电器、方太、海尔、小天鹅等就是很好的代表。

总结一下，主要有五种行业容易产生护城河，分别是医疗行业、消费品、金融行业、公共事业、媒体行业，当然不是说只要属于这个行业就一定有护城河，还是需要具体分析。

A股存在护城河的行业大致如下：白酒及食品饮料；医疗服务、中药保健和创新药；家用电器；互联网平台；金融地产。一般来说，在以价格为主导的通用标准件领域和产品或服务价格受到管制的领域，很难有什么护城河可以值得期待。同样，在一个成本的重要性高于一切的行业里，企业为自己挖一条护城河绝非易事，这也是我们很难在工业材料企业中看到护城河的主要原因。

### 2. 定量分析

对护城河是否存在的测试是定量的，尽管形成护城河的因素是定性的。如果一家企业在三到五年内没有获得远远超过资本机会成本的资本回报，它就没有护城河。这是定量的。至于定性方面，没有任何公式或配方来控制护城河的形成和可持续性，但是有足够的共同性，你可以更好地理解护城河是如何形成的，以及它们是否可以长期保持。

良好的业绩记录是一个有用的指标。赢家往往还会是赢家，因为良好的业绩通常来自护城河即竞争优势，而这些优势不会一夜之间消失。但是很多投资者对护城河并没有一个全面的认识，只是简单觉得净资产收益率高和毛利率高就一定有护城河，这其实是本末倒置了。有护城河的企业净资产收益率和毛利率固然很高，但是反过来净资产收益率高和毛利率高的企业不见得一定有护城河。有可能是这个行业刚刚兴起，还没有引起资本的注意，所以其中的企业能够暂时享受先发优势的超额利润，但是当资本察觉到这个行业很赚钱而又没有任何门槛的话，就会蜂拥而入，最终会拉低这个行业的净资产收益率和毛利率。

判定一家企业有没有护城河，从定量角度考虑不能以单一财务指标衡量，而是从企业综合竞争力角度，对回报率、盈利（毛利率）、现金流、成本（销售费用率）、分红（股息率）等多维度核心财务指标进行综合评价。

（1）ROIC（或用ROE替代）

首先，看以往是否拥有可观的资本回报ROIC，资本回报率最能反映企业的盈利能力：随着企业不断开辟新业务或是竞争对手的退出，企业的资本回报率将不断获得提升；高资本回报率必然引来竞争，随着竞争者的加入，行业资本回报率将走向"均值回归"；持续多年居高不下的资本回报率，意味着企业可能拥有宽大、坚实的护城河。高回报率可以从整体角度反映护城河带来的企业发展可持续性。

ROI指标把净资产和负债的投入放在相当位置上，以综合考量企业使用全部投资资本的收益率，而不考虑杠杆因素。ROIC避开了ROE受到非经常损益和财务杠杆率影响的弊端，在温和去杠杆背景下更为适合。但目前财务报表数据提供的都是ROE，如果负债率不高，可以用ROE代替ROIC。

投资者的理性目标是战胜通货膨胀，拥有持续高水平ROE的公司往往具有较高的"商誉"而受益于通货膨胀。投资者没必要特意去寻找成长型股票，ROE本身就可以作为一个判断指标，只要高水平的ROE趋稳甚至趋升，成长不是问题。这是一个简单的数学证明：盈利增长率或股东权益增长率=ROE/（1−ROE）（A股财报都是以期末ROE计量）。有"复利"意识的投资者能够明白，可持续ROE的一点儿差异，即可造成长期持有收益的巨大差异。

至于留存收益的增长率，不同公司有不同的判别标准，一般来说，对于拥有宽大、坚实的护城河的公司，保持适当增长率以维持优势（留存收益导致股东权益增加）并不需要太多利润留存，它们懂得以分红或回购来回报股东。

（2）毛利率/净利率

毛利率：

毛利率（Gross Profit Margin）是毛利与销售收入（或营业收入）的百分比，其中毛利是收入和与收入相对应的营业成本之间的差额。用公式表示如下：

毛利率=（销售收入−销售成本）/销售收入×100%=（不含税售价−不含税进价）/不含税售价×100%。

因为毛利率代表企业在直接生产过程中的获利能力。分析毛利率可以更好地看出其核心竞争力、经营状况和成长性等，以便做出正确的投资决策。

不同行业，同一行业不同公司，毛利率差很多，这个大家应该是比较了解的。最被忽视的一个公司内容是各项业务之间的毛利率也是相差很大。所以不要只盯着公司的整体毛利率看，还要看分业务的毛利率。尤其是那些多个产品线驱动的公司，通过看分业务的毛利率可以相对清晰地看出，哪些业务正在崛起、哪些业务正在面临越来越大的竞争。

毛利率超高的企业，需关注净利润、净利率的持续表现，毛利率是否下降，现金流是否异常。一般需要重点关注毛利率曲线，毛利率曲线最好是长期稳定或稳中有升。我们既要纵向看，即看这个企业历史上毛利率的上升曲线（这很重要），如果是攀沿向上的，那或许说明，这个公司的经营效率、盈利能力在不断提升，或者这个行业的集中度在不断提高。同时，竞争的格局或许进一步趋向缓和。更为重要的是，还要横向看，即与同行业内的竞争对手相比，一直领先者，自然是行业内的龙头或领军企业。

低毛利率代表着产品同质性高、替代性强、进入壁垒低，难以抵御行业不景气时的降价竞争。

毛利率也不是越高越好。对于毛利率奇高的企业，首先，可能面临假账的风险。其次，如果毛利率高只是因为先进入，而没有真正具备高壁垒的核心竞争力，毛利率很快就会因为有新进入者而降下来。这样不仅公司账面上的盈利能力会下降，市场给的估值也会下调，带来股价的"双杀"。大部分A股上市公司并不存在所谓的核心竞争优势。选择毛利率刚从较低水平开始慢慢提升，并且有提升空间的，相对来说是更稳妥的选择。

毛利率高且稳定的盈利性是企业护城河越建越宽的基础。可以用以下指标衡量：毛利率指标能够反映公司获利程度，提高毛利率受到提高单位价格、降低单位成本、扩大销量等因素的互相影响，如何在提价前提下保证销量不下滑是企业护城河"定价权"的直观诠释。

因此，毛利率指标可以看作做筛选宽护城河企业的最重要指标之一，一般要求宽护城河企业毛利率持续稳定地长期高于20%；如果你想在公司的财务报表中找到有关护城河的证据，那么有一点很明确，毛利率相对于竞争对手来说越高越好。毛利率指标很好地描述了相对于提供商品所需的投入成本人们愿意支付的价格。这一指标衡量了顾客的附加价值。毛利率和经营利润率之间的差额是费用，也经常被简写为SG＆A，包括销售费用、一般费用和行政费用，换句话说就是管理费用。这些经营费用可能会有波动，当绩效不佳的公司得到改善时，这些通常是你看得到的改善之处。换句话说，如果毛利率存在刚性并能够持久，那么优秀的潜在候选者应该是那些毛利率高而经营利润率低的公司，因为经营利润率比毛利率更容易改善。

净利率：

毛利率反映了企业的产品在市场上的竞争力，销售净利润率反映公司销售收入的盈利水平，从而进一步反映了企业所处行业的特征。比较高的毛利率如果长期一直不能而不是暂时没有转化为高净利率，那么可以判定这并不是一门好生意。净利率高，说明企业的盈利能力强。一个企业如果能保持良好的持续增长的销售净利率，应该认为企业的财务状况是好的，但并不能绝对地表明销售净利率越大越好，还必须要看企业的销售增长情况和净利润的变动情况，如企业放弃销售规模和市场占有率，一味提高销售价格，也可能用较少的销售额换来较高的销售净利率，但这是没有价值的。相反，企业为了扩大产品销售和增加其市场占有份额，而主动降低售价，增强产品的市场竞争能力，因此而使销售净利率有适度下降，这是企业经营和财务政策调整的结果，并非企业财务状况不佳。

净利润同比增速指标通常用来描绘企业景气度。其实，作为对企业销售状况的盈利能力的考核和分析，销售净利率并不一定比销售利润率更有效。因为企业净利润不但包含因销售业务创造的利润，还包含各项非正常经营业务所造成的损益，如营业外收益和营业外支出、各种投资收益和补贴收入等，这些项目其实与企业正常销售业务并无直接关系，将它们与企业的销售利润合并在一起，是不能用于作为对销售状况好坏评价的依据的，且这些项目往往更容易被操纵。

这个指标的优点是它能反映企业销售收入的最终获利水平，是一个完整和全面的指标。但也正因为这一点，它将营业外收支等不稳定因素都包含在用于分析考核的利润指标内，使其变得极不稳定和各期的可比性较差。因此，必须要深入分析企业的资产利用效益和资本报酬水平的高低，才能真正辨明企业获利能力的强弱。

单纯地看一家公司的净利率，并没有多大意义，更有意义的是将它的净利率与其竞争对手进行对比，进而找出同行业公司的强弱对比来。对于净利率，我们既要纵向看，即看这个企业历史上毛利率、净利率的上升曲线（这很重要），如果是攀沿向上的，那或许说明，这个公司的经营效率、盈利能力在不断提升，或者这个行业的集中度在不断提高。同时，竞争的格局或许进一步趋向缓和。更为重要的是，还要横向比一比，即与同行业内的竞争对手或同行业平均水平进行对比，相比一直领先者，自然是行业内的龙头或领军企业。

（3）现金流

投资者不能仅仅盯着毛利率、ROE等获利指标，更要首先盯住现金流，这一点非常重要，盯住现金流是投资者看财报的第一要务，企业往往通过融资渠道进行资本运作，不断扩大规模，提升公司营业收入和利润规模，但这种依靠资本市场融资支撑账面收入和利润的模式不可持续，宽护城河公司不仅能够获得超额利润，还得拥有强大的营收变现能力，这就要求现金流稳定且不能长期为负数。企业现金流的价值体现在保证企业可持续经营、验证企业盈利质量并提示经营风险及保障股东分红收益等各个方面。

分析企业财务报表时，首先需要查看这家企业数年内是否创造了正的经营现金流，现金流和营业收入、利润是否同步增长；然后看这家企业是否产生自由现金流，即扣除资本支出后的年化现金流。可以用一个简单指标来判断："盈余再投资率"。所谓盈余再投资率即资本支出占盈余的比率，可用"5～10年内企业购建固定和长期资产支付的现金流之和/这几年净利润之和"计算，盈余再投资率低于50%即算低，大于100%算偏高（周期型公司以4～5年为计，非周期或弱周期公司最好看10年数据）。

通常情况下，一个具有持续竞争优势的公司为维护正常经营，其净利润中用于资本开支的比例比那些没有竞争优势的公司要小得多。那些盈余再投资率低的企业是真正的长线价值股，它们是"现金牛"；而那些盈余再投资率奇高的企业则是现金消耗者，长期持有它们犹如"望梅止渴"。

在分析企业现金流时，自由现金流和经营活动现金净流量是最为重要的两个现金流指标，需要注意以下三点：

一是这两个现金流指标，处于不同生命周期的企业会呈现出不同的特点，因此与ROE等衡量公司长期稳定盈利能力指标不同，现金流指标出现一两年的剧烈波动甚至是负值也很正常，运用企业现金流指标需要从企业完整的生命周期出发，需要更加重视的是现金流长期以来的趋势；

二是很多时候现金流指标可以作为盈利能力指标的检验性指标来用（判断公司是否财务造假）；

三是现金流指标需要和ROE、估值等指标结合才能在实际分析企业中具有可操作性。

站在股权投资者角度，一家上市公司对其的价值在于公司股权投资部分（净资产）带来多少的投资回报，而这种回报的基础则是公司长期稳定的盈利能力。除了公司的盈利能力以外，公司的盈利质量同样非常重要。对于股东来说，一方面,"现金到手""落袋为安"才是最终结果和目的,即公司拿得出钱——具备充足的现金流才是实现股东投资收益的保障,因此我们可以从公司的现金流角度切入,检验公司的盈利质量究竟如何。

另一方面,现金流也被作为检查公司是否出现利润表财务造假的重要工具。主要原因在于利润表和资产负债表均是基于权责发生制,容易操控;但现金流量表基于收付实现制,造假成本和难度均更高。美国安然(Enron)公司破产的一个重要原因就是现金流量恶化,只有那些能迅速转化为现金的收益才是货真价实的利润。

经营活动现金净流量是用于判定在不动用外部筹资的情况下,企业自身通过经营活动产生的现金,反映企业通过主营业务获取现金收入的能力。经营活动产生的现金流量与净利润直接联系,因此在用净利润判断一家企业盈利水平的基础上,可以用经营活动产生的现金流净额来检验净利润的"真实性",即盈利质量。

一家公司的自由现金流其实与它的生命周期有关,特别是在价值初创期、价值扩张期,它们的自由现金流有时并不好看,需要结合具体的行业与企业发展阶段来进行研判。一个市场上市公司整体的现金流情况,和它们所处的生命周期与发展阶段密切相关。事实上优秀企业的现金流都有着相似的特点。

在企业初创期即在企业生命周期的不同阶段,筹资、投资、经营现金流及自由现金流大致呈现以下关系:

初创期:企业起步阶段盈利能力不强,通过经营活动产生的净现金流较少,入不敷出。筹资活动是主要的资金来源。基本用于自身发展经营,扩张能力不足,由投资产生的支出较少。因此,企业的经营、投资和筹资活动产生的现金流量净额都较为平稳,波动不大,且绝对值接近,三者都没有明显的上升和下降趋势。

扩张期:企业在扩张期产品逐渐得到认可,营收快速增加,盈利能力大幅提高,经营活动产生的现金净流量开始大幅提升,同时大幅增加投资现金流支出以支持企业优势业务进一步扩张,由于自身经营产生的现金流增加,需要融入的资金则相对减少。企业经营活动产生的现金净流量呈现明显的向上趋势,投资活动产生的现金净流量呈现下降趋势(投资现金流净支出增加),同时外部筹资活动产生的现金净流量下行。自由现金流虽依然不稳定,但逐步出现向上的趋势。

稳定发展期：企业经历扩张阶段后，市场容量逐渐饱和，销售收入稳定，企业有较强的盈利能力并支撑经营活动带来进一步的现金流量平稳增加，同时一些经营和自由现金流较好的公司在这个阶段可能会倾向于进行并购及新业务的扩张，因此投资现金流支出在某一两年会出现大幅上升。当然企业前期所做的投资部分会形成投资现金流的回收。同时，外部融资需求也可能因为并购和扩张需求出现一两年的上升，但整体还是处于下行通道，大量现金用于回购与分红。

波士顿矩阵模型（见下图），是我们观察企业销售产品的状态的一个很好的视角。最好的产品布局，应该是现金明星+现金奶牛，或者具备成为这种潜质的布局。

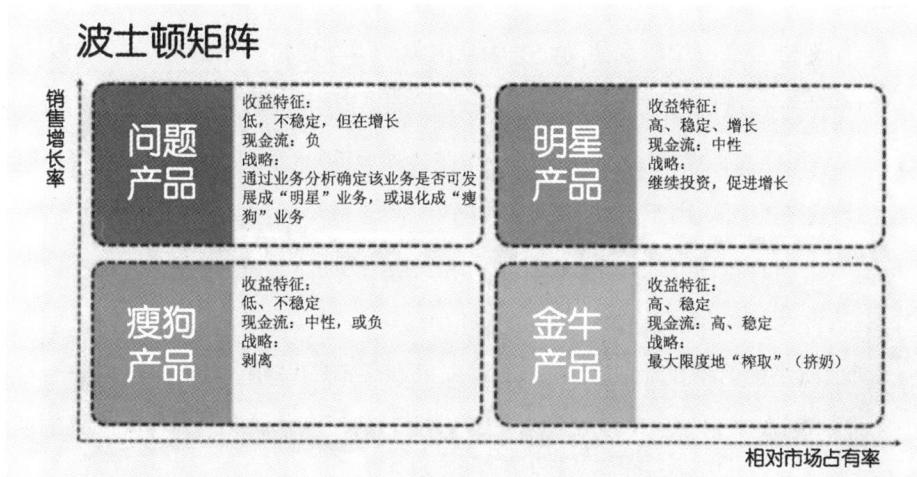

一家优秀公司，应该在经营中尽量减少运营资本的占用，在行业下滑的时候保留大量的现金储备"过冬"，甚至收购行业里的其他企业。如海螺在水泥寒冬下对其他企业的股权投资。而在行业旺盛的时候，加大分红或者谨慎扩张，避免大幅度的资本开支后，销售不及预期，带来的巨大压力。

经营现金流净额+筹资活动带来的现金流，要能覆盖短期的流动负债，很多企业就是在银行抽贷、质押被要求补仓、经营不顺等一系列条件共振下，企业破产衰亡的。

巴菲特坚持用"所有者收益"（其实就是自由现金流）。他在1984年致股东的信中这样阐述："并非所有的盈余都会产生同样的成果，通货膨胀往往使得许多企业尤其是那些资本密集型企业的账面盈余变成人为的假象。这种受限制的盈余往往无法被当作真正的股利来发放，它们必须被企业保留下来用于设备再投资以维持原有的经济实力。如果硬要勉强发放，将会削弱公司在以下几个方面的原有能力：维持原有的销售数量、维持其长期的竞争优势、维持其原有的财务实力。所以，无论企业的股利发放比率如何保守，长此以往必将会被市场淘汰，除非你能再注入更多的资金。"

显然，会计利润并不一定是股东能够"自由享受"的利润。有些企业，尤其是重资产企业为了维护自身的竞争地位是"被迫"地要将留存利润再投资的，只有那些"非限制性利润"才真正是属于股东的"所有者权益"，是为我们股东赚到的"真金白银"。

自由现金流是每年能从公司业务中拿出来而不会损害经营的资金。一家公司可以以各种方式运用自由现金流为股东创造利润。自由现金流可以以股息的方式支付给股东，派发股息本质上是把投资者在公司里的一部分收益转化成现金；同样自由现金流也可以用于回购股票，这样做能明显减少股票数量，因此将提高每一位股东的所有权百分比；或者公司可以保留自由现金流并把它投资在公司业务中。这些自由现金流可以给公司带来投资价值。

现金流当前价值的计算反映的是对未来现金流的调整，它反映这样一个事实：我们计划在未来收到的现金比我们现在收到的现金价值低。为什么未来的现金流没有当期的现金流值钱呢？

第一，我们今天收到的现金可能被投资出去赚取某种利润，而我们在收到未来现金流之前不能把它用于投资。这就是货币的时间价值。

第二，有可能我们永远也收不到未来的现金流，而且我们需要为风险做出补偿，这就是"风险溢价"。

货币的时间价值本质上就是未来收到现金相对于今天收到现金的机会成本，它常常用政府债券支付的利息率表示。当然，没有多少现金流和来自政府的现金流那样确定，所以，我们需要添加一个额外的溢价来补偿我们可能永远收不到已经承诺给我们的现金的风险。政府债券利率加上风险溢价，这就是折现率。

财务报表人为遵循了"会计分期"的假设，人为将一些企业的经营周期切割为以年为单位的时间周期，事实上，会计年度与公司的经营周期经常不合拍，不少公司的收益经常出现波动。比如说一家非周期性公司和一家周期性公司在未来10年内年利润均为10亿元，但非周期性公司的估值可能是200亿元，而周期性公司的估值可能只有100亿元甚至60亿元，这其中的原因何在？单从利润来看，是看不出任何问题的，原因就出在自由现金流上，周期性公司为了同样的收益水平，往往需要增加营运资本和长期经营资产，同样的每股业绩，其自由现金流比非周期性的公司低得多。因此，大体预估追加的资本支出和营运资本，也比看起来精确的现金流折现重要得多。

（4）成本/边际成本

成本：

把成本控制因素单独分析意在考虑成本优势这一重要的护城河属性，规模经济是企业低成本优势的主要来源之一。

芒格曾说，如果你们是宝洁公司，你们有足够的财力使用这种新的广告手段。你们能够承担得起非常高昂的电视广告费用，因为你们的产品销量巨大。有些势单力薄的日用品厂商就做不到。因为他们付不起高昂的广告费用，所以他们无法使用电视广告。实际上，如果你们的产量不够大，你们也用不起电视广告——那是当时最有效的宣传方法。

显然具备规模优势的企业可以在更大的销售量上对广告营销等固定成本进行摊销，从而提高行业的盈亏平衡点，建立更高的进入壁垒，龙头企业通过压低产品价格，确保自己盈利的情况下，可以将行业中的小企业给清理出去，于是市场份额进一步往龙头企业集中。

沃尔玛是低成本的典型案例：沃尔玛的创始人沃尔顿从一个街边小零售店开始，逐步打败西尔斯等百货巨头，把沃尔玛连锁超市开遍全世界，成为世界500强第一名，凭借的就是低成本的运营模式。沃尔玛从开始就采用批量采购、低价销售的经营模式，简单的店面装潢，直接从工厂进货，保持价格比竞争对手低，满足了普通居民的省钱需求。当沃尔玛达到一定的规模后，采用卫星监控的低成本物流系统，使得运输成本低于竞争对手，另外，高效的管理使得其他成本也得到有效控制。

当互联网普及后，网络购物在方便顾客的同时进一步降低了运营成本，使得亚马逊、淘宝、京东商城这样的网购平台取得巨大成功。网上销售企业不需要租金昂贵的临街店面和销售人员，货物集中在仓库里，鼠标一点，货物送到家，购物更方便，成本也更低，网络购物平台已经对实体零售造成了巨大冲击。

低成本模式在零售业是非常关键的成功因素，零售业采购标准商品然后销售出去，不增加特殊的商品价值，顾客到哪里购买都是一样的产品，因此，低成本模式成为最重要的竞争优势。

低成本的直观衡量指标为销售费用率。消费黏性强的消费品企业具有较低的销售费用率。对消费黏性强的企业而言，其营销支出会相对可控，上市公司的财务数据也印证了我们的观点。鉴于销售费用可能受季度计提时点的影响，我们以2017年财务数据为参考，可以发现具备成瘾性的白酒龙头的销售费用率可以维持在5%以内，而调味品作为刚需产品，其销售费用率为细分行业次低。反观生产偶然性消费产品的乳制品、休闲零食及速冻食品企业销售费用率多在20%以上。

边际成本：

边际成本指的是每一单位新增生产的产品（或者购买的产品）带来的总成本的增量。一个产品或者服务，从被开发出来，所需要付出的成本和精力是巨大的，因为前期需要不断的试错，试错也是有成本的。而一旦产品被开发出来，被确定可行性高的，那么之后的扩张过程，就是随着规模和平台的不断扩大，边际成本逐渐下降。特别是现在处于互联网时代，假如自己要做一个App，服务1万个用户和服务1 000万个用户的成本是差不多的。在中间涉及App开发成本，人力成本、房租水电、用餐等，其实基本上都是固定的，浮动不会太大。

了解了边际成本，在投资过程中就要关注一些能够通过增产不断降低边际成本的企业。边际成本能在多大程度上递减，是选择公司行业的一个重要考虑因素。不同行业的边际成本是不同的，投资成长型企业必须考虑它的边际成本。好生意都是规模的朋友，扩张的边际成本是递减的。

（5）分红（股息率）

当一家公司处于快速成长阶段，公司往往急于扩张，这时候公司把留下的钱用于发展肯定是要比分红要划算得多的，这时候不分红才是与这家公司的周期相匹配。

当一家公司处于成熟期的时候，那么它这时候的资本开支会比较少，扩张的欲望也没有那么太大，所以自然会有大量的未分配利润或者说大量的现金留存在账上。那么这时候分红才是与这家公司的周期是相匹配的，也是公司应该做的事情，所以，往往两家同样"质地"的公司，当然分红高的那一家是更具有吸引力。

这里还有一种情况，就是达到成熟期的企业，不满于现状或者说开始"二次创业"，这时候分红也会相应地减少或不分。

这种情况的公司要注意判断公司干的这个事情可不可靠，比如一家搞互联网的公司突然搞房地产了，这显然是不妥当的。

所以，看到有些耳熟能详的公司在最初几年不分红或少分红，但是最近几年也相继开始分红了，其实有很大一部分原因是它们已经进入成熟期，而这时候我们大多数人一定会特别看好。但你也别高兴得太早，因为这些公司很可能已经从成长股变成了价值股，未来的发展可能就会减速了。

格力电器其实一直在寻求二次突破或二次创业，那么问题来了，如果格力电器还是坚持走这条道路的话，那么未来分红只会少不会多，甚至不分红是常有的事，但是如果未来格力电器分红还能维持在之前或者高于之前的水平，那么从侧面也能反映出格力电器在转型这件事上的决心。

不分红的公司我们就一定要考虑它背后的动机，以及它不分红的钱做了什么？

总的来说，当投资者判断一家公司分红情况的时候，一定要考虑其背后的动机是否与分红能力相匹配。

价值投资，就是要选择优秀的企业，就是要与优质企业一起成长，获得企业成长过程中净利润增长带来的收益。分红，更准确地说，现金分红是上市公司为了回馈股东；同时也证明了上市公司业务发展状态良好、财务优良，值得投资。

公司是否会发放现金红利，是判断该公司是否值得投资的标准之一。高分红能够间接反映出企业的高盈利性，让投资者享有足够的安全边际，直观衡量指标为股息率。

### 3. 定性分析

定性分析主要是护城河特征分析，护城河理论在投资过程中可能出现"投资陷阱"，因而厘清企业护城河真实的内在结构性优势是关键。

判断企业在行业内的相对竞争优势——未来企业能处于行业中什么样的地位，能否在行业的竞争中胜出是很重要的。对企业强大而持续的竞争优势（即护城河）的分析，需要结合行业的特点，抓住核心矛盾进行分析，比如消费品行业，最核心的竞争优势是品牌，其次是渠道；医药行业最核心的矛盾是研发团队与研发投入，好的研发团队加上研发投入，将会使企业竞争优势越发明显；再比如金融行业作为资金密集型及高杠杆行业，核心矛盾就是资本、资金与风险管理能力。

（1）假护城河

在投资实践中常常会发现，很多看似有着高门槛、深护城河的企业却并不如想象中优秀，而是经常被市场浪潮拍在沙滩上，这其实是我们遇到了"假护城河"企业。

最常见的虚假护城河：高市占率、优质产品、有效执行和卓越管理。

高市占率：

高市占率可能由高制造成本产生，低成本制造商可以做大市场份额，但高市场份额未必做到低成本。巴菲特曾说过，重要的不是市场份额，而是垂青份额，对消费品来说，是暂时的市场份额重要，还是消费者心目中的品牌认知重要？茅台2018年只销售了2.8万吨，牛栏山二锅头62万吨，难道消费者都一致认为二锅头是白酒龙头，二锅头的护城河比茅台深？因此，问题不在于企业是否拥有高市场份额，而在于企业如何通过产品定价权获取超额利润。

优质产品：

优质产品可以带来短期业绩，但如果没有可以保护业务的真正护城河（品牌、特许经营、技术壁垒等），产品就容易被复制，一旦竞争者蜂拥而入，就会导致最终无利可图。只有少数例外情况下优质产品才能转换为护城河。比如，确实他人无法匹敌的优质产品、先入为主的低转换效应、高门槛的专利保护。因此，优质产品是护城河企业的前提条件，但需要通过品牌推广等途径提高品牌效应，或者该产品有不可替代性，从而拥有定价权，别人买它不是因为它性价比高，而是因为它品牌效应好或者它的不可替代性，这样才是拥有护城河。

有效执行：

拥有护城河的企业往往具备高效的专有流程管理能力，但反过来，拥有有效执行并不代表企业拥有可持续竞争优势即护城河，因为对手也可以做到，如果没有难以复制的专有流程为基础，这个策略就不足以成为可持续竞争优势。

卓越管理：

一般来说，有护城河的企业，都具备杰出的管理者和高效的团队。但这并不能说明凡是拥有杰出管理者和高效团队的企业都拥有护城河。杰出的管理者会被人挖走，高效团队也会因为人员变动、制度变动而土崩瓦解，这不是一个可持续、难以被超越的竞争优势。在绝大多数情况下，个人对大规模组织所带来的实际影响都是有限的。

（2）真护城河

帕特·多尔西在《巴菲特的护城河》一书中把巴菲特的护城河理论概括为四个要点：无形资产、转换成本、网络效应、成本优势，也即真护城河的四大特征。

真正的护城河之一：无形资产（出售对手无法效仿的产品或服务），无形资产包括品牌效应、专利或法定许可证（如牌照）等。

品牌：消费品龙头易形成品牌效应。品牌能否构成护城河，由市场的认可度（重复购买）决定，而非由其知名度决定。品牌，一定是有商标的，但是商标却不一定能够成为具备护城河的品牌，能够成为护城河的品牌，一定要能够牢牢抓住消费者的心，并拥有主动定价权。

专利：构成护城河的实质，是其背后拥有不断创新、推出新专利产品的能力。通过专利保护可以达到限制竞争对手进入市场。以生物医药行业发明专利为例，赛诺菲作为一家制药公司因其胰岛素生产领域具有专利，前期虽然投入了较高的成本，但在很长的时间内都较少受到常规竞争带来的压力。专利多集中在科技、医疗领域。

法定许可：它让竞争对手很难甚至不可能进入你的市场。通常，在企业需要通过审批后才能从事经营的情况下，这种优势才能发挥到极致。不过，它却无法借助经济监管左右产品价格。法定许可构成护城河的条件，一是有自由定价权，二是地域性壁垒形成区域垄断。法定许可证代表行政干预下抬高准入门槛，比如5G牌照、油气勘探牌照、军工四证等，多集中在通信、油气、军工等国企龙头手中。

评价无形资产时，最关键的因素，是看它们到底能给企业创造多少价值，以及它们能持续多久。

尽管无形资产看不见、摸不着，但它们绝对是最有价值的竞争优势来源。评价无形资产时，最关键的因素，还是看它们到底能给企业创造多少价值，以及它们能持续多久。

一个不能带来定价权或促进客户重复购买的知名品牌，不管人们对它有多熟悉，都不具有竞争优势。而不能创造高资本回报率的法定许可，也并没那么具有价值。另外，一个脆弱无比、经不起任何挑战的专利组合，无论是因为缺乏多样性，还是缺少后续的创新，都不可能为企业构筑起坚固的护城河。但是，如果你找到了一个能带来定价权的品牌，一个限制竞争的法定许可，或是拥有一整套多样化专利权和悠久创新历史的企业，那么，你就找到了拥有经济护城河的企业。

真正的护城河之二：转换成本（出售的产品或服务让客户难以割舍）。

客户从A公司产品转向B公司产品省下的钱，与进行了转换发生的花费之间的差额，就是转换成本。

转换成本表现形式可以是时间代价、金钱或承担的风险，可以简单理解为客户从A公司产品转向B公司产品所节约的成本。较高的转换成本使客户对企业出售的产品或服务产生黏性，进而为企业带来定价权和高资本回报率。

识别转换成本的要点：

通过全面渗入客户业务内部，与其形成唇齿相依的关系，是转换成本最常见的构筑方式。转换费用支出、重新学习的代价和由转换带来的未知风险，也是转换成本的主要表现形式。

识别转化成本不容易，要求我们深入理解客户体验，把自己想成客户，看看自己对产品的依赖和黏性有多大。深入理解企业客户的体验，是识别转换成本不错的途径。

软件业（数据处理）、金融服务业、精密配套企业、实验设备供应商等往往拥有高转换成本，消费品企业（如零售业、餐饮业及包装商品类企业等）往往只有低转换成本。

直接面对消费者的企业（比如餐饮、零售商）因为转换成本几乎为0，很难形成护城河；而软件（SaaS）、金融服务等更偏向B2B领域很容易依靠高转换成本增加客户黏性。金融公司有强大的护城河，一方面，经营业务需要政府的牌照，另一方面，投资者把钱交给你，自然会非常谨慎，对金融机构的信用要求很高。富国银行的研究结果显示，如果一名客户在一家银行有四项以上的业务，他就很难离开了，难怪银行和保险股是巴菲特的最爱。中国平安拥有金融全牌照，能提供几乎所有金融服务，一旦消费者成为平安的客户，它就会向你推销很多产品。

真正的护城河之三：网络效应。

网络效应是指企业产品和服务的价值随用户数量的增加而增加，且网络规模扩大所带来的经济价值增长率要大于绝对规模的增长率。网络效应衍生出梅特卡夫定律，该定律认为通信网络的价值与用户数量的平方成正比，即 $V \propto N^2$。网络用户越多，网络整体价值越大；且由于网络价值与 $N^2$ 成正比，价值增幅超过节点数增幅，随着网络规模扩大，单个存量用户获得的效用越大。越有价值的网络型产品，就是能吸引到越多用户的产品。占据广大领地让对手长期望而却步。和有形资本为基础的行业相比，网络效应在信息类或知识转移行业中更为常见。

因为有形商品有排他性（我用的时候你不能用），而信息知识是可以共享的，自己使用时并妨碍他人使用，并且是使用的人越多，这个网络的价值越大。如Windows、淘宝网、雪球网。这些网站的用户越多，就会产生越多信息，信息越多，就会吸引越多的用户，产生正反馈。而像微软的产品，用得人越多，产品就越能共享，越能共享，用得人越多，同时也还有一个转换成本的问题。

真正的护城河之四：成本优势。

在价格决定客户采购决策的行业里，也即价格敏感性（除价格之外不存在其他差异化因素）行业，成本优势意义非凡。如工业原料、一般的消费品等，这些东西没有差异化，而且容易找到替代品，所以价格很能决定客户的决策。采用低成本是唯一能让它们屹立不倒的秘诀。要识别成本优势起决定作用的行业，最可取的方法是判断其产品或服务的可替代性。

成本优势的关键在于能否持久，如果一个公司的成本优势能轻易地被别人复制，那么就不构成成本优势。如某公司把工厂设到人工成本更低的地方，那其他公司也可以做到，所以这种成本优势不具有持久性。

成本优势可以通过具有竞争力的价格占有市场，因而企业整体净利润率不高，销售费用率较低，良性资产较多，应收款项占比较小，而预收、应付款项较多，企业经营效果较好。

## 1.2.2  被侵蚀的护城河

前面我们讨论了护城河需要经常评估，拥有深护城河的企业不会一成不变，护城河被侵蚀的可能有以下几点：

### 1. 技术变革

（1）技术类企业。技术类的企业赖以生存的基石是技术，因此是否能够在技术上超越对手，不断推出超越对手的更好、更便宜的新产品就成为企业能够持续成功的根本。如果对手在某种新产品上超越，很有可能企业就会在数月内丧失掉自己所有的优势。一旦有别的企业通过技术创新推出一种新产品，而且物美价廉，那就有可能意味着，那些曾经拥有护城河的企业，它们的竞争优势可能会在一定时间内消失。比如通信运营商，在互联网出现之前，通信运营商的长途电话业务曾经风光无限，几乎在几十年里垄断了远距离通话业务，但是随着互联网的不断进步，颠覆了电话业务的优势。人们可以通过网络实现通话联系，就像微信的语音通话功能，不但可以快捷通话，还是免费的，这让曾经收费昂贵的长途电话运营商，面临前所未有的危机，曾经牢不可破的护城河受到了严重的侵蚀。

（2）非技术类企业。非技术类企业其实会被技术变革影响，但是这种影响很少被投资者重视。因为投资者在投资时为了避免技术革命对企业的影响有时会刻意选择非技术类企业，正因为如此，技术变革对于非技术类企业的影响是一种无法预料、同时也是更严重的威胁。如马鞍、胶卷相机、报纸和长途电话，这些都是典型的价值陷阱，由于新技术的发展，它们的竞争优势几乎完全消失。

因此，在考察经济护城河的时候必须有更高的维度，不能只看到眼前，要意识到相关技术的影响，可能技术革命对非技术类企业的破坏力更大。

### 2. 行业变迁和非理性竞争对手的进入

一是分散性客户的集中效应。行业结构发生重大变化，给企业护城河带来的破坏通常是永久性的。传统零售行业如今受到来自互联网平台的冲击，是因为零散的购买者在网络上变成一个集体，在集体效应的影响下已经增大议价权。比如，沃尔玛等大型连锁零售商给消费者提供了便利和实惠，导致客户群体集中，从而形成买方市场。这对消费者来说肯定是有益的，但是这也导致消费品生产商的运营机制出现恶化，而且这种恶化还是不可逆转的，从而导致这些上游生产商丧失产品的定价权。

二是行业区域性的变迁。随着发展中国家的经济发展，劳动力密集型行业已经逐渐转移到其他地方，因为低廉的劳动力成本已经能够突破地理优势的护城河，完全取代当地的劳动力市场。所以，一些行业区域性的变迁对于企业的内在价值改变也具有重要意义。

### 3. 破坏性增长及盲目多元化扩张

说到破坏性增长，我们可能会第一时间想到著名管理学大师克里斯坦森提出的"破坏性增长战略"。克里斯坦森认为，小企业可以通过低成本、功能简单的产品占领低端市场，从而在大企业不屑与之竞争的领域寻找壮大的机会。但《创新者的窘境》里所说的破坏性增长，指的是一些企业在发展壮大后，容易冒进，向其他没有护城河的领域盲目投资，结果可能是增长越快，对自己的竞争优势破坏就越大。因为企业的经济护城河往往是在某个领域内有效，甚至是很小的一个领域，当企业在某一个领域拥有竞争优势之后，如果盲目往多个领域延伸，在没有护城河的保护下盲目扩张，不仅不能继续保持领先，甚至可能会消耗掉原来领域的优势。

拿格力来说，在空调行业已经开始碰到天花板的情况下，尽管寻求多元化或二次创业可以理解，但跨界进入手机或新能源汽车是有些冒进的，这些行业与现有空调主业是没有太大的相关性，在笔者看来，与其贸然进入没有竞争优势的陌生领域，还不如以股利的形式，把企业利润分给股东，让股东自己去投资，也不失为一种更有效的做法。

### 4. 失去定价权

巴菲特表示，评估一家企业时唯一重要的决定性因素是定价能力。如果你有能力提价而业务又不会流向竞争对手，你拥有的就是一家很好的企业。如果你在提价10%前还要祈祷，你拥有的就是一家糟糕的企业。

如果一家企业日趋严重依赖极少数客户，或者有时在正常的护城河里会出现非理性的竞争者，比如国家扶持能源的利用、资源的保护，不以赚钱为目的，比如一些企业可能会为了社会目的，降低价格、牺牲利润。单个企业这样做的结果可能会导致整个行业产生变革，从而导致护城河的变窄甚至消失，让企业会牺牲相当多的利益。

还有，即使你发现了极高护城河保护的企业也并不意味着马上就要去买入，我们必须要清楚买入这个企业的合理估值是多少。如果它的价格超越了它的价值，那就可以缓缓再买。另外，即便一家不具有护城河的公司，也并不意味着就不能投资，因为种种原因，在市场上它的价格远远低于它的价值时，那仍是具有投资潜力的。

总结：护城河的侵蚀可能来源于技术变革、行业结构的重大变化、向没有优势的领域扩张或者失去定价权等。这就需要我们提高警惕，密切关注被投资企业的竞争态势，盯紧护城河遭到侵蚀的种种迹象。如果能尽早发现某种衰退信号而采取适当措施，就可能减少损失，提高投资收益。

# 1.3　企业估值

## 1.3.1　企业价值

企业内在价值评估的定义：任何一个股票、债券或企业的价值，都将取决于将资产剩余年限的现金流入与流出以一个适当的利率加以折现后所得到的数值。

一个企业的内在价值，主要包括：

（1）未来的预测现金流变成现实的可能性（风险）；

（2）现金流可能有多大（增长率）；

（3）维持业务增长需要多少投资（资本回报率）；

（4）企业创造超额利润的持续时间（经济护城河）。

这个价值无须也不可能做到完全精确，能用来大致估算即可。

从财务角度看，企业的价值就是该企业预期自由现金流量以其加权平均资本成本为贴现率折现的现值，它与企业的财务决策密切相关，体现了企业资金的时间价值、风险及持续发展能力。只有公司投入的资本回报超过资本成本时，才会创造价值。

要实现公司的价值，有两点至关重要：其一，公司要有利润；其二，利润应切实转变为现金流入企业。现金流折现的现值。如果扩大到管理学领域，企业价值可定义为企业遵循价值规律，通过以价值为核心的管理，使所有企业利益相关者（包括股东、债权人、管理者、普通员工、政府等）均能获得满意回报的能力。显然，企业的价值越高，企业给予其利益相关者回报的能力就越高。而这个价值是可以通过其经济定义加以计量的。

企业的价值具有一定的主观性，笔者认为企业的价值分为两部分：一部分是企业的具体财务收入，这部分内容非常容易了解，打开上市公司的财务报表就能一目了然，毋庸多说；企业价值的另外一部分就是投资"大师们"常说的投资艺术部分了，这个可能每个人的理解不同，笔者的理解就是未来企业盈利的确定性。一切能够增加企业未来盈利确定性的因素都是企业价值的一部分。比如企业的核心技术、研发能力、市场占有率、营销渠道、商业模式、管理层的能力等，所有能够增加企业盈利稳定性的因素都是对企业有价值的，都是企业价值的组成部分。

对于价值的理解应包括以下几方面是内容：

第一，价值是基于商业本质和常识的洞察力；

第二，价值是对人性的深刻理解；

第三，价值是对国家和产业未来长期发展趋势具有高屋建瓴的预测。

股票投资必须透过现象认识本质，才知道应该怎么去投资。企业价值是价值投资非常重要的一个概念，可以说是价值投资的核心因素，因为价值投资的一切投资行为都是依据价值因素作为行动指向的。从费雪、格雷厄姆、巴菲特等价值投资大师的投资行为来看，表面上各有迥异，有的人看重成长，有的人偏重安全边际，有的人注重资产优质，有的人爱捡"烟蒂"。但无论何种方法均离不开以企业价值判断为锚，然后去寻求低估资产的基础。

　　然而企业经营需要一定的时间来改变，价值的挖掘和市场发现均是一个较漫长的过程，这也是笔者强调价值投资离不开"长期"的原因之一。但是你要坚信企业经营与股价的关系，将聚焦点放在对企业经营业绩变化的判断上，坚信市场长期是"称重机"，企业优秀的经营业绩终将会被市场反映。

　　价值回归，即价格与价值之间的差异，成熟市场需要三到五年才可能达到平衡，在A股价值回归需要的时间可能更长。这个回归需要的时间就是一种不确定性，首先需要坚守能力圈，其次需要我们在选择投资标的时兼顾低估值与持续成长及高股息。买低估值的公司等待价值回归，一定要高股息，这就解决了一旦低估值股票长期不上涨的机会成本问题，只有分红和股价上涨是确定的回报。短期股价上涨或者下跌一般很难判断，有了持续的高股息，就不会太在乎市场何时价值回归，甚至买入之后希望股价还能再下跌一些，当然前提是股价下跌不具有反身性，重点是确定性。

　　但是要正确地进行估值，则需要我们坚守自己的能力圈，去评估自己足够了解的生意。这些生意最好具有盈利的稳定性、确定性和持续性，否则很难对未来的现金流做出大方向上的正确预测。这也是科技股无法使用DCF法进行估值的最大原因。而且为了避免犯错，还需要对估值留出足够的安全边际。

　　所谓估值，核心是判断公司的内在价值，远非套用PE、PB、ROE等几个指标那么简单。

　　巴菲特在1983年致股东信中说，账面价值和内在价值是两个完全不同的东西。账面价值是会计名词，记录的是原始资本与公司留存利润的再投入；内在价值是经济名词，反映的是企业未来现金流的折现值。账面价值告诉你已经投入的，内在价值估算你未来可能获得的。为了说明两者的本质区别，巴菲特举了两个小孩读书的例子。两个小孩从小学到大学毕业，其账面价值即学费、生活费支出是相同的，但毕业后在未来创造的回报折现为今天的价值，则可能从零到数倍于账面价值。

　　所以，一个有着相同账面价值的公司，却可能有着截然不同的内在价值。内在价值没有公式可以一劳永逸地简单套用，需要了解公司所在的行业，懂得其护城河、品牌优势、利润增长点，真正弄懂行业及公司。

正是基于估值对于确定性的要求，使大部分上市公司可能都不宜进行所谓的现金流折现，尤其是对于快速变化的行业、自己能力圈之外的行业及企业，以及没有持续竞争优势的企业，都无法进行估值。

有着市场特许经营权的产品和服务，具有以下特质：它被人们需要和渴求；被消费者认定找不到其他替代品；不受价格管控的约束。

巴菲特把企业分为一般事业、强势一般事业、弱势特许经营、特许经营。一般事业没有长期持有价值，特许经营企业有一个共同的特点：小投入、大产出。巴菲特在历年的致股东信中多次谈到了他心目中好的商业模式就是企业具有市场特许经营权，这类投资需要长期持有，适当集中一些，让复利慢慢发挥奇迹。

如何评估一家公司是否小投入大产出呢？可以用利润增加值与资本支出总额的比率；或者利润增加值与股东权益增加值的比率，当然投入回报率也可以反映。

## 1.3.2　成长与价值

如前文所述，一个企业的内在价值，主要与风险、预期成长性、资本回报率及护城河有关。

企业的预期成长性是决定其估值的重要因素。那些高速成长的明星企业，投资者往往会在短期内对其未来的前景有着美好的预期，这些公司能在1～2年以内为投资者取得非常好的回报。

企业的估值水平取决于"是否好"和"是否快"。比如巴菲特，动辄以十几年为期限长期持有公司股票，既然公司的成长性会快速回归均值，自然选择"好公司"要重要得多，这也是为什么巴菲特反复强调企业的"护城河"却鲜见谈到企业的成长性原因。

巴菲特在2007年致股东信中说，我们要寻找的生意，是在稳定行业中，具有长期竞争优势的公司。如果它成长迅速更好。但是即使没有成长，那样的生意也是值得的。

企业利润的增长往往带有欺骗性，在ROE稳定或增长的前提下，净资产的增长率才是比较可靠的。这也就是巴菲特为何更关注ROE而很少提成长的原因。

因为企业若是想长期保持较高ROE，就必须保持不断的成长。因此，长期维持高ROE的企业，其生意质地一定不会差。投资中，企业"变"的是成长性，"不变"的则是护城河所代表的盈利能力和持续资本回报能力。

没有护城河（壁垒）的成长多半是伪成长，不能持续。因为成长而给了一个很高的估值，容易陷入成长股投资的陷阱，长期而言，价值股的投资收益往往高于成长股投资，原因在于大部分所谓的成长股，都是无法持续的伪成长股，又给予所谓的成长股非常乐观的、预期的估值。

不是所有的成长都是有价值的，只有在具有特许经营权的情况下，成长性才有价值。一般来说，成长性创造的价值取决于两个因素。第一个因素就是追加的资本盈利能力。追加资本带来的资本回报越是高于资本成本，每一元创造的价值就越大；第二个因素是用来获得特许经营权收益的资本数量。这取决于特许经营权的发展速度。

成长需要投资，更高的销售收入要求更高的流动资产和固定资产。追加这些资产的目的是获得附加的利润。如果增长只是同比例的增长（也就是现有业务在更大规模上的复制），那么我们就可以很自然地假设追加资产带来的附加利润率等于原有投资的平均利润率。

举一个例子，如果公司资本回报率是10%，那么为了维持增长而追加的投资利润率也是10%。如果是这样的话，追加投资只有在资本成本低于10%的情况下对公司才是有利可图的。如果公司不得不将投资回报率提高到12%才能吸引到投资，那么它在每一元上将损失2%。因此，追加投资与资本成本之间的关系是成长性价值的主要决定因素。处于竞争劣势情况下的成长性会破坏价值，成长性带来的后果就是破坏价值。当资本回报率小于资本成本时就会出现这种情况。公平竞争环境下的成长性则没有价值。资本回报率等于资本成本，成长性没有创造任何价值。一些共用的投资指标，如股息收益率、市盈率、市净率甚至是成长率，除非它们能够提供一家企业未来现金流入与流出的足够线索，否则与价值评估没有一点儿关联。成长只是一个要素，在评估价值时，它可能是一个增项，也可能是一个减项。

不同的增长类型创造的价值也不一样，增长分为四种类型：市场份额增长、价格增长、潜在市场增长、兼并收购增长。这四种类型又可以具体分为七种情形：

（1）基于新产品开发的增长战略可以创造更大的价值。因为不需要太多新资本的投入，公司可以将新产品加入现有生产线和渠道。另一种新产品战略就是今天我们常说的降维打击，其实就是以错位竞争的方式快速增长可以创造更高的价值。这种竞争方式是要从那些看起来与本身关系不大的行业中获得利益，它们没有直接的竞争者或者是客户。它们是以牺牲其他行业公司的增长为代价的。这种增长通常需要一些创新的形式、全新的品类来实现。比如，移动手机端的互动视频和游戏抢占了用户的大部分休闲时间，传统电视根本无法竞争。

（2）让目前客户重复购买。比如宝洁公司说服客户更频繁地洗手，洗手液的市场将加速扩大，并且直接竞争者不会反击，因为它们也能够从中受益。

（3）扩大现有市场也能够创造巨大的价值，因为这通常意味着可以在公司现有市场中挖掘新客户。比如联合利华和强生公司。通过说服男性使用护肤品增加了男性护肤品产品的增长。再者竞争者也没有反击，因为它们也得到了较大幅度的成长。但是男性护肤品与女性的护肤品并没有太大的不同，而且可以在研发制造和分销上共享资源。

（4）在成长型市场中获取更高的市场份额，通常比在稳定市场中获取市场份额能创造更大的市场价值。这是因为当一个市场快速增长时，即使失去一些市场份额，竞争者也可以快速发展。因此，竞争者之间不太可能打价格战进行拼杀。

（5）在一个成熟稳定的市场中争取更大的份额可能造成竞争者的报复。除非你能够从根本上改变产品或者创造一个全新的市场类型，否则竞争者将快速复制你的创新，所以这种方式创造不了太大的价值。在成熟的市场中，即便是能够通过促销、推广、营销而从竞争者处获得市场份额而创造价值，但也是微乎其微的。而且份额大战往往导致市场份额分配的增多或减少不断循环，很少能为某个竞争者分配到一个永久的份额，除非竞争者改变其产品或者市场格局。因为竞争者不可能主动放弃市场。价格战，虽然对于消费者来说是好的，但对于股东来说都有些得不偿失。

（6）通过产品价格的提升可以创造价值，但这个过程往往不具备重复性、持续性，而且面临着销量下降的风险。如果公司定期提高价格的速度快于成本增长的速度，那我们就能看到持续增长的利润空间，但这是一种罕见的现象，比如茅台，普通消费品要复制或者重复这种情况就非常困难了，最终往往导致份额流失。

（7）收购战略。由收购产生的价值增长往往是最低的，因为在大部分的情况下，收购增长的潜在价值都被收购的价格抵消了。收购一般要预先支付，大部分情况是溢价收购。即使买方可以改善目标公司的业绩从而获得具有吸引力的资本回报率，取得的回报相对收购成本和资本成本通常也只是资本成本的一小部分。

# 1.4　确定安全边际

未来的确定性总是相对的，不可绝对化，一旦买入高估值的公司遭遇戴维斯双杀，将面临巨大的损失，所以按笔者的理解，真正的价值投资者都是极度的保守、深入骨髓的保守，很重要的一方面体现就在于买入时的估值低。巴菲特应该对投资标的的了解应该远远超过绝大多数的普通投资者，但买点基本上都是几倍到十几倍的PE。一方面，买时估值极低，容错率就高；另一方面，未来不仅可以赚企业成长的钱，还可以赚估值提升的钱。

安全边际概念是巴菲特的老师本杰明·格雷厄姆最先提出的，主要是指价值与价格相比被低估的程度或幅度，是投资能够取得成功的基石。当价格低于价值的差额越大，安全边际也就越大。

投资的本质是对未来进行预测，而预测能得到的结果不可能是百分之百准确，只能是从零到接近百分之百。那么当我们做判断的时候，就必须要预留很大的空间，即安全边际。因为你没有办法分辨，所以无论你多有把握的事情都要牢记安全边际，你的买入价格一定要大大低于公司的内在价值。

为了在将来未知的情况中能够做到自保，我们可以规避一些风险、做出灵活的决策，留有退路或巨大的安全边际。比如说，在投资过程中，以下这些因素较为重要：了解企业的潜在价值、不要使用杠杆、挑选管理层富有成效和诚实的公司、投资时留有巨大的安全边际。

安全边际是以承认未来不确定性为前提的。如果未来是确定的，能够准确预测到未来的变化，变化的时点、力度，谁还会在左侧交易，谁还会傻傻地等待？

安全边际同时是以市场的无效性为前提的。如果市场有效，哪里还有被错误定价的机会，安全边际根本不存在，正是市场永无休止的波动，带来的无效性，让价值投资者有了可乘之机。

安全边际可以带来更大的胜率和更大的赔率。任何投资策略都以提高预期收益率为目标，预期收益率=胜率×赔率。安全边际降低了向下的风险概率和空间，反过来也就增加了向上的空间，赔率自然提高。

安全边际是保守型的投资策略。安全边际是以避免犯错，降低致败因素的影响来运作的。正如孙子兵法所说"先为不可胜，以待敌之可胜"。安全边际要求在估算企业价值时态度上相对保守。

安全边际需要解决价值评估与折扣空间两大问题。我们需要多大的折扣空间才合适？沃伦·巴菲特这样回答：如果你理解一家企业——能够很清晰地看到它的未来——显然，你需要的安全边际并不高。相反，未来发生的事情越多，确定性越低，企业越脆弱，企业变化的概率越高，你需要的安全边际也同样越高……

如果你开着一辆载重为9 800公斤的卡车过河，桥梁的承受力为1万公斤，而桥梁离地面的距离不过1.5m，一切感觉良好。相反，如果这是在大峡谷的桥上，你可能需要更大的安全边际，只开着载重为4 000公斤的卡车过桥。所以，安全边际取决于潜在风险的特征。

可以采取以下措施来解决安全边际的折扣空间。

区别对待：对于有较强竞争优势的稳定的公司只需要20%～30%的安全边际，对于没有竞争优势的高风险的公司50%～60%，平均来说，对大多数公司来讲，需要一个30%～40%的安全边际。

兼顾整体：由于市场的联动性与估值的锚定效应，单只股票与行业及大盘都有很大的相关性，如果单只股票已进入安全边际区，是否进入还要兼顾市场与行业的风向标。

相对选股：投资时相对选择的过程，在众多的潜在投资标的中，选择折扣更大，确定性更高的标的。

量体裁衣：你觉得自己的运气会有多坏？能承受多坏的运气？你能接受的商业价值波动幅度是多少？你能忍受多严重的错误？归根结底就是你有多少可输？

安全边际意味着不要试图在一座限重10 000公斤的桥上驾驶一辆9 800公斤的卡车。取而代之应是再往前走一走，寻找一座限重1 5000公斤的桥去驶过。巴菲特投资时要求足够的安全边际，是考虑通货膨胀随时可能带来的灾难。一项不能防范通货膨胀的投资是无益的，通货膨胀虽然会给很多企业带来伤害，但是那些消费独占性的公司非但不会因此受损，反而能从中受益。

对于通货膨胀，巴菲特是这样解释的："假如你放弃购买10个汉堡包，把这些钱存进银行，期限为两年，你可以得到利息，税后的利息可以购买两个汉堡包。两年后，你收回本金，但这些钱仅能购买8个汉堡包，此时，你仍然会感到你更富有，只是不能吃到更多的汉堡包。"巴菲特认为，通货膨胀对大多数投资者都是最大的敌人，但也有一部分人能从通货膨胀中获利。那些负担为期30年且利率为5%房屋贷款的购屋人，会因通货膨胀而获益，原因是他们的收入会增加，而必须缴纳的房贷利息却是固定的。

公司和企业也同样受益于通货膨胀，那些在20世纪60年代成功地说服投资者以固定利率提供资金给公司做长期运用者，也因为通货膨胀，可以用较低的成本偿还贷款利息，因此，投资者是通货膨胀的最大受害者，因为实际购买力相对变小。比如，在20世纪60年代，如果投资者以4 000美元购买通用汽车公司债券，当时的4 000美元可以用来买一辆新车，到90年代，通用汽车公司把4 000美元的本金还给投资者时，这笔钱只能买到1/4辆新车。所有投资者都必须考虑通货膨胀带来的影响。基于此，巴菲特热衷于投资那些具有消费者垄断性质的公司。巴菲特在投资这些公司的同时，通货膨胀也会让他的投资价值增长，帮助他变得富有，这就是出色投资家的高明之处。

诚然，强调好公司是安全边际最大来源的同时，我们也从不忽视价格对于安全边际的重要性。一个浅显的道理是，如果一家公司的股价已经高到离谱，即便其再优秀，当下也并非适合的投资时机。实际上，强调好公司与强调合理价格并不矛盾,而是像事物的一体两面,和谐共生于投资活动之中。

对于价格的强调,本质上是因为投资是一个预测未来的行为,即便投资者将公司及其管理层研究得再透彻,也不能准确地判断公司的安全边际有多大,进而也就无法精确得出公司的投资价值为几何,为了降低投资风险,就需要借助价格的力量进一步拉大安全边际,在更大程度上确保投资活动的成功。

巴菲特很早就意识到了这一点,他在1963年致股东的信中说:"对于取得控制权的投资而言,往往需要花费我们较长的一段时间才能看到利润。也正是因为如此,在买入的时候,我们需要一个宽大的安全边际,否则我们宁愿错过一些机会。怎样在买入的时候获得宽大的安全边际?就是将买入价格预设得足够低。"

"价值投资者在寻找便宜货时需要严格遵守纪律,以大幅低于当前潜在价值的价格买入证券,并持有至价格更多地反映这些价值。"赛斯·卡拉曼在《安全边际》一书中如是说。投资的关键是以便宜的价格买入大幅低于潜在价值的股票,获得足够的安全边际,防范投资过程中潜在的风险和失误。

至于历史估值的高低点,是择时方面,大盘低迷时结合参考PE、PB是否处于历史低位区域。另外,还需要结合随着公司的规模的增大,公司增速是放缓还是加速,竞争优势是加强还是减弱。

将注意力同时放在当前持有标的"是否"被低估与"为什么"被低估这两个主要因素上。投资者要明确投资原因,就能在当继续持有个股的理由不复存在时果断卖出标的。

"价值投资在下跌市场中闪闪发光。"卡拉曼认为,价值投资一个突出的特征就是以安全边际作为护身符,能在整个市场下跌时期取得优异的表现。无论何时,只要金融市场没有将基本面价值完全反映在证券价格中,投资者就会获得一定的安全边际。

价格总是围绕价值上下波动,如下图所示。安全边际的获得有助于投资者实现良好的长期业绩。放长眼光,精选"幸运的行业+能干的管理层+合理的估值"兼备的优质个股,以便宜的价格买入并长期持有,投资者将可能获得长期稳定的投资回报。

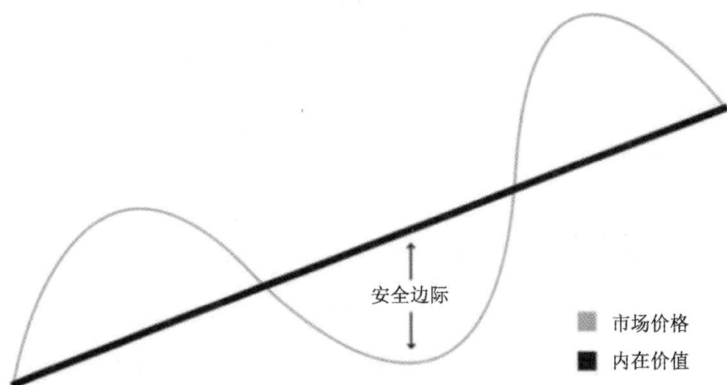

安全边际

市场价格

内在价值

我们也非常愿意为自己买入股票留出更严格的安全边际，这样可能会放过一些投资机会，但保证了我们在这个市场的足够安全。可以穿越市场牛熊，做一个总是具有深入骨髓的保守和谨慎的投资态度的投资者。

## 1.5    投资决策

要想做好投资，唯有经历一两轮牛熊市转换，然后不断努力学习和实践，进而建立和不断完善自己的投资体系。优秀的投资者都有一套成熟的投资体系，这样才不会随心所欲，天马行空，而是足够耐心和理性，然后通过体系制胜。

投资体系是一个金字塔式的模型。由下而上，最底层是多学科基本知识；第二层是理财基础知识；第三层是系统思维与商业洞察——这也是价值投资体系最核心的部分；最上一层是容错机制，外化为具体的交易行为。

### 1.5.1    多学科基本知识

笔者认为投资所必需的多学科基本知识包括以下方面：物理学、生物学、化学、社会学、心理学、数学、微观经济学、统计学、哲学。

每个学科只需要学习最核心的内容，比如物理学的牛顿力学、生物学的进化论、数学的概率论、化学的自我催化模型、哲学等。不需要学习全部，只需要学习核心内容，就足够理解真实的世界。

投资市场是由人组成的。以社会学来理解是否应该跟从大众来做投资，群体到底是乌合之众还是群体的智慧？有谚语说，三个臭皮匠，顶个诸葛亮。这显然是认为人多智慧大。又有谚语说，真理永远站在少数人这边。这显然是否认群众智慧说。

学习基本心理学模型，了解人类大脑的弱点和缺点，列出清单，在做决策的时候，检查清单，避免犯错。以心理学来理解为什么聪明人经常会犯错，投资者无法做到绝对理性，容易受到贪婪和恐惧情绪的影响，要如何把控好情绪，才有可能做好投资。人类还有一种"有样学样"的天性，在心理学中常常称为"社会认可"。在社会认可的作用下，模仿别人的消费行为，人爱面子的心理，所以人在人际交往中总是以对方给不给自己"面子"和给自己多少"面子"来判定对方对自己的接纳程度，并对彼此的关系进行认知和评价。消费在某种程度上实现人们之间的交际功能，所以在消费中不能不讲面子。人在消费中非常在乎别人对自己的看法，关注个人消费的社会群体效应。正是因为讲究面子消费，并由此产生出了攀比消费、炫耀消费、象征消费，茅台恰恰是文化传统和消费升级这两种因素影响下成就了酒的第一"面子"产品。

数学可以告诉我们在投资中如何找到胜算最大的选择，不同大小的胜算要如何下注。价值投资需要对企业进行动态估值，主要是DCF估值法。由于对企业的估值不可能百分之百准确，只能提高准确率，那就需要运用贝叶斯定理来动态提高自己预测的概率，预测包括公司未来五年的现金流变化。

微观经济学的伟大意义在于让人能够辨别什么时候技术将会帮助你，什么时候它将会摧毁你。当新的行业出现时，行业的先行者会获得巨大的先发优势。

自我催化模型来自化学中的"自催化"现象。当化学反应的产物能够对这个反应的速率有进一步的催化作用时，让此反应的速率以极快的速度增加，这种反应就称为自催化反应。作为一种典型的思维模式，这种自催化现象你可以在很多地方遇到。一个很明显的例子是亚马逊，关于亚马逊战略的总结如下：

贝佐斯与其助理团队描绘了公司步入良性循环的前景，他们相信这会成为公司发展的强大动力。公司的未来蓝图是这样的：以更低的价格来吸引更多的顾客。更多的顾客意味着更高的销量，而且也会把付给亚马逊佣金的第三方销售商更多地吸引到网站上来。这也会使亚马逊从固定成本中赚取更多的利润，如物流中心和运行网站的服务器。更高的效率会使价格进一步降低。他们推断，任何一个飞轮只要运行顺畅，就会加速整个的循环过程。

这是一种非常典型的自催化模式。可以顺便分析一下迪士尼，迪士尼是全球最好的商业模式之一。迪士尼最重要的是做好一件事：制作电影。电影不但能够产生巨额收入，还能够形成广泛的影响力和知名度，电影被观看次数越多，这个电影的IP就越经典。这使迪士尼乐园、电影衍生品、IP授权等其他业务也都能获益。更重要的是，这个模式是互相催化的。消费者越喜欢迪士尼乐园、购买电影衍生品，就越愿意观看迪士尼制作的电影。用系统理论来解释就是迪士尼构建了一个自我强化的增强回路。

## 1.5.2　理财基础知识

笔者认为这部分最重要的是要深刻理解"复利"的概念。对复利的描述一般用"神奇""奇迹"之类的词语，如果你不觉得它神奇，说明你还没有真正理解它。复利，就是一种延迟满足的行为。每次获得的收入或投资的盈利，你需要做出抉择，是立刻消费掉这些收入或盈利，还是继续把它投入"利滚利"里面，等待以后变成几倍甚至几十倍的收益。不同的选择，决定了你以后资金的天壤之别。

延迟满足是成功投资的必要条件之一，所谓的有没有耐心或者心态好不好，其实很大部分源于有没有这种素质。要会算各种本金、年限和收益率下的复利收益（72法则只是一个简易测算工具），这是非常基本的能力。利用复利来给自己的投资生涯设定目标，这样就不容易跑偏了。这一层还有一个比较重要的理财基础知识就是会计学，因为会计的本质是一门商业语言，会计的重要性已经不用多说，但笔者要提醒读者的是财务报表重要，定性分析更重要。财务报表要看，但财务报表看不见企业的护城河、商业模式、公司治理和企业文化。所以财务报表的作用是印证和辅助。同时还要认识到财务报表的局限性，比如在后文第7章中，讨论贵州茅台估值时阐述了渠道库存会导致财务数据失真。

### 1.5.3　系统思维与商业洞察

人们在遇到事情的时候很容易陷入问题之中，从而忽略结构和行为之间的关系。随着世界发展变化得越来越快，系统也日益复杂。商业世界是一个非常复杂的系统，以单一的原因和线性思维来解释复杂的系统，是非常不可靠的做法，但企业家依然可以选择一些方法，尽可能地控制关键变量，抽丝剥茧地去探究原理。系统思考有助于我们去发现问题的根本原因，看到更多的可能性，从而更好地管理、适应复杂性挑战，把握新的机会。系统思考就是从整体上对影响系统行为的各种力量及其相互关系进行思考，以培养人们对动态变化、复杂的系统性问题的理解和应对能力。系统其实就是一系列互相连接的事物，在一定时间内，以特定的行为模式相互影响。一件事情会引发一个系统的某些行为，而换一个系统又会有完全不一样的结果。

比如，复杂系统中会存在反馈延迟，问题在经过一段时间后会变得更加严重，而且更加难以解决，就是谚语里所说的"千里之堤，毁于蚁穴"。再比如，在受到外力冲击时，通路和冗余众多的多样化系统，会比几乎没有差异的单一化系统表现得更加稳健。正所谓"不要把所有的鸡蛋放进一个篮子里"。

系统思考需要实现三个转变：从局限于本位到关注整体；从机械、静止、线性地看问题到动态、环形、发展地看问题；从关注于事件到洞悉系统内在的结构（本质）。

为什么要有意识地去学习系统思考呢？因为系统思维对个人比较有用，特别是个人在投资过程中分析企业时非常有用。一个物体并不能简单等于零部件的加总，同样一个企业也不是简单的每个企业员工的加总。有时一个企业的复杂程度可能远超我们的想象，有时我们过于在意一个企业的某一些要素，而忽略了要素之间的联系，以及所有要素组合在一起的那个系统。实际上，对于不同复杂程度的系统，我们需要用系统思维的方式去进行分析和评判。在投资中也存在一些类似富者越富、上瘾问题、共同悲剧等系统基模的问题，需要我们运用系统思考去解决。

一般来说，投资能力=对商业的洞察力（天分+努力）+对人性的洞悉（价格的把握+市场的理解）+好运气。

　　多数人过于强调人性洞悉在投资中的作用，而相对忽视了商业洞察力的重要性。投资的本质是前瞻性和洞察力，前瞻性则反映了对行业的认知和预期是否有偏离度。如果没有对商业的很好理解，长期投资收益的持续稳定性便很难有保障，运气永远是实力的一部分，尽管它是那样的不可琢磨。

　　所以，投资的成败有两个核心——对商业模式的把握和洞悉人性。笔者见过不少对其中之一有很独到见解的投资者（比如在雪球上就有不少这样的投资者），但合二为一的投资者却是稀少的，所以，具备长期投资能力的人永远是稀缺资源。

　　对商业的洞察力和对市场定价机制和运行规律的掌握，是投资这门学问中皇冠上的明珠，也是我们最为看重的。同时做到这两点，需要过人的见识、长期的知识储备和经验，这是多数人不具备的，哪怕是具有从商经验的投资者，甚至很多上市公司的高管都没有足够的水平，比如马化腾，从腾讯2004年上市以来，其间马化腾有过几次比较大的减持，但其实马化腾每次都卖在最低点。第一次减持在2005年7月份，马化腾在6元钱（这里说的是每股的价格，下同）减持很多，减持之后1年股价却上涨了300%；第二次减持在2008年10月底，之后2009年是大牛市，涨了285%。第三次减持在2011年156元的时候，因为马化腾和投行对赌失败被迫减持，60元卖了，当时股价是160元，一年后涨了15%到了190元。而现在腾讯的股价是400元左右。马化腾卖腾讯股票，居然每次都卖在最低点，这意味着什么呢？难道马化腾还不够了解腾讯吗？这意味着，即使你做到极致，了解全部的过去信息，或者说在所有人中你知道得最多，也不一定能判断未来的走向。

　　价值投资最基本的一个观念是把股票当成公司去看待，需要测算公司的内在价值。一般考虑的是，这个公司是怎么赚钱的（商业模式），能不能持续赚钱，相对于竞争对手有哪些优势能保证它长期一直赚钱，这些问题归结为一个核心，就是这个公司有没有护城河。笔者觉得护城河的概念极其重要，是选股的终极标准。例如，伊利的护城河是渠道+规模效应，贵州茅台是品牌，恒瑞医药是专利技术，银行是法定许可（牌照）+高转换成本等。

　　对企业估值也是这一层的重要内容。自由现金流折现法，且不说折现率、未来增长率都拿不准，就是当前的自由现金流也未必能搞得清楚，所以还不如直接看

PE、PB可靠。但PE、PB参考价值也非常有限。只要这个企业有护城河，并且当前整个股市还不处于泡沫阶段，大体就可以投了。但需要通过容错机制来化解风险。

## 1.5.4　容错机制

容错机制的作用是控制风险。"容错"的要诀是："错了也要赢"。主要通过安全边际、适度分散仓位、分批向下买入、保有适度的现金、长期持有这五种容错机制来控制风险，具体内容详见下一节风险控制，这里不再多谈。

成功投资的关键因素之一是要拥有良好的性格。成功意味着要非常有耐心，该采取行动时就会主动出击。另外还需要培养毫不焦躁地持有股票的性情，要培养这种性情，性格是一方面，还需要有强烈的求知欲望，去弄明白事情发生背后的原因。用低廉的价格甚至是合理的价值来购买那些有可持续竞争优势的企业。

在A股每隔两三年的就有一段股市低迷期，这时是非常好的买入机会。比如2008年下半年、2012年下半年、2014年上半年、2016年初熔断后、2018年底，那么就可以抓住机会下很大的赌注。而不应该是小打小闹，进行小仓位出击。投资必须拥有极度的耐心和极度的决心。良好的个性素质——自律、耐心、冷静、独立，对于投资来说都很重要。

投资是与众不同的职业，如果你不能克服人性的弱点，比如贪婪、恐惧、盲目、急躁、冲动、主观、极端等，那就会迟早被淘汰出局。如果你本身就是一个理性、耐心、客观、独立的人，那就具备一定的先天优势，这是投资人所具备的必要条件，也是进入股市的第一道门槛。投资者也可以通过刻意训练来改变性格，战胜人性弱点，但这比学习技能知识难得多。知识都是通过后天学习的，而人性是根深蒂固的。所以，股市是对具有某种性格的人的"恩赐"。

总的来说，投资决策之前，主要应该分析以下三个问题：这是一家有竞争力、有护城河的好公司吗？如果是，它的估值足够低吗？如果足够低，这么低正常吗？有没有什么蹊跷，或者我没有看见的隐患，会导致巨大的风险。

有关护城河，我们已经在前文中做了深入探讨，而估值的有关内容，还将在本书的后面详细介绍。

好公司碰到不好的时候是最佳的买入机会。或者是由于股市大跌，或者是行业遇上低潮,或者是公司碰到了一件倒霉的事情,导致价格大跌,那都是很好的买入机会。

巴菲特说过熊市是投资者的好朋友。每次碰到股市大跌的时候,都是好的买点,所以我们应该很高兴才对,而不应该愁眉苦脸。当年他买美国运通,那时公司刚发生了色拉油丑闻,股票跌得一塌糊涂,但巴菲特认为这一事件并不影响公司长远的核心竞争力,因此加码买进。

A股当年万科也非常类似。2005年上半年,公司发展得很好,但房地产行业受到宏观政策调控,市场如惊弓之鸟,一泻千里,股价跌到你不敢相信为止。这种机会,对于价值投资者来说太难得了。2008年伊利碰到三聚氰胺事件及世界范围的金融危机,以及2013年茅台遇到塑化剂事件,这些都是非常难得的投资机会。

"芒格学派"的投资哲学:"我们偏向于把大量的钱投放在我们不用再另外做决策的地方。如果你因为一样东西的价值被低估而购买了它,那么当它的价格上涨到你预期的水平时,你就必须考虑把它卖掉,那很难。但是,如果你能购买几个伟大的公司,那么你就可以安坐下来。那是很好的事情。"

## 1.6  风险控制

简单地依据股价短期的表现,然后设置一个数值作为平仓止损线,并称为风控是无效的。我们认同的风控理念是:价值是最好的风控。简单地说,花5角钱去买价值1元钱的标的,而不是花1元钱去买价值5角钱的标的。所以,在买入前知道标的到底价值几何很重要,这就需要学会如何给企业估值。

当然,这绝不是说股票投资不需要止损,交易系统既需要纠错、止损,也需要建立容错机制。纠错就是买错了,止损要坚决;而"容错"的要诀是:"错了也要赢"。容错机制的作用是控制风险。价值投资最大的错误有两个,一个是买错了,另一个是买贵了。所谓买错了,就是你以为它是个优秀企业,结果很平庸;所谓买贵了,就是它确实是好企业,但股价被人炒得过高,透支了未来好几年的盈利能力。我们认知能力有限，犯错误太正常了，因此需要一些机制来控制一下风险，以免在犯错后造成致命的损失。

容错机制主要有以下几种：

第一种容错机制就是安全边际，可以结合一些指标来估值，大体设定一些标准，例如大盘当前不在泡沫阶段，PE、PB 不超过某个固定值等。

第二种容错机制是适度分散仓位，不能过于集中也不能过于分散。

第三种容错机制是分批向下买入，用于摊低成本。

第四种容错机制是预备一定量的现金（加强仓位管理，始终保有适度的现金，以应对难以预测的系统性风险，整体性的大幅下跌），以备绝好机会到来。

第五种容错机制就是长线持有（只做长线不做短线，不做波段交易，防止短期投机的错误）。

我们将更多的精力放在做好事前风控上，因为无论事中、事后的风控做了多少工作，终归是风险发生之后的补救措施。就像银行放贷一样，一定是事前做好各种尽职调查，保证这笔贷款可以回款，而不是先想着只能还 80% 的时候如何抽贷。

风控一定要事前深入研究、事中动态评估、事后做止损。很多机构最关注的是回撤、阿尔法、波动性等。笔者认为这些东西都没有什么用，主动控制回撤是错误的理念，因为回撤不是你想控制就能控制的。风控也并不是买入股票之后跌了就止损，要在买之前就把绝大部分风险问题都解决掉，真正高确定性的股票建仓后继续下跌，应该加仓而不是止损，止损是买入之后发现基本面出现了恶化，比如出现了颠覆性创新的替代产品或竞争格局发生改变等。

短期资本市场将如何演绎无法预测，但穿越迷雾的方法却一以贯之：选择并长期投资于价值被低估的优秀标的才是投资者获取长期收益最大化的最佳方法。

价格总是围绕价值上下波动，面对市场起伏，投资者需要保持独立思考，克服从众心理，理性判断股价涨跌的原因。在企业内在价值没有变化时，即使股价出现波动，依然能够坚定持有，规避煽动效应带来的情绪影响，耐心等待价格反映企业的价值。

我们将投资中有可能遭遇到的风险分为四类：时间风险、价格风险、基本面风险、人的风险。其中：可以预知的风险我们采取坚决回避的态度，同时需要给未来假定的难以预知的风险以较充分补偿。

我们这里主要谈谈如何给未来难以预知的风险补偿的问题，应对风险主要补偿措施是下面的内容。

## 1.6.1  坚持选择常年高比例分红的企业

常年高比例分红包含企业经营历史绩效和企业对待股东回报、诚信度等多方面的考察因素，最主要的是我们无法预知市场的低迷时期会有多么漫长(时间风险)，如果一旦数年无法从市场价格涨升中获取收益，我们至少还可以从企业分红回报中得到些许慰藉，如果你以5%的股息率买入某企业，5年内无法获得价格涨升的收益，但至少你获得了25%左右的现金分红，可以在更低价格来摊低股票成本。很多股民对分红有误解，不但不支持分红，还反对分红。原因为何？

因为上市公司进行现金分红后会进行除息。公司把一部分利润以现金的方式分给股东，这部分权益需要从公司里减除，比如一家公司股价为10元，每股分红0.5元，则股价在分红除息时会变为9.5元，股民账户上收到了现金分红，但股票的价格除权降低了，股民的总市值加现金是不变的。而且如果持股不满一年，分红是需要缴纳红利税的，持股在一个月至一年内的，需要缴纳10%的红利税，持股不满1个月的需要缴纳20%的红利税（需要卖出才补扣）。那么很多做短线投资的股民，买进来之后，假设股价没有上涨，其账户上现金加股票市值并没有改变，持有一两天卖出后，分红还要补扣20%的红利税，反而会造成亏钱。所以，很多人反对上市公司现金分红。

但实际上这是一种误解。上市公司现金分红是很有必要的，而且是意义重大的，现金分红的意义主要在于以下三个方面：

第一，上市公司长期稳定高比例分红，说明盈利能力强。

能够持续进行高比例的现金分红的上市公司，说明在源源不断创造新的利润。尽管分红需要除权，但如果公司的经营业绩稳健，不可能出现股价为0的情况，随着利润的不断增长，如果股价除权后不涨，公司的估值水平会不断降低。假设市场给予公司一个相对合理的估值水平,估值会慢慢修复,就是所谓的填权,股价就会上涨,因而股价会与公司一起成长,不断上涨。每年的分红也会随着业绩增长而不断增加。所以一家稳健经营的优质公司,即使股价不涨,靠分红也能有所收益,而且随着时间越来越长,股价必然会越来越高,因为公司盈利也越来越高。

第二,分红的公司,尤其是高比例分红的公司,说明有真实的现金流,可以排除公司财报造假的嫌疑。

那些本身处于成熟性行业的公司,不需要继续大规模再投资,为什么赚了钱却从来没有分红呢? 其中一个很可能的重要原因,就是公司赚到的只是账面上的钱。财报上显示净利润很高,但很多都是应收账款,甚至有很多利润还是虚假的。投资者看报表也看不出什么所以然来,但是能不能分红就是很好的检验方法,你赚再多钱,能拿出现金分红于每个股民的账户上,那才是真赚钱! 能持续地高比例分红,不仅说明公司有真实的现金流,同时也可以排除公司的造假嫌疑。

第三,分红可以为股民产生现金流。

对于坚持长期投资的价值投资者来说,分红是非常有意义的。本身他们就是长期投资者,持股都是超过一年的,那么分红是不需要上缴红利税的。而每年持续不断分红,可以提供持续的现金流收入,让他们可以继续践行价值投资。比如说一个价值投资者持有100万元的股票,如果每年分红5%,就可以获得5万元的现金收入,这部分钱可以用来作为生活开支或其他用途。但是如果上市公司不分红呢,需要用钱就必须卖掉一部分股票,不知不觉你的股票就逐渐卖完了,就再也没有股票份额。而上市公司不断分红,每年拿到现金,最后你的股票数量还是那么多,而且股价上涨,你的财富变得越来越多,才能真正实现价值投资。

当然,分红也并不是衡量公司好坏的唯一标准,有些公司处于高速成长期,需要将更多的钱用于扩大市场、用于研发以提升自身的竞争优势,那么分红比例就不宜太高,因为上市公司将这些钱用于再投资,比高比例分红给股东能产生更高的潜在回报。而有些周期性的公司,某一年利润很高,分红也很高,下一年利润可能大幅下滑甚至亏损,单单通过一次分红去判断公司的好坏并不客观,需要结合公司的行业情况和长期经营的稳定性和经营管理能力来综合评估其好坏。

## 1.6.2　股价大幅高于合理估值时，适当减持

我们喜欢合理估值的优秀企业，如果优秀企业估值到了合理偏高位置，依然可以重仓，但仓位减轻一点，极度高估再继续适当减仓。我们所进行的估值和未来企业发展的定性分析，很难说十全十美，很难说小概率的黑天鹅事件不会发生在它们身上。因此，保持谦虚谨慎保守的态度很有必要。其实真正的高估位置是很难清晰辨别的，我们就采取渐进确认法来对待。确认高估可以结合市场整体估值水平及行业的冷热程度来综合评价。根据经验，高估最容易出现在50～80倍PE，因为很少有企业能够保持数年30%以上的增长率。当初买入企业的理由不复存在及丧失竞争优势，可以全部卖出。

## 1.6.3　股票仓位控制

仓位控制有两个含义：

一是实施组合投资手段，控制单只股票布局时的最高仓位，单只证券的投资比例一般控制在20%以下，确定性特别高的投资机会也要控制在30%以下。假设每只股票都坚持5%股息率买入，其中只有极少数股票几年内都没有上涨，但你得到了几乎所有股票的大批现金分红，可以在更低价格游刃有余地集中补仓其中少数几只股票。

二是控制总股票买入的市值比例，比如采用股票和现金等价物的5∶5或6∶4的仓位比例来布局等。

在《聪明的投资者》一书中，巴菲特的老师格雷厄姆曾提出一个"25-75"动态的仓位管理法则。具体来说，当处于平衡市时，投资者持有股票和债券的仓位比例应各为50%；如果市场不断上涨，则降低股票仓位并提高债券仓位，但股票仓位不得少于25%；如果股市下行，则增加股票仓位并降低债券仓位，但股票仓位最高不得超过75%。

巴菲特在这个法则基础上发展和优化成了自己的"15-85"法则。即如果将并购类资产剔除，巴菲特的普通股投资仓位最高可达到85%以上，现金和固收类资产的仓位在15%以下。

巴菲特的仓位一般控制在60%以内，绝大多数不超过70%，偶尔最高的时候也就接近80%。在历史上有多次，大概四次，在熊市底部的时候，巴菲特都是70%～85%的仓位，当市场情绪逐渐回归兴奋，甚至牛市快到巅峰的时候，巴菲特就将仓位降到60%以下，最低降到50%左右。不低于50%的仓位，因为对未来的判断没有"神仙"。

留有一半的仓位，也就是留一半清醒留一半醉，这是一种进可攻退可守的状态，如果市场继续疯狂可以享受收益，如果跌下来了，持有的标的都是好公司，手头也有足够现金，跌多了可以适当加仓。也就是说，一般情况下，巴菲特会预留30%～40%以上的现金储备，用作仓位管理。当然，对于收入相对比较高的能产生源源不断的现金流的投资者来说，仓位可以适当再重一些。一般来说，最好可以保持20%左右的现金，一旦遇到系统性持续下跌的机会，就可以抓住。

要想投资组合具有很好的安全边际，组合标的就不能过于单一，否则就可能会有很坏的结果。因为这个边际仅能保证投资者获利的机会比损失的机会更多。只有投资种类分散在几个弱相关的行业，风险才能尽可能被分散，利润总和将超过损失总和。

因此，在投资过程中，投资者应该保持冷静的头脑，建立多样化的投资组合，选取那些护城河较深的优质个股，做大概率的投资。一般来说，组合投资要求每种资产类别或行业至少占5%～10%，并且不能高于20%～25%，这样才能使分散投资真正起作用。配置三四个相关性较弱的行业就好，比如食品饮料、医药、金融、地产、公用事业。当选好重点关注的行业后，在具体标的选择上，倾向于选取行业或者细分行业龙头、具有一定壁垒，在品牌、渠道、产品类别、研发、市场定价等方面都具有很强的竞争力，管理层治理能力优秀，现金流良好的公司。

从另一个角度来看，在经济平稳增长的背景下，每经历一轮小的行业周期，往往龙头公司的份额会得到不断提升，因此大部分行业选择龙头或者细分行业龙头进行配置。而每一类资产或行业配置1～3只股票即可。单只股票权重占比原则上不要超过20%，一般就是10%～20%。在特殊情况下，如果某只个股有非常好的历史建仓良机，最高也不得超过25%。

在整个组合中，六七成核心仓位是具有长期持续稳定增长特征的价值型公司,同时兼顾成长,配置二三成仓位成长型公司。集中投资于5~8家公司,会有一个反复筛选的过程,有利于不断提高选股能力。集中投资于5~8家公司,使得你更能关注投资于你认为最好的公司,更能关注于它的基本情况。集中投资于5~8家公司,使得你经常从复利角度考虑问题,也便于计算复利。

有人统计过巴菲特几十年来的投资组合,发现其选股成功率大约为65%。巴菲特重仓过约14只股票,其中仅7只股票表现比较优异,但是仅"四大金刚"可口可乐、宝洁(合并了吉列)、华盛顿邮报、美国运通就赚了约270亿美元,贡献了大部分收益,从而成就了巴菲特。单只个股几乎做不到盈利的稳定增长,只有组合才可以平滑各个股票之间的盈利波动,对冲个股之间的业绩风险,在组合的基础上,盈利的稳定增长才有可能实现。

## 1.6.4 不给成长以过分乐观的估值加分

成长型投资是让投资者"捶胸顿足"的必经之路。可以选择未来有不错成长空间的优秀企业,但绝不给成长以估值加分。

用以上策略避免过度集中的危险、差的投资标的、小概率发生严重性损害、平庸的价值判断和过于漫长熊市等风险的打击,但有一点是任何人都面临并没有办法彻底躲开的风险,那就是人的风险,卡拉曼认为,成功的投资者总是不情绪化,并能利用其他人的贪婪和恐惧为自己服务。由于他们对自己的分析和判断充满信心,因此对市场力量的反应不是盲目的冲动,而是适当的理智。投资者看待市场和价格波动的方式是决定他们最终投资成败的关键因素。

想要获得,先要懂得如何才不会失去:管控好投资风险,将保本投资的理念深入骨髓。

## 1.6.5 深刻理解投资标的

想要降低风险,你只能深刻理解你的投资标的。巴菲特说:"控制风险不是靠投资组合,而是靠对投资标的的理解"。投资人要深入思考,要对你所投资的公司有深刻地认知,而且是超越大众,能够提前预知企业基本面的潜在变化。

为了做到这一点,投资人需要专注,需要集中精力在有限的几个自己能理解的公司上,做持续的深入思考,从而得出超越常人的提前预知,这是控制风险的根本方法。

巴菲特说控制风险的最好办法是深入思考,因为没有深入思考就没有预判潜在变化的能力,也识别不了将要出现的风险。当思考的深度成为风险控制的关键时,为了实现深度就必然排除广度和多元化,自然法则不可能让人成为$N$个领域的专家和领先者,必然只能在有限领域精耕细作。逻辑上不存在一个无所不懂的专家,越有深度,越需要集中在有限范围,这是巴菲特能力圈及巴菲特终身集中投资的根源。不集中就没有有深度的认知,深度创造价值,深度可以预判风险。

## 1.6.6　价格是衡量风险的最好工具

其实如果以合理的价格购入好的股票,你并不需要承担太大的风险。你的投资品种在你心中一定有一个价格,不然你不会在心中对它现在的价位做出"低了"或"高了"的判断。事实上,当你真正了解了你的投资标的,它的真实价值也就摆在那里,如果它此时的价格低于真实价值,那你还犹豫什么呢?

## 1.6.7　最大的投资风险是耐心

巴菲特说:"耐心是投资成功的关键要素。"而缺乏耐心是造成投资风险的最大因素。在不恰当的时机,即使你做出最正确的选择,你的盈利也是有限的。那些明白市场的人只是把市场当作工具,在恰当的时机选择正确的工具才能保证投资风险的最小化。

# 1.7　总　　结

风险控制的重点：我们的风险控制应着眼于如何以优质公司的经营来抵御市场波动，而不是试图找到如何回避市场系统性、阶段性下跌的方法和"止损"措施，投资标的应属于能力圈内的公司；

重仓股要求：所投资的重仓股是否属于我们认为的确定性高的具有持续竞争优势的企业，尤其是在市场过热时必须回避那些以行业景气为盈利主要来源的周期类公司；

建仓时机：很多企业"看起来"很便宜（比如PE或PB较低），有两种可能：一是公司确实被市场误解而低估了，另一种可能正是前文的"价值陷阱"。想要持续稳健地获利，必须能分辨出这两种不同的情况，将资金投资于属于被市场误解的、由于"非经常性的负面因素"导致的真正低估的企业，好公司遇到坏消息是价值投资者的朋友；

仓位控制：我们股票投资的力度必须与市场的温度成反比，当市场情绪相对低迷时，可以适当加重仓位到70%～80%，当市场情绪相对亢奋时，可以适当降低仓位到50%～60%，但一般最低要保持50%的仓位。最好可以保持20%左右的现金，以便及时抓住系统性持续下跌的机会。

组合投资：建立适度分散的投资组合，不能过于集中，也不能过度分散。分散可以降低非系统风险：可以在一定程度上降低"看错"和"买贵"的风险，也可以在一定程度上降低单个投资标的的遭遇黑天鹅的风险。但不能降低系统风险。分散投资达到5～8个公司时，即可以在90%以上的程度消除非系统风险，但要获得超额利润，只有配置三四个弱相关行业，而每一类配置1～3只股票。集中投资5～8家行业或者细分行业龙头公司。单只股票权重占比原则上不要超过20%，一般就是5%～20%。

投资处于价值扩张期的初中期、具有持续性竞争优势型的企业，便是最好的风险控制，历史一再证明，这种股票即使在牛市的顶端仍有较高的安全边际。

# 第2章

# 股票价格与股票价值

　　在日常购物时，我们通常会对要购买的商品有一个判断：是贵了还是便宜了。因此，我们下意识地在对"价值"和"价格"作比较。价值是商品的内在属性，是从长期来看合理的价格；价格是在具体的某一次交易中交易双方认可的价值的外在表现。当商品的价格高于价值，我们会感觉太贵；反之，当商品的价格低于价值，我们会觉得便宜。

　　做投资，我们也需要对股票的价值和价格进行比较，判断到底是贵了还是便宜了。价值投资者认为，价格是投资者付出的，而价值是投资者所得到的，投资者购买股票就像顾客在购物时都要进行一番检查一样，而不是盲从市场先生报出的价格。公司未来现金流的折现就是公司的内在价值，投资者从股票投资中得到的是未来现金流，因此，需要预测未来现金流，以确定目前的股票价格是否合理。

## 2.1　短期股票价格与股票价值的偏离

从本质上讲，股票是一个拥有某种所有权的凭证，是虚拟资产的一种表现形式，它本身没有价值。

股票之所以能够有价，可以用来买卖，是因为股票的持有人——股东，不但可以参加股东大会，对股份公司的经营决策施加影响，还享有参与分红与派息的权利，可以获得相应的经济利益。从理论上讲，股票价值应该与其市场价格等同。

那么，市场是有效的吗？

为何"股票价格"会经常偏离"潜在价值"呢？

卡拉曼说："理由很多，最明显的理由就是短期内的股票价格由供需关系决定，任何时候供需力量都无须与价值有联系。此外，许多买家与卖家会考虑除了潜在价值以外的许多其他因素并据此采取行动，他们愿意买卖的价格可能与一名价值投资者的价格存在非常大的区别。"

还有其他很多因素，比如经济方面的、国际方面的、政策方面的、资金方面的，等等。再加上人们普遍的"过度贪婪、过度恐惧、跟风从众、攀比嫉妒、急于暴富"等心理的驱使，这些因素叠加在一起，就会剧烈影响短期股价的涨跌。但是很多的短期涨跌都是与价值无关的，短期股票价格可以变来变去，但企业价值却不会如此变化。

一家公司股票价格的变化反映了股市对业绩的期望值，而不仅仅是该公司的实际业绩（如增长、投入资本回报率及带来的现金流）的变动。

如果公司业绩达到期望，并且市场相信这种改进是可持续的，公司的股票价格将会上升，从而在本质上把握这种增量改进带来的未来价值。但是这样会加快跑步机的速度，当公司业绩改善，跑步机加快，为了保持和支撑新的股票价格，公司不得不更快地改进业绩。相反，在开始阶段具有低期望的公司可能更容易跑赢股市，因为要击败开始时的期望值肯定是相对比较容易的。

所以，"股票价格与潜在价值的差距"会经常性的存在，甚至是很夸张的存在。"股票价格"会经常偏离"潜在价值"。

我们在股票投资中，需要慎重考虑价格因素，在错误的价位上买入股票，其危害不亚于买错了股票品种——为了优秀的公司而支付过高的代价，无法让我们获取满意的回报，甚至长期陷于亏损的境地。

投资者大多失败的原因：高昂的摩擦成本；追逐热点而不是基于自己深思熟虑的价值评估；时机选择不对；投资策略太过多变，不稳定；喜欢打听小道消息。

格雷厄姆把市场比喻成一位"市场先生"，市场先生是谁？就是我们自己，是市场中无数个投资者的集合体。从理论上来说，我们很难战胜自己，很难战胜平均数。虽然平均数是如此，但在股市里"二八法则"同样适用，20%的人将取得超越80%的人的投资收益，少数人将取得超越市场的水平。

如果说短期来看，投资者取得超额收益，肯定是运气成分居多，也有可能是幸存者偏差。但是如果时间拉长，对比目标增多，那么绝对可以看出"长期投资业绩靠的是能力"。而长期业绩很好的大多数是"价值投资者"，他们的共同点都是依据市场价格与价值的差距做出投资决策，并且极具耐心和理性。

我们需要牢记：股票价格是股票价值的外在反映，但是受到多种因素的影响，从短期来看很多时候并不完全等于价值。

股价过去的走势无法对未来的价格提供任何有用的信息，技术分析确实是在浪费时间，过去的股价走势不会预示未来的涨跌，但是投资者可以依据对企业基本面的分析，进而判断出企业的优劣，并结合未来的商业前景判断，保守评估企业的"潜在价值"。

在漫长的熊市中，很多优秀企业也会有被低估的机会，比如2014年的万科，当时股价最低时才7元不到，而2014年以来，万科每股分红已经5元，也就是说，如果2014年以7元股价买入万科，2020年分红之后，成本只有2元，而实际股价现在已经26元，再继续持有两年，成本就几乎是负数了。

很多投资者认为普通投资者相比企业大股东具有很多劣势，实际上企业大股东仅仅是对企业日常经营细节方面比普通投资者更了解，但这点对投资业绩并不具有决定作用,否则就不会出现马化腾多次将腾讯股票卖在低点的情况。

如前文所述,投资的关键在于对商业的洞察力和对人性的洞悉。普通投资者完全可以利用市场先生犯错,买入低估值的优秀公司。相反,当一个企业增长放缓,竞争力下降或严重高估时,大股东不太可能卖空股票,不再经营企业,而投资者可以随时选择卖出该企业股票,不再做该企业的股东。

当投资者发现更优秀的企业,可以分分钟把资金投到更优秀的企业,这是普通投资者的优势。资本市场在给投资者享受企业增长带来的复利收益的同时,还给了投资者廉价买入、溢价卖出的机会和优势。

真正的价值投资者就是在耐心地等"市场先生"犯错,把眼光放长远,在一些关键的时刻保持耐心、坚持理性、独立思考、不跟风、不从众,坚持以价值与价格的差距做投资决策,从而在长期内战胜市场。

股票实际上是公司的一部分,公司本身是有价值的,有内在的价值,而市场本身的存在是为你来服务的,所以你可以等着当市场价格远远低于内在价值的时候再去购买。当这个价格远远超出它的价值时就可以出卖。

市场短期的股价既与企业的内在价值有关,也与短期的"市场先生"有关,市场定价是一个复杂的话题,为什么消费及医药行业的股票,"市场先生"常常给予溢价,有些却只能折价交易? 有关市场定价的逻辑、估值的本质及"市场先生"等有关这些重要的内容将在本书第3章和第4章详细探讨。

## 2.2 长期股票价格向股票价值回归

既然价格短期内很多时候并不完全等于价值,那我们分析价值的意义何在呢? 尽管价格并不总是等于内在价值,但也不会长期相对于其价值有较大的偏离——长期而言,价格会向价值回归。

格雷厄姆说:"市场短期是一台投票机,但市场长期是一台称重机。"市场的短期表现,实际上是报价的结果,就好像在一群人的投票下,产生了"涨""跌"

的结果。有"利多"或"利空"的消息，市场应声而上或应声而下，都体现了这种"投票"的结果。从市场长期来看，则是一台称重机。股票价格在长期上看，还是会遵从价值的原则，价值就是股票的质量，或者称重量。股价短期可以过分高和低，但从长远看，不会离开其价值太远，它有多少价值，就有多少重量，就趋向于有多少的市场价格。

因此，我们研究价值和价格，是希望能在价格远低于价值的时候买入，并期待价格向价值回归，来获取令人满意的回报。

投资者需要知道：随着时间的变化，股票价格将会围绕它的内在价值波动。这种观点与巴菲特和彼得·林奇这样的成功投资者的观点是一致的。

同时，投资者还需要知道：股价波动是根本无法预测的。其实说的是短期波动，而长期波动是完全可以预测的，那就是最终会回归于价值。

经常会听到很多投资者说要敬畏市场，价值投资者不会过度地敬畏市场，不相信"市场非常有效"这一说法，如果市场真的非常有效，那么世界上也就不会出现那么多价值投资大师了。价值投资者更不相信"市场永远正确"这一观点，相反，价值投资者总是耐心地等待市场犯错，犯大错，并且利用"市场先生"的错误定价，从而买入那些"价格大幅低于价值"的股票。价值投资者相信市场中股票的价格会周期性的出现错误定价，进而利用其错误来投资获利。

价值投资有效的原因主要有这几个方面：均值回归与资本逐利、更多的价值实现手段、好公司的价值持续创造、价值投资符合投资本质。

首先，价值投资有效的最核心原因是均值回归及背后的资本逐利。

均值回归是投资的基本常识，价格有向价值回归的万有引力。为什么会有这个万有引力呢？简单说，当涨幅过大，价格涨得太高之后，这个标的未来的潜在回报就不够，就吸引不了新的投资者，老的投资者也会有一部分离场，寻找新的回报更丰厚的资产。这就是均值回归背后的资本逐利。一旦趋势投资者的力量开始衰竭的时候，走势就会反转。反之，如果价格跌幅过大，内在价值远远高于价格的时候，未来潜在回报率就会很高，就会吸引越来越多的投资者，当价值投资者力量超越趋势投资者力量的时候，走势就开始出现反转了。

比如，一家公司非常极端，突然之间市盈率跌到了两倍，而5亿元的市场利润是真实的，未来也是可以持续的，它的潜在回报就是50%，这种情况下资本逐利一定会起作用。如果说他长期存在，每年5亿元的利润卖10亿元，那你买这个公司，是不需要股票上涨的，它只需要给你分百分之百的红利，就是50%的回报率，两年就可以全部回本，这个理论上50%的回报率是确定的，不管股价是上涨还是下跌。

其次，价值投资还有更多的价值实现方式。价值投资为什么有效？因为我不需要猜测谁来接棒，这个公司很好，回报很高，我不用去想谁会来接我的棒，很多人理解价值低估还可以再低估，10倍市盈率可以变5倍，5倍变2倍。这个过程从线性推演一定是股价一路下跌，回报率看起来确实是非常差的，但这时候对投资价值往往刚好是相反的。

下跌会导致潜在回报率上升，因为你买的是公司的利润和价值，付出去的是价格，从这种意义上来讲股价越低，你的投资回报不会随股价下跌而下跌。相反，如果能趁股价下跌继续买入，你的投资回报反而越高。

潜在回报率越高，因为资本逐利的原因，它就一定会有均值回归的过程。你无法预测一家公司的市盈率未来是扩张还是收缩，你一直以市场为博弈对手是无法做价值投资的，潜在回报是不用考虑市场波动的，它的回报率是确定的，你用10亿元买一个5亿元利润的公司，回报率理论上就是50%。实际上，从你买入的价格和对应企业的未来的利润而言，回报率几乎已经是确定的，这就是价值投资的本质。

对于价值投资者而言，更重要的是能不能买到回报率合适甚至比较高的资产，往往就是市场比较低迷的时候，才可能有机会买到更多便宜的东西。所以，价值投资的实践方式，背后就是资本逐利，因为资本的回报率高了，地心引力，水自然往低处流。经济规律的"万有引力"定律，就是资本往回报率高的地方去，这是长远以来一定见效的，只是时间问题。只不过有的时间很短，有的时间很长。

如果估值低，回报是比较稳定和高的话，是可以有很多实现方式来兑现你的收益的，并不一定就是股价上涨一个途径。我们可以通过分红和回购、更多地被并购机会、大股东及管理层的增持、市场趋势性的机会等诸多手段来实现。

再次，好公司有持续价值创造能力。有核心竞争力的优质上市公司的资本回报远高于社会平均水平，随着时间的推移，这些公司的内在价值持续在增长。这样的公司是不多的，这样的公司一定会被挖掘出来，好公司的价值会持续创造。

均值回归也适用于行业和公司经营层面。当行业特别好的时候，有很多人冲进来，如果你的壁垒、护城河不是很高的时候，一定会有人来抢你的生意，跟股票投资是完全相通的。价值投资者做投资，就当自己是股东，考虑的是回报率，而不是考虑市场的涨跌，这个市场本身有多少的"水"进来，市场很难预测，所以价值投资者也从来不预测市场的顶和底，在某种意义上来说，预测有非常大的不确定性，而且很难预测准确，我觉得市场上能预测准确的投资者大部分是运气，而且不可持续、不可复制。但是，如果买了高回报的标的、资产，只要给予时间，它就一定会给你回馈。

价值实现的最后一个途径，才是市场趋势性的机会。做趋势投资的人都指望着最后一点，但是价值投资者不指望这个。市场性机会和趋势性机会只是其中的一点，我们更多的指望企业本身给的回报。另外，跟其他的价值投资人有区别的一点是，我们会关注在优质上市公司资本持续价值创造上。

价值投资追求绝对收益，避免永久性损失，规避人性弱点，利用均值回归原理。利用复利原理，相信耐心的价值，每年并不耀眼的正收益可以造就辉煌的长期业绩。最重要的就是评估内在价值的能力，这是做价值投资的核心本领。

从另外一个角度看，正是因为绝大多数人认为价值投资在中国没有市场，或者认为即使有市场也没有办法实施，所以导致价值投资这条路依然是很宽敞的。市场巨幅波动一方面需要强大的心理素质去支撑，另一方面也为价值投资者提供了机会，也比如2008年，指数一年跌去了70%，2015年指数在短短2～3个月就下跌50%，这实际上给了价值投资者非常好的利用市场先生犯错的机会。

你不需要有很高的智商，学习投资只要掌握两个方面就足够了，一是怎么给企业估价，二是怎么看待价格波动。正如巴菲特所说，做好投资需要正确地评价企业的内在价值，同时理性地看待股价波动，以便宜的价格买入优质标的并持有，做大概率的投资。

股票价格短期受市场情绪影响，长期必然是由内在价值决定。每一只股票背后都有一家实实在在的公司，这家公司的持续盈利能力和账面资产价值决定了其真正的内在价值。

市场从来都不能告诉你，真正的价值是什么。它告诉你的只是价格是什么，你不能把市场当作你的一个老师，你只能把它当作一个可以利用的工具。

市场的存在只是为你服务的。能够给你提供机会，让你去购买所有权，也会给你机会，在你很多年之后需要钱的时候，能够把它出让，变成现金。所以市场的存在是为你服务的。这个观念又和几乎95%以上的市场参与者的理解正好相反。

从长期看，企业的内在价值，最终一定会反映在股价上，防御型的投资者，只要买的是足够低估的股票，就具有了均值回归的条件，投资者只需吃着股息耐心等待即可。

科斯托拉尼提出了著名的遛狗理论：股市中价值和价格的关系就像遛狗时人和狗的关系。价格有时高于价值，有时低于价值，但迟早会回归价值；就像遛狗时狗有时跑在人前，有时跑在人后，但一般不会离人太远。遛狗时人通常缓步向前，而狗忽左忽右、东走西蹿，正如股价的波动常常远大于基本面的波动。

股市中追着价格跑的叫趋势投资者，盯着价值的叫价值投资者。趋势投资者喜欢追着狗（价格）跑；价值投资者喜欢跟着人（价值）走，耐心等狗跑累了回到主人身边。有时候，狗跑离主人的距离之远、时间之长会超出你能忍受的范围，甚至会让你怀疑绳子是否断了。其实，绳子只是有时比你想象得长，但从来不会断。

## 2.3　历史估值证据的意义

为了估值比较合理，我们需要通过历史上已经发生的结果提供分析的证据，加上通过公司及行业的性质判断对未来做出预测。历史证据的分析加上未来发展的预测，构成了价值投资的基础。

历史证据是指公司已有的各种统计数据和财报数据，未来发展是指行业的性质和前景、公司在行业中的地位、公司高管的经营能力等。

历史证据的分析要比未来发展的预测容易得多。历史证据容易得到，而且更适于得出明确和可靠的结论。财务报表中的数据往往反映了许多历史证据。历史证据的期限必须跨越不少于5年的时期，最好达到7~10年，甚至可以更长。

历史证据为我们的未来推测提供了做出假设的基础。即使承认过去记录不是未来变化的先行指标，上述原则也是有道理的。因为如果缺少这些以过去的记录为根据的检验，就无从确定股票价值的上限，这样投资活动必然迅速演变为投机。因此，哪怕不太合理的价值量度总比没有数量限制强。

良好的历史记录能够为公司的前景提供比不良记录更为充分的保证。过去一直是坏学生，未来转变成为好学生的概率，和过去一直是好学生，未来仍然是好学生的概率，那个概率更高？对比100家在过去10年每股收益平均达到1元的公司和100家同期每股收益平均仅为0.1元的公司，我们有充分的理由相信，在今后的10年中，前一组公司所获得的利润总额会高于后一组公司。

形成这一判断的基本理由是，未来收益不完全是由运气和有效的管理技能决定的，资本、经验、声誉、贸易合同及其他所有构成过去盈利能力的因素，必定会对公司的未来形成相当大的影响。总的来说，实力雄厚的公司要比弱小的公司更安全，而且具有良好记录的公司要比业绩表现不佳的公司更有价值。即使充分考虑到未来的种种不确定性，这个结论的正确性也是难以被推翻的。诚然，任何一个具体的企业都可能从失败中复兴，或者由兴盛走向没落。但是如果以一组公司作为考察对象的话，实力雄厚的公司几乎都要比效益差和资产负债结构不良的公司更有前途。

虽然历史证据给我们提供了很多有用的分析基础和假设，但对未来发展的预测还是非常困难，诸如公司业务的性质和未来的前景、管理的因素、未来收益的发展趋势等分析，很难得出明确和可靠的结论。

就公司业务的性质和未来的前景而言，我们应该尽量避免那些显著表明未来会大幅滑坡的行业及公司，而选择未来前景好的行业及公司，但未来行业好坏的分析往往来自我们的臆测，甚至是偏见。

国内指数的历史还比较短，很多指数只有几年十几年历史。从统计的角度，历史数据太少，单纯通过统计得出的结论并不可靠。

指数至少得经历过一个完整的牛熊市，最好也经历过一个完整的经济周期，历史数据才有一定的参考价值。格雷厄姆也强调过要参考尽量长期的历史数据，最好20年以上。单单统计3～5年的历史平均估值，其实意义不大。

所以，历史数据最好能包括经历过一轮牛熊以上的，可以分析一下历史估值的高低估区间。在低估区域分散定投，不会买在高位，即使跌也跌不了多少，不会有太大问题。如果历史太短，可以跟历史较长的同类指数、国外类似指数的估值等做对比。有明显巨大差异，那就比较容易判断出是低估还是高估了。

估值只是一个衡量股票投资价值的工具，如果掌握了估值的正确使用方法，就可以很好地帮助我们投资。例如，在周期底部买入低估值的品种，等待戴维斯双击效应，就是使用估值不错的方法。

具体什么算低估，什么算高估，如果有较长的历史数据，可以统计出高低估区域。在低估区域分散买入，配合指数基金"长生不老"的特性，总可以等到双击到来，获得不错的投资收益。

许多投资者在分析资产时，喜欢说一种话，"已经达到历史最低估值""历史上估值最低就是多少，现在已经折价了多少"，诸如此类。按照一个资产自身估值计算的历史最低估值，可能仍然很高，或者至少不够低。也就是说，自身的最低估值，也许没有达到同类资产在历史上曾经反映出来的最低估值。

当然，这绝对不是说没有达到本类资产的最低估值、就一定会达到最低估值，而是说如果仅仅使用"一个资产已经达到自身历史最低估值"就来投资的话，往往会把资本的大厦建立在沙滩上。一个资产的情况可能已经今非昔比。比如一只股票所在的行业开始趋于饱和、竞争开始激烈，在这种情况下，单纯使用历史估值来进行比较，已经没有任何意义。

说到底，投资在许多时候既含有艺术又同时含有科学的成分，而不是百分之百的科学。"历史最低估值"在许多时候仍然是一个很有参考价值的指标，但它并不总是具有决定意义。所以，虽然价值投资的核心精髓是"又好、又便宜"，但是如果把这两个指标过分细致的定义、过分死板的量化，就会导致投资者在许多场合下进退失措。

# 第3章

# 估值的重要性

巴菲特表示，股票投资其实只需要学习两门课程，一是如何给企业估值，二是如何看待股市波动。

前者是要弄明白企业到底值多少钱，后者是关于如何理解市场波动并利用它。两件事其实就是一件事，就是企业的合理估值。如果知道企业的合理估值，那么利用股价的波动也就不在话下了。

估值是投资者衡量资产轻重，最重要的判断依据之一。估值试图衡量的就是，你出价多少，得到多少。它就是一个性价比的概念。有了估值就可以量化，谁贵谁便宜，可以一目了然。

不过简单清晰并不意味着容易，这是两个概念。估值贵的资产，往往因为它背后生意的利润增长速度可能很快，估值贵只是一个暂时的现象。究竟是真贵还是假贵，需要投资者具有股权思维：买股票就是买公司。股票的本质是公司的一部分所有权，买股票就等于在买入这家公司的一部分股权。想要给企业估值，需要深入分析股票背后的企业基本面。

## 3.1　估值是价值投资的核心问题和重要前提

当投资者进入市场，无论是投机还是投资，都需要对一个企业进行估值，从而可以通过比较企业的理论股价与市场实际股价之间的差异来指导投资行为。估值是对企业进行基本面分析的必要过程，也是投资中最重要、最关键的环节，估值是一种对公司的综合判定，投资者进行价值投资的基本逻辑就是基本面决定价值，价值决定价格。

估值是价值投资的一个核心问题和重要前提。

价值投资的核心问题有两个：价值与价格，也即公司未来的发展空间及当前估值，两者相当于商品的"性能与价格"。价格围绕价值波动是经济学的普遍规律，而股票价值又是可以通过科学的方法估算得出。因此，价值投资是有逻辑可循的，我们不能神化价值投资。价值投资的前提是估值，是对价值的判断，拥有较准确估值的能力，不估值就无法确定股票的市场价格是被高估了还是低估了，是否值得买入持有。确定股票是否有投资价值不是靠臆想，而是靠符合逻辑的估值。想成为价值投资者的第一步就是学习估值。这里说的估值不是指市盈率、市净率这些相对估值法，而是指现金流贴现法。即通过合理假设估算公司未来的现金流，并使用必要收益率进行贴现。为什么提倡使用现金流贴现法进行估值，是因为任何金融资产的价值源于它未来产生的现金流能力，估值是价值投资的前提、基础和核心。

## 3.2　价值投资有四个基本理念和两个重要假设

真正能够在长时间里可靠、安全地给投资者带来优秀长期回报的投资理念、投资方法只有一个, 就是价值投资。如果必须要用长期的业绩来说明, 我们发现真正能够有长期业绩的人少之又少。而所有真正获得长期业绩的人几乎都是价值投资者。能够获得长期业绩的价值投资者几乎在各个时代都有。在当代, 巴菲特的业绩是60多年, 其他还有一些二三十年。这些人清一色都是价值投资者。

1984年巴菲特在哥伦比亚大学商学院的一次著名演讲中提到当时有效市场理论认为, 即使2.25亿只猴子参加抛硬币比赛, 也总有215只猴子连续抛对20次。而巴菲特说, 他发现在最后胜利的猴子中, 有40只猴子来自奥马哈一家十分独特的动物园, 动物园的园长叫格雷厄姆。

那么什么是价值投资呢? 价值投资最早是由本杰明·格雷厄姆在八九十年前提出的一套体系。在价值投资中, 现在最重要的领军人物, 当然就是巴菲特。价值投资的核心理念只有四个。前三个都是巴菲特的老师本杰明·格雷厄姆的贡献, 最后一个是巴菲特自己的独特贡献,下面分别论述。

### 3.2.1 理念1: 股票等于股权, 是企业所有权

股票不仅仅是可以买卖的证券, 实际上代表的是对公司所有权的证书, 是对公司的部分所有权。这是第一个重要的概念。投资股票实际上是投资一个公司, 即使自己只买了一手某公司的股票, 也应当清楚自己拥有该公司的一部分权益, 表示看好这家公司, 愿意当这个公司的股东, 享受这家公司以后的发展所带来的收益。如果有足够的资金, 就会非常愿意买下整个公司。所以, 买任意一只股票都要确保自己对这家公司的经营状况、行业地位、战略规划有着相当的了解。确信公司随着GDP的增长, 在市场经济持续增长的同时, 公司的价值本身也会被不断地创造。那么在创造价值的过程中, 作为部分所有者, 我们持有部分的价值也会随着公司价值的增长而增长。如果我们以股东形式投资, 支持了这个公司, 那么我们在公司价值增长的过程中也理应分到我们应得的回报, 这条投资道路是可持续的。

### 3.2.2 理念2: 利用"市场先生"为你服务来应对市场的波动

作为价值投资者, 正确理解市场很重要。股票一方面是部分所有权, 另一方面它确确实实也是一个可以交换的证券, 可以随时买卖。市场总是一直都有人在

报价。那么怎么来理解这个现象呢？在价值投资者看来，市场的存在只是为自己服务的。能够给自己提供好的入场机会去购买所有权，也会给自己一个机会，在很多年之后需要钱的时候，能够把收益兑现。所以，市场的存在就是为自己服务的。这个市场从来都不能告诉你，真正的价值是什么。它告诉你的只是价格是什么，你不能把市场当作你的老师，被它牵着鼻子走，只能把它当作一个你可以利用的工具。这是价值投资第二个非常重要的观念。但这个观念又几乎和95%以上市场参与者的理解正好相反。

对于市场的波动，很多投资者都会有自己的看法，但格雷厄姆的"市场先生"的论述始终是最为精辟的。重温一下这段论述：

你想象市场报价来自一位特别热心的朋友名叫市场先生，他是你私人企业的合伙人。每天从不缺席地出现在你的身边，不时地会报出一个价格，要么是想买下你手中的股权，要么是想把自己的股权卖给你。即使你们所共同拥有的企业，具有稳定的经济特质，市场先生的报价也不会稳定，因为市场先生患有不可治愈的精神疾病。有时候他心情愉快，只看到对企业有利的因素，这时他会报出非常高的买卖价格，因为他害怕，你会把他手里的权益买走而剥夺他即将到手的收入。有时候他情绪低落，只看到对企业不利的因素，这时他会报出非常低的价格。因为他害怕，你会把手中的权益出售给他。市场先生还有一个很可爱的特点，他从不在乎被人冷漠对待，如果今天他提出的报价不被接受，明天他还会给出一个新的报价，是否与市场先生进行交易选择权完全在你手中，基于此，我们可以说他的行为举止越是焦躁不安，对你就越有利。对我们有用的是市场先生口袋里的报价单，而不是他的智慧。如果你的情绪受到他的左右，后果将不堪设想。

每个投资者都有自己的情绪，所有投资者的情绪汇合在一起，就成为市场情绪，所以市场往往是不理智的。实际上，如果你不能确定你远比"市场先生"更了解你的目标公司并能够正确评估公司价值，那么你就没有资格玩股票投资这个游戏。就像在扑克牌游戏中说的那样：如果你玩了30分钟后还不知道谁是笨蛋，那么那个笨蛋就是你自己。

从根本上讲，价格波动对真正的投资者只有一个重要含义，即它们使得投资者有机会在价格大幅度下降时做出理智的购买决策，同时有机会在价格大幅度上升时做出理智的抛售决策。在除此之外的其他时间里，投资者最好忘记股市的存在，更多地关注自己的股息回报和企业的经营结果。

投资者和投机者之间最现实的区别，在于他们对待股市变化的态度。投机者的主要兴趣在于预测市场的波动，并从中获利；投资者的主要兴趣在于按合适的价格购买并持有合适的证券。

拥有稳健股票组合的投资者将会面对股价的波动。但是，他既不应该因为价格的大幅度下降而担忧，也不应该因为价格的大幅度上涨而兴奋。他始终要记住：市场行情给他提供了便利——要么利用市场行情，要么不去管它。他千万不要因为股价上涨而购买，或者因为股价下跌而抛售。

如果按照下面的说法来简单地理解这句话，那么他就不会犯下大的错误：不要在股价出现大幅度上涨后立即购买股票，也不要在股价出现大幅度下跌后立即出售股票。

总结"市场先生"有三个重点：一是理解市场的波动非常重要，二是要比"市场先生"更懂投资标的的内在价值，三是做市场先生的主人。

关于市场波动，无论是从统计学还是概率论角度来看这个市场，股价围绕内在价值的波动是一个客观而无法改变的事实，而且由于未来现金流贴现包含许多可变的预期，任何改变市场预期的因素都会引起波动。

关于比"市场先生"更懂投资标的的内在价值，这个需要你具有专业的定价能力，需要你看得懂财务报告，懂得公司的行业地位和竞争力，懂得公司的发展战略、日常经营和相关风险。当你有了更专业的定价能力之后，市场价格的波动才意味着机会而不是风险。

关于做"市场先生"的主人，当你搞得清楚股票价格客观波动背后的预期理论，你就知道为什么股票价格会波动；当你搞得清楚有效市场理论，你就知道股票价格为什么会高估，为什么会低估，什么时候该买，什么时候该卖；当你搞得清楚反身性理论，你就知道不需要赚最后一个铜板，而应该提前撤离市场，成为真正的"市场先生"的主人。

### 3.2.3 理念3：由于未来是不可知的，所以需要安全边际

投资的本质是对未来进行预测，而预测能得到的结果不可能是百分之百准确的，只能是从零到接近一百。那么当我们做判断时，就必须要预留很大的空间，这个空间就叫安全边际。

因为你没有办法分辨，所以无论你多有把握的事情都要牢记安全边际，你的买入价格一定要大大低于公司的内在价值。这个概念是价值投资里第三个重要的理念。

因为有第一个概念，股票实际上是公司的一部分，公司本身是有价值的，有内在的价值，而市场本身的存在是为你来服务的，所以你可以等着当市场价格远远低于内在价值的时候再去购买。当这个价格远远超出它的价值时就可以卖出。

这样一来，如果你有足够的安全边际，假如你对未来的预测是错误的，也至少不会亏很多钱；假如你的预测是正确的，你的回报就会比别人高出很多。你每次投资的时候都要求一个巨大的安全边际，这是投资的一种技能。

### 3.2.4 理念4：一个人经过长时间的学习，可以形成自己的能力圈

巴菲特经过自己六十年的实践增加了一个概念：投资者可以通过长期不懈的努力，真正建立起属于自己的能力圈，能够对某些公司、某些行业获得超出几乎所有人更深的理解，而且能够对公司未来长期的表现，做出高出其他人更准确地判断。在这个圈子里面就是自己的独特能力。

每个人都有他的能力圈。要扩大那个能力圈是非常困难的。必须弄清楚自己有什么本领。如果要玩那些别人玩得很好而自己一窍不通的游戏，那么注定会一败涂地。只要有足够的训练，那是一个可以达到的目标。有些人虽然无法在国际象棋大赛上获胜，也无缘站在网球大赛的球场上与对手比试高低，但却可以通过慢慢培养一个能力圈而在生活中取得很高的成就——个人成就既取决于天资，也取决于后天的努力。有些优势是可以通过努力获取的。

能力圈概念最重要的就是边界。没有边界的能力就不是真的能力。如果你有一个观点，你必须要能够告诉我这个观点不成立的条件，这时它才是一个真正的

观点。如果直接告诉我就是这么一个结论，那么这个结论很可能是错误的，很难经得起考验。能力圈这个概念为什么很重要？是因为"市场先生"。

市场存在的目的是什么？对于市场参与者而言，市场存在的目的就是发现人性的弱点。你自己有哪些地方没有真正弄明白，你身上有什么样的心理、生理弱点，一定会在市场的某一种状态下暴露。

市场本身是所有人的组合，如果你不明白自己在做什么，这个市场一定在某一个时刻把你击垮。这就是为什么市场里面听到的故事都是大家赚钱的故事，最后的结果其实大家都亏掉了。人们总能听到不同的、新人的故事，是因为老人都不存在了。这个市场本身能够发现你的逻辑，发现你身上几乎所有的问题，只要不在你的能力圈里面，或者只要你的能力圈是没有边界的能力圈，只要你不知道自己的边界，市场一定在某一个时刻、某一种形态下发现你的问题，而且你一定会被它整得很惨。

只有在这个意义上投资才真正是有风险的，这个风险不是股票价格的上上下下，而是资本永久性地丢失，这才是真正的风险。这个风险是否存在，就取决于你有没有这个能力圈。而且这个能力圈一定要非常狭小，你要把它的边界，每一块边界，都定义得清清楚楚，只有在这个狭小的边界里面才有可能通过长期持续的努力建立起真正对未来的预测。这是巴菲特本人提出的概念。

投资的本质是对未来进行预测，真正要理解一个公司、一个行业，要能够去判断它未来五年、十年的情况。不确定的因素太多，绝大部分行业、公司没有办法去预测那么长。

我们在决定投资之前至少要知道十年以后这个公司大概会是什么样，低迷时什么样，否则怎么判断这个公司的价值不低于这个范围？要知道这个公司未来每年产生的现金流反映到今天是多少，我们得知道未来十到二十年这个公司大致的现金流。

你并不一定真的能够去预测十年以上公司的发展。能够这样预测的人少之又少。其实你真正努力之后会发现在某一些公司里面，在某一些行业里，你可以看得很清楚，十年以后这个公司最差差成什么样子？有可能比这好很多。但这需要很多年不懈的努力和刻苦的学习，才能达到这样的境界。当你能够做出这个判断的时候，你就开始建立属于自己的能力圈了。

投资者可以通过长期不懈的努力，真正建立起自己的能力圈，能够对某些公司、某些行业获得超出几乎所有人更深的理解，而且能够对公司未来长期的表现，做出高出其他人更准确地判断。在这个圈子里面就是自己的独特能力。这个圈开始的时候一定非常狭小，而建立这个圈子的时间可能很长。这就是为什么价值投资本身是一条漫漫长途，虽然肯定会走到头，但是绝大部分人不愿意走。它确实要花很多时间，即便花很多时间，了解得仍然很少。

形成自己的能力圈是非常不易的，比如很多投资者善于研读和分析上市公司的财务报表，但笔者认为财务报表只能帮助验证我们对企业的定性分析，财务报表最大的作用是用来排除可疑企业的，并不能代替我们对企业的定性分析，研究上市公司的主要基础不应该是财务报表，而应该是目标企业的价值特征和经营行为，是企业产品、行业地位、竞争力来源及未来有可能的发展机遇等方面。

报表只是印证和辅助这些方面判断的工具，只有在对企业的这些定性分析有大致了解的前提下，财务报表的解读也会相对容易一些，对其中的过于离谱的数据操纵也能够相对把握住。所以尽量选择自己熟悉和有把握的并由诚信的管理层经营的公司投资。比如对于东阿阿胶这个企业，如果我们把它归类到消费品，那么对于消费品来说，占据消费者的心智是最重要的，这是消费品最为重要的竞争优势。至于短期的经营困难，哪怕是一两年的业绩下滑，也并不影响企业的长期价值，反而可能因为短期的困难给价值投资者一个好的买入机会。

投资者的投资认知与投资能力也并不能等同，很多投资者的专业知识可能已经达到很高的水平，但这只是形成投资能力的基础，投资能力关键之一是自我情绪管理，关键是在股市不可预知的波动过程中，始终保持冷静理智的能力，是独立思考并控制自己情绪的能力。

能够在非理性的波动中始终保持自己的独立思考、耐心和不从众。任何投资理念都需要配套的性格。价值投资需要两个非常重要的性格特质：耐心和不从众。这两个性格特征可能就直接排除掉95%的投资者。优秀的投资者愿意去正视自己的缺点，他们不断地改变和完善，以修正人性的不足，但是大多数投资者都在与市场较劲，他们不愿意承认自己的错误，认为自己能把握市场上的每一次机会。

A股的一些价值投资者，可能短期获得了一点儿业绩，分不清短期的业绩里有多少是运气成分，有多少是自己的投资能力，自以为是，总认为能独辟蹊径，超越巴菲特，最后聪明反被聪明误，结果可想而知。老老实实按照巴菲特的理论实践，远比自己乱来要好。

格雷厄姆的投资方法找到的都是没有长期价值、也不怎么增长的公司。而能力圈的这个概念是通过巴菲特本人的实践提出的。如果真的接受这四个基本理念，你就可以以足够低的价格买入自己能力圈范围内的公司的股票并长期持有，通过公司本身内在价值的增长及价格对价值的回归取得长期、良好、可靠的回报。

这四个方面合起来就构成了价值投资全部的含义、最根本的理念。价值投资的理念，不仅讲起来很简单、清晰，而且是一条正道。正道就是可持续的东西。什么东西可持续？可持续的东西都具有一个共同的特点，就是你得到的东西在别人看来，在所有其他人看来，都是你应得的东西，这就是可持续了。

这四个理念可以概括为一句很简单的话：努力便宜地买自己能力圈范围内的好公司。这就是价值投资全部的理念。听起来非常简单，也非常合乎逻辑。可是现实的情况是什么样的？在真正投资的过程中，这样的投资者在整个市场里所占的比例非常小。几乎所有跟投资有关的理论都有一大堆人在跟随，但是真正的价值投资者却寥寥无几。

## 3.2.5　假设1：价格会向价值靠拢

在美股里，价格向价值靠拢的时间是2～4年，而在A股，这个时间可能更长一些。

其实，如果把价值投资总结成一句话，就是花1元钱买价值2元钱的东西，然后确保这1元钱能在2～4年内变成2元钱。

价值投资有效的原因我们在第2章已经详细阐述过，最核心的原因是均值回归及背后的资本逐利。均值回归是投资的基本常识，资本逐利会导致资金往低估的资产和股票流，价格有向价值回归的万有引力。整个市场的风险溢价，长期围绕均值在波动。而我们要做的事情就是长期做大概率的事，虽然我们也要承担一定的小概率事件的风险，但是小概率只要资本安全可以得到保证，那么长期做大概率的事一定会赢。

均值回归不仅仅是适合市场，也适合行业和公司。不仅仅是在市场层面，在行业竞争、公司经营层面，万有引力的作用也同样存在，还是因为资本是逐利的。一个公司和行业都有周期，好的时候就有资本想进来，去侵蚀你的高额利润。

而如果买到好公司，会持续创造价值。有核心竞争力的优质上市公司的资本回报远高于社会平均回报，随着时间的推移，这些好公司的内在价值在持续增长。

价值投资的特征和优势，基本上更加符合商业的本质，具有更高的概率获得成功，追求绝对收益，避免永久性损失，规避人性弱点。

对于真正的价值投资者来说，他们更喜欢的是熊市，而不是牛市。原因很简单，在熊市中，投资者可以买到更低的筹码。而历史上那些真正伟大的投资，绝大多数都是来自一开始买入时的低廉估值。而低廉的估值和熊市从来都是让人不开心的。因此，回报巨大的投资、这种让人非常开心的事情，其一开始，往往都是让人不开心的。这种在熊市中同时出现的"名义上的难受"和"实际上的资产增加"，对于大众来说，着眼点往往放在前者"名义上的难受"上，而优秀投资者的着眼点则会放在"实际上的资产增加"上。

因此，多数短线投资者往往更喜欢牛市，但是价值投资者却更喜欢熊市。大部分投资者都因牛市的价格快速上涨而追高买在高点，而在低点的时候却无人问津，这就是人性的弱点。事实上投资者应该克服人性的弱点，利用均值回归的原理，再利用复利的原则，耐心去做价值投资。

无论是做实业还是做投资，只要你是实实在在的，不是想从博弈的角度来赚钱，不是完全只想着转移价值的话，那么无论做实业还是做投资都是一样的。你肯定得在定价不充分或者需求没有满足的情况下提早进入。或者你没有进入的那么早，但是你确实就能比别人做得好。比如，可能你现在买的股票并不见得很便宜，但是你知道未来会更好。否则的话，从长远看，肯定是要输钱的。而投资遵循本质的道理：资本是逐利的，均值是会回归的。价值投资不仅是可复制、可持续的，长期的回报也是值得期待的。

### 3.2.6　假设2：价值是可测量的

对投资者来讲，价值是可测量的有两个层面的意思：

（1）价值本身是可以通过一些线索被检测出来的；

（2）你可以检测出来价值。

所谓的财务分析及行业分析，本质上都是在利用线索来找出公司的价值。而很多人却本末倒置，盲目相信一两个分析工具。

估值是非常复杂的一门技艺，而且不同行业有不同的估值方法，没有放之四海而皆准的一个标准。

价值是可测量的，绝不是说内在价值就是一个精确值，而是一个估计值，一个价值区间，而且它还是在利率变化或者对未来现金流的预测修正时必须相应改变的估计值。宁要模糊地正确，也不要精确地错误，估值既是科学，又是艺术。

你必须能够粗略地估计企业的价值。但是，你不需要精密的评价知识。这便是本杰明·格雷厄姆所谓的安全边际。你不必试图以8 000万美元的价格购买价值8 300万美元的企业。你必须让自己保有相当的缓冲。如果用8 000万美元的价格买进内在价值4亿美元的资产，这笔交易基本上没有风险，尤其是分别以8 000万美元的价格买进10种价值4 000万美元的资产，其风险更低，因为你本人无法亲自管理4亿美元的资产，所以你希望并确信能够找到诚实并且能干的管理者共同来管理公司，这并非一件困难之事。架设桥梁时，你的设计载重量为3万公斤，但你只准许1万公斤的卡车穿梭其间。相同的原则也同样适用于投资领域。

巴菲特曾在致股东信中讨论过买入股票的标准，主要有四条：业务能够理解（能力圈）；商业模式具有持久竞争优势（护城河）；管理层诚实而有能力（好管理）；非常有吸引力的价格（好价格），价值投资的精髓就是安全边际，股价一定要足够便宜，巴菲特自认为是"85%的格雷厄姆+15%的费雪"。

然而，在股价上他也不得不妥协，因为随着货币时代的通货膨胀和伯克希尔的资金量越来越大，想以极低的价格买入公司变得非常艰难。像可口可乐、美国运通等很多股票他都是耐心追踪，等待了十几年，才等来购买机会。而这千载难逢的购买机会，往往是在经济发生巨大危机或者优质公司落难之际，捕捉到这电光火石的机会。2014年茅台跌破过10倍市盈率，股价才120多元。其实股民也能做巴菲特，只要你能学会估值、耐心等待、敢于出手。

价值投资是以很大的折扣买入内在价值低估股票的交易策略，以最小的风险获得较好的长期投资回报。也就是说，以大幅低于内在价值的价格买入股票的方法，以四五角钱的价格买入价值一元钱的东西，这种方法既降低了损失的风险，又放大了潜在的收益。无数的投资大师已经用时间与业绩来证明，这是一种在所有投资环境下都安全和成功的投资策略。

# 第4章

# 估值的决定要素、溢价与折价

投资者都想取得超过市场平均回报率的好业绩。因此，我们也就必须不停地对市场的定价做出判断，希望发现那个"市场错了，我们对了"的定价。

一些投资者认为"市场定价总是对的"，因此放弃了自主投资，选择了大类资产配置和指数投资。一些投资者则认为"市场总是错的"，从而认为投资都要逆市场而动。还有一些投资者认为市场是不可预测、不可判断的，所以也加入了第一类投资者的被动投资行列。

那么，市场定价究竟是对还是错，或者说，市场定价究竟是有效还是无效？

# 4.1 市场定价逻辑

### 1. 市场定价的有效性

由于市场已经将所有已知的可影响价格的因素充分反映在当前的股价中, 因此, 任何试图通过主观努力获取超额收益的行为都是不可能的, 最强有力的证据是长期来看能够战胜市场的基金非常稀少, 绝大多数倒在了市场指数的脚下。

### 2. 市场定价的无效性

如果市场是有效的, 那么如何解释历史上那些惊人的泡沫? 如果市场是有效的, 又怎么解释对同一个公司, 在同一个基本面状况下, 市场却在很短的时间内给出相差高达百分之几十甚至几倍的定价区间呢?

### 3. 无效和有效都对

在笔者看来, 其实市场的有效和无效两个都是真相, 只不过它们都是真相的一面而已。市场首先一定是有效的, 否则我们所有的投资都失去了起码的基础。试想一下, 如果市场不能对企业的经营结果进行正确的反映, 我们还有什么理由站在企业经营的角度进行投资呢? 但市场的终将有效与市场始终有效、充分有效还是有着天壤之别的。

巴菲特说过:"如果市场总是有效的, 我只能沿街乞讨。"

### 4. 价值回归的过程

价值投资有句谚语: 价值也许迟到, 但从不会缺席。投资的目的就是要寻找被低估的公司。对于大多数的公司, 盈利并没有达到净资产收益率的15%以上, 最好当股价低于每股净资产时购买。

当你判断了股价已经低估, 买进后不能指望它立马上涨。低估值并不代表短期赚大钱, 投资需要耐心, 持有正确的股票, 你还必须有足够的耐心等待所有低估的东西，或早或晚，一定会有一个价值回归的过程。当某个标的的吸引力开始出现足够的保障和确定性时，即所谓的获胜概率和赔率都极具吸引力时，掌握市场定价权的价值投资者就会断然出手。与此同时，价格经过之前大幅下跌后，也运行到了原先方向的衰竭阶段，投入原先下跌趋势的力量越来越小，趋势开始逆转。而一旦趋势改变，新的方向确立，又会吸引新的趋势跟随资金的介入，从而实现股票的价值回归。

为什么投资大师们说市场中的绝大多数人往往是错的，但市场本身却经常是有效的？因为真正决定市场定价关键话语权的，不是占绝大多数但情绪化和弱小的人，而是相对数量很少但却精明和拥有较多资本的人。

### 5. 发现错误定价

传统经济学和金融学有个重要基石，那就是假设人都是理性的，整个传统经济学和金融学的大厦都是建立在人是理性的这个假设基石之上的。既然人是理性的，所以股票市场也是理性的，股价都能正确反映基本面，也就是所谓的"有效市场"。

但在现实生活当中，人在绝大部分情况下都不是理性的，容易犯错误。人往往在顺利的时候会越来越乐观，在不顺利的时候会越来越悲观。股市5 000点时大家蜂拥入市，跌到了2 000多点时反而无人问津。正是这种人性，加大了股市的波动，带来了大泡沫。

在个股的定价上，资本市场也经常是无效的，很多人不买估值便宜的好公司，反而一窝蜂去追逐估值贵得要命的差公司。正是这种无效，导致定价错误。

放眼未来，定价错误还会长期存在。除了人性，定价错误还反映了人类的思维模式。丹尼尔·卡尼曼在《思考快与慢》中指出，人类思维存在快思维系统（系统1）和慢思维系统（系统2）两种模式。快思维系统是依赖直觉的、感性的，不需要太多思考，但容易出错，通常在无意识情况下就可以运行；慢思维系统是理性的、逻辑的，不容易出错，但需要耗费较多思考。慢思维系统即系统2需要长时间的后天学习才能掌握，而且需要耗费较多的时间谨慎思考才能运行，慢思维系统的运行需要主动控制和有意识参与。由于惰性是人类的天性，人类习惯用系统1

进行思考。只要大多数人的思维模式还属于系统1，那么定价错误就会长期存在。而我们要用更加准确的系统2去寻找多数系统1的误区，这就形成了我们长期超额收益的来源。

本章开头谈到的三种投资者都错了。从定价正确与否的角度来说，市场定价分为三种：正确的、无意义的和错误的。其中：前两种对投资者取得超额收益是没有帮助的，而它们占了全部定价的最起码90%以上。只有第三种错误的定价，才是超额收益的来源。

对于价值投资者，追求的就是捕捉定价错误的机会，特别是好公司被错误定价的机会。既然市场有时候会无效，好公司也可能出现低估值。而好公司出现低估值通常有以下三种类型：大众的恐慌、大众的误会和大众的忽略。把握住这些机会，就能获得超额收益。

大众的恐慌，通常伴随着市场系统性风险的发生，大批公司出现低估。比如2008年的金融危机时和2018年底的股市。

大众的误读，通常指的是公司或行业发生黑天鹅事件，虽然黑天鹅事件只会对公司基本面产生短暂或者微弱影响，但市场放大了这种影响。比如2017年3·15晚会揭露的角膜塑形镜乱象，欧普康视自然而然受到了市场的误读，4个半月跌幅将近40%。而晚会揭露的乱象其实并非来自欧普康视，短暂的黑天鹅事件之后，公司在之后一年的时间里股价翻了一倍。茅台2012年底遭遇塑化剂事件，同样也是如此。

大众的忽略，通常是因为市场的注意力总是过分集中在那些主流热门行业上，而那些受到冷落的行业则可能存在已知信息的传递不充分和解读不充分的情况，特别是一些新股。近年来，新股发行数量越来越多，但很多公司并没有得到市场的充分研究。

例如，速冻类食品的龙头企业安井食品，2017年末业绩预告时其净利润是行业第二、三、四名的总和，估值只有20倍左右，其盈利能力、估值水平都具有明显优势。而在当时却只有一家券商对此公司有过调研。

大众恐慌、大众误读、大众忽略下低估的好公司，是明显的定价错误。把握这些定价错误的机会，在情绪恢复、估值修复时就可以获得超额收益。

1977年，巴菲特和芒格买下了纽约州的《布法罗晚报》的经营权，很多人都不看好这个交易。

事实上，《华盛顿邮报》就拒绝收购《布法罗晚报》，理由很简单：《布法罗晚报》的工会力量太强大了。投资人要担心工会时不时组织罢工，提出各种要求，实在不是一个好选择。而且，当地还有另一家报纸《信使快报》，这就使得这个交易更不吸引人了。

这两个显而易见的缺点，导致很多潜在投资人立刻放弃了《布法罗晚报》——他们对这份报纸的投资价值定价是很低的。

显然，巴菲特和芒格十分清楚这两个明显的缺点。但是为什么他们还要拿出高达3 550万美元的高价（这是当时他们最大的并购交易）购买这个看起来并不太好的投资机会呢？

原来，巴菲特和查理·芒格对报纸业有一个完全不同的定价方式。在他们看来，判断一个报纸的价值，最重要的因素不是工会影响你多少收益，而是这份报纸有没有潜力垄断当地的市场。

换句话说，巴菲特早就发现一个秘密：随着美国经济形势的发展，将不可避免导致一个城市只能有一家报纸。最后胜出的那个报纸将不会面临任何竞争，它将独享整个市场的丰厚利润。而在此时，尽管《布法罗晚报》的经营状况不太好，但是比起《信使快报》还是具有一定优势。如果能够帮助《布法罗晚报》战胜《信使快报》，那么整个战略局势将发生巨大逆转，他们能获得一个超级赚钱的"印钞机"。

事实也正是如此。从1977年买入《布法罗晚报》，巴菲特和查理·芒格就陷入了巨大的竞争压力中，然后，他们终于还是在1982年战胜了《信使快报》。

巴菲特的预言实现了：这个城市只留下了一个报纸——《布法罗晚报》。一年后，报纸就从上一年还亏损150万美元的状态立刻变为税前利润高达1 900万美元。巴菲特和查理·芒格终于买到了一个"印钞机"。

这个故事给了我们以下几点启发：

（1）我们思考问题，很容易受到显而易见的"优点"和"缺陷"影响决策，而没有思考这个问题真正重要的影响因素是什么；

（2）巴菲特能够给《布法罗晚报》一个完全不同的定价，关键在于他有一个完全不同的评估体系：是否有较大概率成为当地唯一的报纸；

（3）作为专业投资者，错误定价是超额收益的来源。如果没有错误定价，市场就完全有效了。所以说，做投资就是在寻找错误定价。比如说，巴菲特的价值投资，与其说是寻找价值，不如说是寻找价值与价格之间的差异，即"错误定价"。

（4）错误定价可以是不同原因导致的，也会以不同形式存在。从原因上讲，有对少数新股的大众忽略、有研究不足导致的没有真正理解一门生意的大众误读，还有市场系统性风险发生时的大众恐慌。

当然还要提醒一下：同一件事情，对不同的人有不同的"正确"定价。换句话说，同一件事情，对不同的人价值是不一样的。你对事情定价，不仅仅取决于事情本身，也和你的能力有关。如果巴菲特和芒格的认识深度上看不到收购报纸的关键因素；没能力搞定收购报纸后的一系列问题。那么，他们也不会给《布法罗晚报》定如此高的价格。

所以，关键在于你必须在能力圈中做出重大决策——只有在你比90%的人都认识更深刻和做得优秀的领域里，你才能看到和抓住错误定价的机会。

从市场整体而言，市场在80%的时间里是不具有任何操作意义的，15%的时间里可能出现有意义的操作机会，而只有5%的时间是具有重大操作意义的。

从个股而言，A股上市的四千多家公司里，即使处于一个市场整体非常有效的背景下，哪怕只有其中10%的股票处于错误定价的位置，5%的股票处于严重错误定价的位置，那么提供的机会也已经足够多了。

# 4.2 市场定价公式

在推导市场定价公式之前，首先从市净率考虑，看看它的本质是什么，根据定义，市净率表示为：PB=P/B（其中：P为市值、B为净资产、PB为市净率）。

通常判断一种物品是否为资产的依据，就是看它能否在未来产生现金流。比如，你买了一处房产，如果用来出租，每月可以产生固定的租金收益，那么这个房产就可以看作是一种资产（如果没有用来出租，属于自住或空置，在某种程度上，就不能算作资产）。

从投资的角度来看，如果我们投资的是某企业，那么未来是可以从企业获得现金流的，因此企业可以看作是一种资产，而企业的总资产又是由股东和债权人共同提供的，对于股东来说，净资产才是真正属于股东的资产。

因此，PB=P/B，就可以将PB看作是企业的市值对净资产的一种溢价。仔细琢磨一下，为什么会存在溢价，这种溢价的本质是什么？还是回到房地产，想一下，什么是房产的净资产，因为在建造房屋的时候，会存在土地、建筑材料及人工等成本，这就构成了整个房屋的建造成本，也就是房屋的净资产。

购房者再从开发商手里买入房屋，买入价格不可能还等于房屋的建造成本，这种溢价的本质是房屋作为一种资产，未来是可以产生现金流的，所以要相对于其净资产溢价购买。而在我们买入房屋后，由于房产是一种市场化的商品，它的价格还可能继续上涨（当然也可能出现下跌），这是由市场供需决定的，本质是来自市场对房产未来价值的一种预期。

所以，相比于净资产的市场价格，存在两个方面的溢价：基于未来产生现金流能力的价值溢价；基于未来价格预期变化的溢价（或折价）。从这个角度看，PB作为市值对净资产的溢价，也包含以上两种溢价。在此需要介绍另外的两个主角——市盈率和净资产收益率。市盈率（PE）是市值对净利润的溢价，表示如下：

PE=P/E（其中，P为市值，E为净利润，PE为市盈率）

净资产收益率（ROE）是用来衡量净资产的盈利能力的，表示如下：

ROE=E/B（其中，E为净利润，B为净资产）

那么，市盈率PE与市净率PB之间存在怎样的关系呢？将公式右边分子分母同时用P除，得到以下关系式：

ROE=PB/PE

也可以这么推导：因为ROE=净利润/净资产，PE=市值/净利润，PB=市值/净资产，所以ROE=净利润/净资产=(市值/净资产)/(市值/净利润)=PB/PE

这个公式揭示了ROE、PB与PE三者之间的关系：对净资产的溢价，包括两个部分，一部分是ROE，是盈利能力；另一部分是PE，是价格变动预期。

原来，无论是净利润和净资产之间，还是PE和PB之间，都是以ROE为纽带的，具体关系如下图所示。

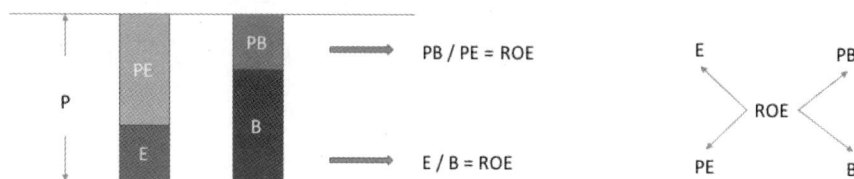

这也是为什么如果只挑一个指标来选股，巴菲特选择净资产收益率(即ROE)的原因。因为公式ROE=PB/PE说明ROE包含PE及PB，而PB是由(1)净资产的盈利能力——ROE和(2)市场的预期——PE所决定的。结合上面推导出PB与PE的关系式，以及PE或PB的定义公式：

PB=ROE*PE(1)

P=PB*B或P=PE*E(2)

可以继续推导出

P=B*ROE*PE(3)

这就是我们一直追寻的决定企业价值的公式，我们把它叫作市场定价公式。

从该公式中可以看出，企业的市值(股权价值)取决于三方面因素，即净资产(B)，净资产收益率(ROE)，以及估值(PE)。净资产(B)，是站在股东的视角，企业所能利用的资产资源。净资产收益率(ROE)，是指利用这种资产资源未来创造现金流的能力。估值(PE)，是市场对企业未来业绩预期的溢价(或折价)。

在《价值评估——公司价值的衡量与管理》一书中给出的关键价值驱动因素公式：

价值=NOPLAT(1-g/ROIC)/(WACC-g)=NOPLAT(1-IR)/(WACC-g)，
由此可以推导出：

PE=Value/NOPLAT=(1-g/ROIC)/(WACC-g)=(1-IR)/(WACC-g)

其中，NOPLAT(Net Operating Profits Less Adjusted Taxes)，扣除调整税后的净营业利润，即息前税后经营利润。是指税后扣除与非经常性损益之后的公司核心经营活动产生的税后利润(包括利息)，IR是再投资率，WACC是加权平均资本成本，g是增长率，ROIC是投入资产回报率。

在这里，ROIC是投入资产回报率。由这个公式可以看出：

（1）估值（PE）是既由增长g又由ROE驱动的（首要驱动因素是公司的ROIC，对高增长和高回报的公司可以给予高的PE）。

（2）股票价值由基本面决定。

较高回报和较高增长率（在ROIC>WACC的前提下）的公司在股市上有较高的价值。

市场关注的是长期而不是短期的股票基本面。股价取决于长期回报，而不是短期的每股收益（比如，投资者如果按2019年可能比较极端的每股业绩来评估东阿阿胶就是很荒唐的）。

估值既由增长g又由ROIC驱动，那么ROE与g又有什么联系？在《价值——企业金融的四大基石》一书中，作者曾经介绍过，ROIC与增长g之间的内在联系，这里需要提到一个再投资率的概念。

IR=g/ROIC

其中g代表增长率，ROIC是投入资产回报率（由于其不好计算，可以简单理解用ROE代替）。

IR越低，代表企业增长所需要的再投资较小，换句话说，就是企业可以用较小的资本带来较大的增长。

这样就可以确保企业在获得利润后，可以将其投入扩大市场（净资产增长）的经营活动中去，而不是用来维持现有的盈利能力。

结合以上两个公式：市场定价公式；关键价值驱动因素公式，我们可以得出最终影响市场定价的因素，如下图所示。

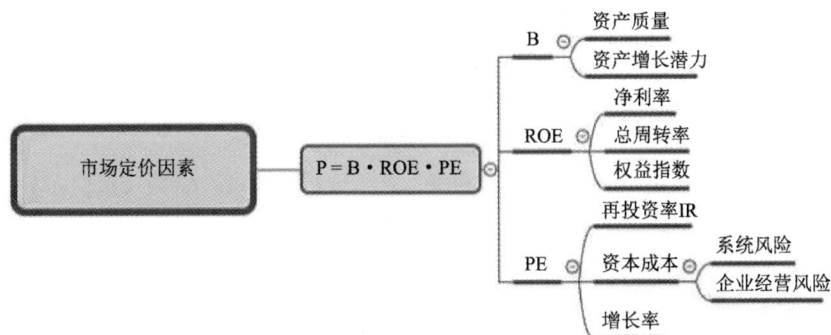

由于PB是对净资产的溢价,净资产的更新周期为一个完整的经营周期,而净利润则是按照季度变化,这样的结果就是PE相对于PB更加敏感,PB的反应要滞后于PE。

至此,我们就完成了对PE、PB与ROE关系的推导过程,以及市场定价因素的探索,通过简单的公式推导,我们得出了一个清晰、明了的定价机制框架,为后续的企业分析与估值打下坚实的基础。

# 4.3 折价与溢价因素及分析

折价和溢价实际上是估值时对企业价值进行的虚拟调整。溢价是企业价值的增加部分,折价是企业价值的减少部分。

对于一家企业的估值定性判断到底是溢价还是折价?什么样的生意会享有更高的估值?长期稳定发展,收入和利润波动比较小的生意,可能会有更高的估值,比如消费类企业。而波动比较大的生意,估值可能也会比较低,比如周期性企业。

不同行业的估值不同,表面上看是由其当前增速决定的,其本质是由其永续增速决定的。医药行业和消费品行业溢价的原因是,这些行业的共性要素是具备抗通胀、逆周期、有定价权、转嫁成本的能力,而且重复消费频率高,对消费者的黏性高,所以医药行业和消费品行业市场溢价要明显高于家电、水电、金融地产等行业。

消费品公司为何会有溢价?表面上看是抗通胀、逆周期、转嫁成本和提价的能力相对比工业用品强、有定价权、重复消费频率高,本质上是其行业的永续增长率高。消费品牌如贵州茅台、五粮液、片仔癀、云南白药、东阿阿胶这些是无法复制的。这些产品本身就属于高端消费,竞争较小,它们的涨价空间几乎没有上限,而且消费者并不关注产品的生产过程和生产成本,仅注重品牌。所以20PE的茅台并不比10PE的水电股有任何溢价,其对应的长期回报率可能前者更高。

就算在同一个行业中，不同行业地位、不同经营能力的公司，也会有估值的差别，海外普遍对行业龙头公司有估值上的溢价。

比如银行业，核心看的是信贷资产质量，衡量银行股最重要的指标不是 PB，而是调整后的 ROA。看起来各大银行做的都是一样的生意，从储户那里吸纳存款，然后再把钱贷出去，赚中间的净息差。但实际上，银行最核心的问题之一就是管理资产质量的能力如何，这决定了银行赚钱能力的高低。银行之间的资产质量管理能力还是有比较大的差别的。

一些资产质量管理能力、风险管理能力比较强的银行，如果市场给的估值却跟其他银行差不多，就会形成很好的投资机会，这种机会一般都会在市场系统性风险释放之后或金融危机之后。

不过金融类公司比其他类别的公司都要复杂、难以研究，尤其是高杠杆等风险，如果没有深入研究，完全可以选择简单易懂、业绩稳定、风险相对较小、估值合理的消费垄断型企业。市场更愿意给弱周期类企业溢价，给强周期类企业折价；给低杠杆类企业溢价，给高杠杆类企业折价。金融行业生意属性具有复杂性及周期性、高杠杆性风险，低 PE 表现出来的低估值只是表面现象。

企业估值的主要的溢价和折价因素包括：确定性、商业模式、生命周期阶段、财务杠杆。下面我们就来分别就这些因素进行深入探讨。

## 4.3.1　确定性

巴菲特曾经说过，价值投资第一条原则是不亏损，第二条原则是不要忘记第一条原则。巴菲特的这个原则也是靠确定性保障的。

如果一个公司的主营业务是什么？它的市场在哪里？它的优势和劣势又是什么？它的技术怎么样？它的用户体验怎么样？它的同行怎么样？它的成本怎么样？它的经营管理怎么样？它未来三到五年最坏的情况大概会怎么样等问题都不清楚，那么这个确定性就无从谈起，这就是能力圈。

价值投资告诉我们，要打折买入好公司后耐心持有。"打折"利用人们恐惧的羊群效应，预留出了未来糟糕的不确定性带来的股价进一步下跌的空间。好公司一般都是有垄断性的产品、完美的用户体验、卓越的品牌、高效的管理，或者兼而有之，那么它继续优秀的确定性就很高。最后，"耐心持有"是给时间让必然性从偶然性中浮现出来。

具体来说，"确定性"应该包括以下几种类型，但不限于这几种类型：

（1）优等生。显然行业龙头公司，不管所处行业的发展前景如何，龙头公司可以凭借市场份额的提高来获得超额收益，尤其是消费及医药这样的存续期很长的行业的龙头企业，这些可以长期维持较高ROE的公司，以证明这类公司可以跨越周期，就像成绩优秀的学生，不仅成绩好，还有一个最大的特点就是稳定。

他们每次考试几乎都在90分以上，上下波动不过10分。如果有一天这样的学生跟你说他这次考砸了，你千万别当真，最后你会发现他的意思其实是这次他只考了92分。而成绩差的学生就恰好相反，他们不仅成绩差，还有一个最大的特点就是很不稳定，好的时候也能考80，甚至90多分，差的当然也有不及格的时候，上下波动30、40分都是常有的事。对应到投资中来说，那些优秀的学生就像业绩稳定增长的优秀公司，那些成绩差的学生就像那些业绩平庸波动大的周期性企业。

所以我们尽量投资那些优等生，也即具有持续竞争优势的弱周期性企业（大部分都是属于消费及医药企业），毫无疑问，这样会提高我们回报的确定性。投资优等生，这是第一个方法。

（2）拥有经济特许权、长期维持较高ROE的公司，以证明这类公司可以跨越周期。如过去10年中至少有8年的ROE维持在15%以上。我相信，大部分所谓高成长的企业都很难做到ROE长期维持在15%以上。能维持在15%以上ROE的，在美国基本上属于全球知名品牌类上市公司，如烟酒食品、生活家居用品、国家管制的金融企业等，如银行保险。在A股也是大同小异，只是品牌类相对少，管制类相对多。

拥有经济特许权的企业一般经营变量因素少、单一产品和简单工艺、短产业链、产业或者地域竞争激烈程度低，没有大量对经营构成严重影响、波动剧烈的变量因素。

行业前景良好，供不应求，投入资本回报高，必然会引来竞争，如果先发者有先发优势，同时又有很高的进入壁垒，那未来高回报的持续性仍然是可预期的。同质化的企业未来的业绩预测极难，因为对手可能为了追求利润出现自杀性低价竞争，即便是龙头企业也会被拖下水。

同质化竞争的行业变量太多，甚至就是所在行业集中度一直提高的企业，其净利润率也是很低的，比如说空调的格力和美的，乳业的蒙牛和伊利，其净利润率很难提高，因为销量一涨，净利润率就要下跌，（对手看你销量涨肯定降价）。那么从净利润率和销量出发，笔者认为只有差异化竞争才有出路，差异化竞争一目了然的企业，由于人无我有，其净利润率和销量甚至可以同步上涨，而且可以提价。这样的企业只要选择一个股价大幅下跌或者出现一个行业黑天鹅事件后介入就可以长期持有。所以，支持未来不确定性的变量越少，未来的确定性就越高，那么你获得的投资回报就越大。

短产业链、简单的产业链发生风险的概率低，对环境的依赖度差，由于它不特别依赖于上下游，所以当环境发生动荡的时候它不至于受牵连和波及。假如是在一个复杂的长产业链中，产业链中任何一个环节出现问题都不可避免地会影响被投资企业。

因此，巴菲特选择短产业链主要是避免风险、增加确定性，减少不确定性。巴菲特的重仓股，下游消费都是直接面对大众消费者，而且这些产品都是大众必需的，无论金融危机，无论社会发生什么样的变化，巴菲特重仓股公司所提供的商品都是不太容易受到影响的。

于是就造成巴菲特重仓股经营环境比较稳定，同时也不依赖于很复杂的供货链，这样就不会因为产业链发生问题传导给企业。单一产品和简单工艺下的持续经营更是为了确保确定性，减少风险性。如果你几十年如一日从事一项工作，你闭着眼睛都能完成这项工作，因为你做了几十年了，你太熟悉了，没有人比你更熟悉，你没有不知道、不清楚的，所以你不会发生错误。简单的生产、简单的工艺降低了错误发生的可能性，持久的经营让企业在这个行业里的经验、能力得到了长期积累和沉淀，从而极难发生严重的过失和失误。

于是，就使得被投资企业发生不确定和意外事件的概率大幅降低，这样短产业链、单一产品、简单工艺、持久经营综合实现了被投资对象的确定性和保障，也排除了各种各样潜在的和无法预知的风险。

A股贵州茅台之所以成为价值投资标杆，很重要的一个原因就在于公司经营单一产品、短产业链、商业模式简单，上游原材料是水和粮食，很容易获得，成本容易控制、产品高度差异化、供不应求，竞争优势明显、经营变量少、盈利前景的可预期性相对比较强。

为什么巴菲特要选择有经济特许权的企业，而且要求业务简单易懂，管理层诚实可靠，还要股价合理或低估？原因就是上面所说的，投资要寻找变量最少的企业。也就是未来成长确定性强的企业，巴菲特说自己能看懂的企业是能看到以后的5~10年的企业。这就要求所投资的企业变量要少，或者说决定未来的核心变量成功率要有九成的把握，而且核心的变量要少甚至只有一个。巴菲特投资的喜诗糖果、可口可乐、《华盛顿邮报》这些企业就是这种类型。

比如可口可乐，可口可乐是消费者垄断，拥有良好的经济特征，净利润基本能保持稳定，而且还能随通胀提价。在20世纪70年代，可口可乐开始多元化，大举进军与饮料无关的其他行业，在水净化、葡萄酒酿造、养虾、水果生产、影视等行业大量投资，并购和新建这些行业的企业，其中包括1982年1月，公司斥资7.5亿美元收购哥伦比亚制片厂的巨额交易。但是这些投资给公司股东的回报少得可怜，其资本收益率仅1%。唐纳德·基奥在1981年当上可口可乐总裁后，到80年代中期，可口可乐公司才集中精力于主营业务，结果利润出现直线上升。

好的管理层上台，并用业绩证明了其能力。此时预测公司业绩的确定性比较高，净利润率能保持稳定，销量在好管理层的领导下不断增长。但好公司通常不便宜。在1987年华尔街股灾后，巴菲特开始买入可口可乐。条件都满足后，变量基本只是判断销量的增长。

（3）管理层优秀、治理结构比较完善、主营业务很稳健的企业，不存在未来行业管制要放松、管理层发生大变动、补贴要取消等风险。创始人、企业家、治理结构，是一个公司最终的核心竞争力，伟大的企业家与优秀的治理结构才会激发每一位员工的正能量与创造力，好的组织与好的商业模式应该充分激发人性善的一面。

只有人，才是创造价值的终极源头。一个企业的核心能力是能够构筑相对于竞争者形成的可持续的壁垒，比如强大的系统能力形成可持续的成本优势与规模优势、强大的研发能力形成技术或产品创新上的持续领先、非常好的产品与服务形成很好的品牌与用户黏性，这些结果上的核心竞争力本质上都来源于企业家的远见胸怀与优秀的公司治理结构。

财务报表很重要，但通过财务报表看不见的商业模式、公司治理和企业文化更重要。平庸的企业每到业绩发布会总低于预期，通常会说："由于宏观环境怎样怎样恶劣，市场环境这个不好那个又如何差。"总有这样那样的理由。优秀的企业喜欢和投资者说他们怎么做，怎样不断把事情做得更好。公司治理的重点在于有效激励，激励的核心是把员工与企业的需求和利益相结合。每人都能在自己岗位内越努力需求越得到满足，协同效应越大企业越高效，从而实现利益最大化。

先谈股权激励。大部分上市公司在做了股权激励计划后，估值都会有明显的提升，其实股权激励会提高管理费用，影响考核期的业绩，但因其提高了增长的确定性，所以整体上被看成利好。

优秀的管理层一般都持有公司的股权，与公司利益共进退。没有坑害公司利益的动机。一个好的机制能够带来管理层和股东利益的一致化，最直接的就是看管理层持股、股权激励是否到位？尽管不排除有事业心非常强的好人，不计个人利益为股东创造价值，但毕竟是凤毛麟角。管理团队的诚信从公司治理上可以看出来，大股东的控股股权比例要高，这样不会有股权之争，要有股权激励和合伙人制度，这样可以让员工和公司一同享受利润增速，有利于公司稳定而快速增长，还可以显得大股东不吝啬。

对于股权激励计划，投资者要冷静分析。如果这个方案整体上短视化（只考虑2～3年），设定标准太低（比如每年在较低业绩基数上增长率低于10%），那么，对股东是不利的，这实际上是管理层要侵占股东利益。反之，股权激励注重长期化，设定标准也相对合理（5～10年总体上保持15%甚至20%以上的复合增长）。那么，企业的未来业绩保障要更有力。需要说明的是，设定的标准要与激励的力度相匹配，标准太高而激励不足，对管理层来说也是没有实现他们的价值，这种做法是在逼迫人才外流，对股东的长期价值也是不利的。企业长期业绩如果保持15%以上的复合增长率，高管们的股权激励可以提高到净利润的10%左右。

再谈公司治理。

麦肯锡公司曾对200家全球机构投资者的调查显示，机构投资者愿意为公司治理良好的公司股票支付20%～27%的溢价。

公司治理差的公司，资本市场会给予很大的折价，因为小股东的利益无从保护。更有一些没有道德底线的大股东，最后会一步步掏空上市公司。这样的公司，即使再低估，也和小股东没有半毛钱关系。而公司治理好的公司，小股东的股权价值几乎可以等于股权自由现金流的贴现值。

那么，什么是优秀的公司治理？

公司治理是个很宽广的话题，至少有一点，优秀的公司治理需要一个合理的股权结构。

股权结构是公司治理的核心，合理的股权结构，有利于监督和激励管理层，适当制衡第一大股东，降低公司的代理成本。资本结构和资本配置会朝着股东利益最大化的方向去做。

从股权结构角度看，首选民营企业或已经完成混改所有制之后公司治理结构完善的企业。

我们最后再来重点谈谈企业文化。

企业文化是决定企业一切行为的根源，从长期投资的角度看，企业文化的重要性是不言而喻的。巴菲特在2011年致股东信中说："是企业文化，而不是纪律手册，决定了企业的行为。"确实，企业文化看似无形，实则无所不在，具有灵魂的作用，是推动企业发展的不竭动力。

巴菲特认为，伟大的企业应该拥有一位造钟人，他说："如果一个生意，要依靠一位'超级明星'才能产生好的成效，那外界不会认为这个生意本身是好生意。"

著名的管理学大师吉姆·柯林斯在《基业长青》里提到：领导者有两种，一种叫报时人，另一种叫造钟人。报时人，就是别人不知道时间，而他知道时间，他告诉别人这个时间该干什么事。造钟人，就是他不扮演指路的明灯，而是造出一个时钟或者很多个时钟，放在组织里，大家看着这个钟就知道现在几点，在这个时间节点该干什么了。

报时人的优势在于,他可以让员工依赖,可是他的风险也是来源于这个"依赖"。因为一旦企业对"报时人"产生过度依赖,那么如果这个报时人出了问题,这个组织就会陷于重大风险之中。

造钟人的优势在于,组织里的个体对于时间的感知完全靠他们自己,因为那个"钟"是客观存在的,也就是说——即使造钟人不在了,大家也知道该干什么。

因此,所谓的造钟,就是要教会员工做事情和思考问题的方法,而不是直接给出答案。一个造钟人,就像一个建筑师,能够创造出一套优秀的企业制度和文化,营造出一个让个人可以发挥创造力的环境,保证公司能够高效运转,这样的公司才能成为伟大的公司。一个造钟人还应该拥有诚信的品质,因为从长期来看,不诚信的管理者,对于企业来说可能会是致命的。优秀的企业应该拥有一位造钟人。

优秀的企业还应该有利润之上的追求。

优秀的公司之所以能够奋力前行,根本原因在于指引、激励公司上下的核心理念,即核心价值和超越利润的追求。利润是生存的必要条件,而且是达成更重要目标的手段。对于优秀的公司而言,利润不是目的,利润就像人需要的氧气、食物、水和血液一样,这些东西不是生命的目的,但是没有它们就没有生命。

默克:我们要始终记住药品旨在救人,不在求利,但利润会随之而来。如果我们记住这一点,就绝对不会没有利润,我们记得越清,利润就越大。

索尼井深大:如果能够建立一种环境,让员工能够靠坚强的团队合作精神团结在一起,并全心全意发挥他们的科技能力,那么这种组织便可以带来说不尽的快乐和利益,志趣相投的人自然会结合起来,推动这些理想。

企业文化真实地存在于每一家公司,它是管理者个人气质在办公室氛围里的投影。优秀的企业文化,可以转化为有效的组织自驱力和制约力。

## 4.3.2　商业模式

近年来,商业模式在企业界受到越来越多的重视,成为人们热议的话题。

我们都知道百度是卖搜索的,但是它的搜索不收费;360是卖杀毒软件的,但是它的杀毒不收费。它们都是现在最耀眼的互联网公司,它们靠什么活着? 怎么赚钱的? 这就是商业模式的魅力所在。星巴克、亚马逊、戴尔等新兴企业,通过创造与众不同的商业模式获得了丰厚的利润回报,成长为行业中的领军企业。拼多多作为后发企业,在电商格局已定的情况下,基于商业模式创新,并通过一系列的战略实施,也可以在激烈竞争中获得一定的竞争优势。

最近几年,商业模式创新风起云涌,任何新的做法都与商业模式有关。发现新商机,发明过去没有的交易方式,这是商业模式的绝妙所在,也是企业打破天花板的主要途径之一。

### 1. 什么是商业模式

商业模式是指企业提供哪些产品或服务,用什么途径或手段向谁收费来赚取商业利润。

简要的商业模式情景分析:

靠什么挣钱? 产品还是服务? 挣谁的钱? 是从现有的销售中挖掘、争夺,还是创造新的需求? 如何销售? 从产品生产到终端消费,中间有几个环节? 有什么办法能够将中间环节减到最少? 企业有没有做这方面的努力? 随着销售量的扩大,边际成本会不会下降? 等等。

商业模式如果进一步分析,就涉及企业所处的产业链的地位如何? 处在产业链的上游、中游还是下游? 整个产业链中有哪些不同的商业模式? 关键的区别是什么? 哪些是最有定价权的企业? 为什么? 企业与客户的关系是否具备很强的黏性? 等等。这些决定该商业模式能否成功。

商业模式的本质是处理利益相关者的交易结构,核心在于影响企业的预期现金流。商业模式为企业的各种利益相关者,如供应商、顾客、其他合作伙伴、企业内的部门和员工等提供了一个将各方交易活动相关联结的纽带。一个好的商业模式最终总是能够体现为获得资本和产品市场认同的独特企业价值。魏炜及朱武祥在《发现商业模式》一书中总结了完整的商业模式体系:包括定位、业务系统、关键资源能力、盈利模式、自由现金流结构和企业价值六个方面。如下图所示。

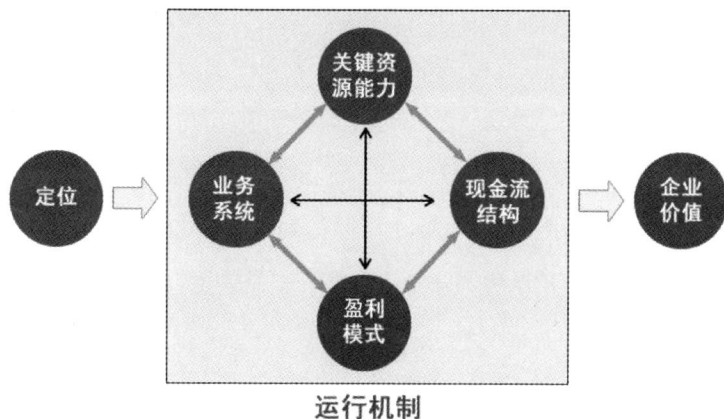

**运行机制**

### 2. 理解商业模式

商业模式的定义五花八门，但共性是都必须具备三个要素。即价值主张与价值创造、价值交付、价值实现。具体解释就是：为什么样的客户创造价值（客户定位）？客户的需求、痛点、欲望、希望是什么？为解决用户的需求（痛点、欲望、希望）提供什么样的解决方案（产品、服务）？通过什么样的策略交付给用户（营销策略）？通过一系列资源配置与活动安排来创造及交付价值，包括如何构建和管理自己的生态系统内其他成员的关系；如何实现企业自身的价值，也就是企业的盈利模式是什么？商业模式是一个企业有关其价值创造过程的总体架构设计，包括价值创造、交付和收获机制。企业与企业之间、企业的部门之间、乃至与顾客之间、与渠道之间都存在各种各样的交易关系和联结方式称之为商业模式。

对于商业模式，笔者理解的商业模式分为三层：第一层是参与者各自扮演什么角色；第二层是以什么样的利益分配原则来缔结可持续的合作；第三层就是最终产生的价值值不值得我们长期去拥有。

商业模式是企业分析中必须要考察的一个方面，很多时候商业模式的特点直接决定了一个企业的成败，商业模式的创新更是创新的重要一环。当我们在考察以商业模式为基础的竞争优势时候，可以多注意以下几点：

（1）商业模式不仅仅是盈利模式

分析商业模式的时候不能只注意盈利模式。虽然盈利模式很重要，但实际上我们从魏炜、朱武祥的商业模式体系可以看出，商业模式是利益相关者的交易结构，而盈利模式仅仅是商业模式中的一环。盈利模式更多的是回答收入从哪里来，成本向哪里支出？怎么收入？怎么支出等问题，很可能企业的盈利模式是一致的，而商业模式是不同的，除了盈利模式，商业模式还包括提供什么产品？解决方案及靠什么样的方式去服务用户，这个可以称为服务模式；利益相关者各自扮演什么角色？如何设计、构建及协调好整个系统的利益关系？怎么一起把规模做大？这个可以称为组织模式。

（2）商业模式重视利益相关者之间的关系

一个好的商业模式是把各个利益相关者都很巧妙地安排到其商业系统中，通常不会出现某一方有明显的不利局面。如果出现某一方的明显不利，很可能这种商业模式就不可持续。而且通常正是在商业模式中可能存在的不利局面也给商业模式创新提供了机会。比如360的安全卫士的杀毒软件就是看中了原有模式不利点，以免费的方式重新构建了模式中利益相关者的关系。所以，企业的商业模式也是在不断地进化过程中。

（3）企业可能仅仅需要固定资产的使用权而不是所有权

在现代商业活动中，靠资产形成的企业规模，越来越不是竞争优势与竞争壁垒，很多时候甚至是累赘，所以，现代优秀的企业大部分都是以轻资产为主的企业。而重资产型企业在竞争中越来越处于不利地位。

因为固定资产需要不断折旧；大量固定资产会占用很多资源。而实际上企业不需要那么多绝对意义上完全控制的资产。以固定资产的产权为例，包括财产的所有权、占有权、支配权、使用权、收益权和处置权。对于一个企业来说，很多重资产的企业需要重新思考这些权利与固定资产之间的关系，很多时候企业就仅仅需要使用权，而不需要所有权。

如果像腾讯这样的平台型公司，连资产的使用权都不需要，因为它不生产任何实际产品，只为生产产品的个体或公司提供流量和其他增值服务。那么在模式设计中就可以考虑将这些权利进行重新排列组合创造出新的模式。所以，一个现代企业的竞争优势很大程度上体现在对这些环节的思索和设计中。优秀企业通常会思考在没有资源的情况下怎么达到自己的目标。通过这种方式设计出来的商业模式远比资本推动型的商业模式要优秀。

（4）后发企业需要创新商业模式

如果先发企业建立了某个成功的商业模式，后发企业要进行跟随且以类似的价值网络竞争同一个市场，后发企业成功的概率是非常小的。除非它找到自己的合适定位，不然可以想象其结果怎么也不会超过先发企业。比如类似京东与苏宁的关系，苏宁越是类似京东的做法，就越不可能取得成功。而拼多多作为后发企业，在我们原本以为电商市场已被淘宝、天猫、京东这些巨头瓜分得干干净净的时候，竟然可以凭借着低价，仅用了三年就做到了国内电商老三的地位，靠的不是商业模式的模仿而是商业模式的创新。

（5）商业模式需要把最终消费者纳入系统中

在分析商业模式时，需要关注企业在市场中与用户、供应商、其他合作伙伴的关系，尤其是彼此间的物流、资金流、信息流。这种信息流不仅包括企业与合伙伙伴、供应商之间的信息流，还包括企业与用户之间的信息流。移动互联网时代使得企业与最终消费者及最终消费者之间的沟通成本越来越低。

这种低成本导致对企业认知成本的改变变得越来越有可能性。所以，一个好的商业模式，需要更多地考虑与最终消费者之间的互动问题。这种互动就是现在比较流行的参与感，如果一个企业商业模式设计中能让最终消费者有了很好且持续不断地参与感，就成功了一半。这个方面腾讯的QQ、微信做得是非常优秀的，它的特点体现在最终消费者之间彼此沟通产生的内容，而这个内容是消费者产生参与感的重要基础，因为更深层次的互动是未来商业模式的主要发展方向之一。

### 3. 商业模式与护城河的关系

（1）商业模式创造价值

商业模式来源于对商业机会的认识和把握，而商业机会源于市场失效，正是因为存在着一些导致市场失效的条件，市场不能自动有效地协调经济活动，从而出现尚未被利用的资源和尚未被满足的市场需求。企业利用自身的创造活动，突破导致市场失效的条件的限制，实现市场供给和需求的对接，从中获得企业盈利。

具体而言，企业通过创业行为降低了协同经济活动的交易成本，使得市场交易顺利进行。随着对降低交易成本认识的加深，企业同时也深化了对商业机会的认识，进一步明晰了产品和市场组合，进一步界定顾客、资源供给方和其他合作伙伴的身份，以及企业与合作伙伴在提供产品和服务过程中各自扮演的角色和承担的责任，这是商业机会逐渐成熟并演化成较完善的商业模式。

从这个意义上来说，商业模式是一套关于降低交易成本、开发市场机会系统的、结构化的逻辑，它对企业、供应商、分销商、股东及其他利益相关者的角色和价值进行识别和设计，这种系统设计使得交易成本降低到交易的潜在价值以下，促进市场交易顺利进行，为交易各方创造了价值。

（2）商业模式与护城河（即可持续性竞争优势）的关系

商业模式能够成为企业高绩效和竞争优势的一个源泉，但是商业模式具有容易被模仿的资源特征，这决定了商业模式带来的竞争优势不具有可持续性的特点。

商业模式通过构筑特定的交易结构和交易安排，降低了企业与合作伙伴的交易成本，能够以更低成本或者更好地为顾客提供价值，使得未被充分利用的资源能充分实现其潜在的经济价值。

因此，商业模式本身是企业的一项资源，能够提高企业设计和执行产品战略的有效性。而且商业模式能够激励和沟通各个要素，使得各个要素围绕商业模式架构，调整自己的角色和行为，众志成城、通力合作，为市场提供所需的价值。因此，从激励资源的角度来说，商业模式是一种有价值的资源，能够促进产品战略得到有效地实施。

商业模式影响企业价值的路径为商业模式决定盈利驱动，也决定了投资战略进而影响资源配置，盈利驱动和资源配置相结合决定投资回报从而影响企业成长性。而竞争优势使企业的用户进一步增长并继续获得资本的支持，使收入能够持续增长，从而形成企业的成长性。商业模式通过决定投资战略进而决定筹资战略，影响企业的风险。以上各个因素对成长性和风险的影响都会影响企业价值。

商业模式作为系统化的交易结构，其优势在于集中关注系统中的所有要素如何组成一个整体,从而顺利地向顾客传递价值。尽管商业模式在此过程中发挥着重要的作用,但不易模仿的资源特征似乎不是商业模式本身带来的,而来源于商业模式所驱动的资源特性,这些特殊资源是企业与其他利益相关者长年互动和积累的结果。

这些资源的不完全模仿性可能是企业获得可持续竞争优势的条件。可持续的竞争优势大多是来源于企业的存量型资源,这些存量型资源具有组装的特点,而不具有在实践中进化和长年积累的特性,所以商业模式及其驱动的资源带来的竞争优势可能难以维持,这就要求企业不仅要积累自己独有的资源和能力,还必须不断对商业模式进行创新。

优秀商业模式的出现,是企业家创新的结果,其价值主要在于组装各要素使之成为一个起作用的系统,而较少关注商业模式是否在进化和积累变成核心能力,它不具备积累性资源经长年投资形成、并存在的路径依赖性特征。企业可以对商业模式不断进行完善和改进,但是完善商业模式的活动似乎应该归为一种战略行动,商业模式的本质和优势主要在于它创造性地构筑了合理的交易结构,将各方资源整合为高效运转的系统,使之能够更加顺畅、低成本或者更优秀的提供独特的顾客价值。

优秀的商业模式能够帮助企业获得高绩效和竞争优势,但是其带来的竞争优势具有难以维持的特征。竞争对手可能会对照商业模式,联系和动员各方资源,模仿企业执行类似的商业模式,这会加剧市场的竞争,稀释企业的竞争优势,而且企业为了激励各个要素,将商业模式的因果关系向系统的各方做出说明,这种因果关系的知识将可能外显为公共知识而被竞争对手掌握,当商业模式成为行业众所周知的公共知识时,商业模式将不再具备产生竞争优势的潜力。

若将商业模式理解为驱动资源运转的系统,商业模式一旦与被商业模式驱动的资源相分离时,我们将发现商业模式可能具有可模仿的特征,因而商业模式给企业带来的竞争优势是难以持续的。

依靠创新商业模式获得成功的企业,一方面应积极投资和积累其他不易被模仿的核心能力;另一方面应持续对商业模式进行创新,这样才能有助于企业的长期生存和持续获得超额利润。

商业模式并无规定的范式可言，其创新往往带来市场格局的快速变化，对企业价值的影响呈现出成倍的乘数效应，其影响之大远超市场预期：比起产品、客户、收入等维度，商业模式对企业的影响具有放大的乘数效应。

柯达早期曾依赖"赠相机卖胶卷"的模式获取了80%的市占率，但在2000年也同样囿于原有商业模式、未及时转型而迅速走向衰落。

商业模式创新就是企业为适应市场环境变化，通过提升价值链为客户创造新的价值而进行的调整与改变。企业随环境变化通过对内外资源有效整合，构建新的价值链，使客户价值创新和企业商业模式创新相一致，形成新的价值创造模式和战略行为。商业模式创新的实质就是通过价值创新改变竞争规则，将企业导入一个优势的竞争地位。

商业模式包括：定位、盈利模式、渠道和资源。对应一下，护城河所说的无形资产、转换成本包含在盈利模式中，而网络和成本则对应渠道和资源，可见商业模式确实比"护城河"要全面。护城河就是持续性竞争优势，好的商业模式一般都有很强大的护城河，这样别人就很难抢走你的生意了。

这其实就跟打仗一样，如果你是一位将军，你觉得到底是能打仗的军队重要，还是好的战壕重要？其实投资的"战场"，也面临相同的问题。没有好的防护，再好的军队也不经打。可以说，护城河应该是商业模式的一部分。没有护城河的商业模式不是好的商业模式，但有护城河的生意未必就一定是好的商业模式。护城河的宽窄、深浅并不是一成不变的，是动态的、发展的。

在一定条件下，护城河宽的可以逐渐变窄，深的可以变浅，同样窄的也可以变宽，浅的也可以变深。护城河现在的宽和深，并不代表将来也一直是这样的宽和深，而投资投的是未来。

好的商业模式，我理解就是"长的坡、厚的雪"。巴菲特也说过："选公司一定要看它的本质，因为它迟早会轮到庸才管理。"巴菲特这句话说的其实就是商业模式。如果商业模式好的话，即使让庸才管理，我们都不怕。也就是说，优秀企业可以适当容忍不当的管理，低能的经理人尽管会降低获利能力，但不会对其造成致命的伤害。

一个公司不可能每个决策都正确，或者每个决策都是最领先的，一旦出现失误，或者竞争对手有创新推出，持续竞争优势强的（即护城河深的）公司有时间改正这个错误，或者通过向竞争对手学习而后发制人，这是非常重要的，公司反脆弱的能力就会很强，这样它才能走得远，也就是它的坡比较长。

伊利是个很有代表性的案例。作为"后来者"的安慕希，为何能够在常温酸奶行业之中"一枝独秀"，力压常温酸奶莫斯利安？2009年光明乳业就推出了莫斯利安，伊利也复制对手策略，2013年底上市安慕希，依托伊利股份强大的渠道优势，得以用最快的速度完成了全面铺市，后发制人，并迅速成为中国常温酸奶市场的"霸主"。护城河深，意味着企业有提价能力，盈利能力就会不错，也就是雪比较厚。可见长的坡和厚的雪，都和护城河有直接的关系。因此我认为理解商业模式，护城河是最重要的一个维度。

### 4. 好商业模式具备的特征

好商业模式应该在时间与空间上具备不断复制与持续优化的系统能力。

公司的商业模式是否支持快速成长，要么产品或服务供不应求，需求增长很快；要么像沃尔玛、爱尔眼科那样能不断复制、裂变。这里的风险有产品或服务突然供过于求，或者在一个城市很成功的模式却无法在异地复制。这两点风险的核心就是企业的产品和服务及商业模式的核心竞争力。

如何判断何时是好的投资时机？建议是先等一等，等企业的产品、服务、商业模式的竞争力被市场验证了再介入。

好的商业模式特征是"三高三少"：三少是指资本投入少、负债少、竞争少，三高是现金流量高、ROE（净资产收益率）高、门槛高。

为何重视净资产收益率即ROE、销售净利率、毛利率？高利润率低销量的企业是最优秀的商业模式要素，同时也是持续竞争优势、行业门槛及竞争格局的相互验证。

如果从资产负债表来看，好的商业模式通常都是存货少、应收账款少、负债少、资本支出少、现金多。

如果从现金流来看，好的商业模式就是高利润率、低销量，固定资产和无形资产使用年限越长越好，固定资产再投入少、研发费用少，没有应收账款，存货越存越值钱，预收款和应付账款越多，没有有息负债。

好的商业模式应该具备的特征总结如下：

（1）需求稳定、高频重复、低杠杆经营模式，资本投入少，有息负债少；

（2）企业处于产业链有利位置，由此带来上、下游占款能力（话语权），利润和经营性现金流的匹配度高，并拥有提价权；

（3）相对较轻的固定资产，轻资产带来产能扩张的边际成本递减；

（4）高壁垒的生意，也即行业门槛高，可以带来较高的净利润率，如果一桩生意既门槛高、又可复制，那么可能就会是伟大的生意；

（5）成本变化可控，原材料可获得性；

（6）行业前景及空间可观，很长的坡、很厚的雪；

（7）销售费用率低：由于品牌效应、口碑效应、低成本、服务能力等产生很强的高客户黏性；

（8）可以构建企业的商业护城河：品牌、低成本、网络聚合效应、转换成本、渠道、差异化等，需要至少有一条能占得上。

没有完美的商业模式，只有最适应环境的模式，商业模式的竞争，本质上是一种自然选择的过程。谁更适应环境的变化，谁就能生存下去。恐龙比乌龟更强大，但恐龙灭绝了，乌龟还一直繁衍着。对于商业模式来说，真正重要的是根据环境变化，不断改造、升级甚至推翻过去商业模式的能力。

商业模式谁都可以模仿。但是成功者永远是少数。优秀的企业关键是具备构筑商业模式相应的核心竞争力。

### 5. 从ROE角度分析商业模式

商业模式简而言之，就是企业通过什么途径和方式来获取利润。公司价值或者是股东价值最大化，是全世界绝大多数盈利企业的一个共同追求。虽然价值不是利润，但与利润密切相关——企业的价值依赖于利润的持续增长。而公司利润的成长速度与公司资金的使用效率密切相关，反映在财务上的指标就是净资产回报率，即ROE。企业如果是靠内部资源滚动式发展，那么盈利增长主要跟ROE成正比。

　　企业估值的本质是通过不同的商业模式实现初始资源投入的增值,初始投入资源即是企业的净资产,初始投入净资产的多少;盈利模式是企业的净资产收益率即ROE水平,市场需求则是业务空间。盈利模式和市场需求是企业估值的两大核心要素。PB、PE均为静态指标,而股价是由未来的ROE结构决定的,因此不能简单用静态的指标指导投资,如果无法保证未来盈利的持续性、确定性,随便就把当前净利润乘以一个倍数当作对企业的合理估值,这就太肤浅了。

　　企业的ROE主要是由其生意特性和企业运营水平所决定的,这种生意模式一旦形成,就不会出现大幅波动。而由于净资产的阶段性增长,导致在一定时间范围内,ROE会随着净资产增长而降低,但随着增量净资产逐渐投入生产,ROE会持续回升。

　　因此,穿越牛熊的优秀企业就会不断上演:净资产增加、ROE下降、ROE回升、净资产增加、ROE下降、ROE回升、净资产增加……

　　当ROE到达天花板的时候,就需要看商业模式上是否具备快速复制,净资产不断增长的能力,只有企业将经营所得的利润,再投入进行规模的扩张,而净资产也随之增厚,ROE会暂时下降,如果具备很强的竞争优势,会逐渐提升ROE。长期的增长,就是ROE和净资产的轮番提升,从而不断提升企业的价值。在这个过程中,需要企业的ROE能不断地维持在高水准,ROE在高水准上下波动的时间,也决定了企业价值的增长空间。

　　我们平时研究企业的很多要素其实都是在研究ROE,比如用杜邦分析法,ROE为净资产收益率,等于净利润/净资产。将这个比率进行拆分,分解为三个可进行深入分析的乘数:

　　净资产收益率=资产净利率(净利润/总资产)×权益乘数(总资产/总权益资本)

　　这个公式可以进一步拆解为:

　　净资产收益率=销售净利率(净利润/销售收入)×资产周转率(销售收入/总资产)×权益乘数(总资产/净资产)。

　　其中:销售净利率可以根据各项费用率的变动做具体分析,资产周转率也同样可以根据资产的流动性进行不同资产的周转率具体分析,两者展现的是经营情况和经营效率的综合反映。

相应的，高ROE可以有三种模式：高利润率模式、高周转模式、高杠杆模式。

弄清楚企业过去5～10年乃至更长时间究竟靠什么模式赚钱的（高利润、高周转还是高杠杆），然后看企业战略规划、团队背景和管理执行力等是否与其商业模式一致。高利润模式的看其广告投入、研发投入、产品定位、差异化营销是否合理有效，要求商业模式要么能够获得定价权，使企业的产品更有竞争地位，要么企业能够通过商业模式获得成本优势。高周转模式的看其运营管理能力、渠道管控能力、成本控制能力等是否具备。高杠杆模式的看其风险控制能力、融资成本高低等。

高ROE的来源，和企业拥有的护城河紧密联系在一起；轻资产企业容易获得高ROE，但必须要有持久的优势。

高ROE并不能必然带来高收现比。因为ROE是商业模式决定的，收现比也是商业模式决定的。真正好的商业模式是高ROE和高收现比。有些企业利润虽然保持高速增长的态势，但经营现金流和利润不匹配，经营现金流只有利润的一半甚至为负值，这些企业投资价值很小，比如前几年大行其道的与地方政府PPP项目有关的大量企业，大量环保施工类的企业，最典型的莫过于东方园林，巅峰期市值接近1 000亿元，但从经营现金流来看，其实企业赚到的都是"假钱"，其商业模式有巨大的缺陷，最终结局是被北京海淀区国资委接管。东方园林是在一个有巨大商业模式缺陷的道路上一路狂奔，属于成长毁灭价值的典范。

总之，需求稳定、高频重复、高利润率、弱周期、轻资产、无存货、资本开支少、现金创造力强、利润和经营性现金流的匹配度高并拥有提价权，又接近永续经营，具备这样好的商业模式特征的公司，一般都长期享受一定的溢价。

商业模式在分析企业时日益重要，有关商业模式如何做到自己可复制而别人难以模仿及商业模式的其他内容，还会在本书后面的第8章继续探讨，这里不再赘述。

### 4.3.3　生命周期阶段

在前面第1章里，我们讲了行业生命周期理论，实际上，企业的生命周期与行业的生命周期类似。

20世纪80年代末美国学者爱迪思提出企业生命周期理论，企业的发展和人类的发展类比划分为十个阶段，包括孕育期、婴儿期、学步期、青春期、壮年期、稳定期、贵族期、官僚化早期、官僚期、死亡。此后学者对其理论不断研究与完善，充分考虑到企业规模、市场份额与销售结构等相关指标，对企业生命周期进行精炼，通常情况下主要包括初创期、成长期、成熟期、衰退期四个阶段，如下表所示。

| 阶　　段 | 初 创 期 | 成 长 期 | 成 熟 期 | 衰 退 期 |
|---|---|---|---|---|
| 收入 | 无 / 低，缓慢增长 | 高增长 | 收入增长放缓 | 收入下滑 |
| 营业利润 | 负 / 低 | 高增长 | 增长 | 营业利润下滑 |
| 历史财务 | 无 / 很少 | 一些 | 历史财务数据可用于估值 | 历史财务数据充分 |
| 可比企业 | 无 / 少量 | 较多，但处于不同阶段 | 很多 | 较少，多为成熟企业 |

企业生命周期早期阶段一般都处于培育期，难以产生利润或正现金流，IT产业更是如此，所以无法利用利润、现金流等财务指标进行估值。但是可以根据行业的自身发展特点和商业模式，在生命周期的不同阶段寻求合适的替代财务数据的相关指标作为估值参考。

#### 1. 初创企业

这个阶段需要企业投入大量的资本，无论是股权还是债权融资，都需要用资本投入换取市场。全世界每年大量的公司成立，同时又有大量的公司无法经过投入期就关门大吉。企业没有经营历史，没有或者只有很少的收入/营业亏损，并且多数会夭折。估值中现有资产现金流、新增资产现金流、贴现率、终值中任何一个变量的评估都极具难度。

#### 2. 成长期企业

如果一家企业可以在初创期之后生存下来，代表它所做的生意在某种程度上具备一定的竞争优势，或依靠稀缺资源，或满足了特定的需求，企业逐渐进入成长期。在成长期，企业得到了快速的发展，这种发展可能来自行业成长的红利，也可能来自企业内部独特的竞争优势。处于成长期的企业，其规模迅速扩大，每年营业收入和盈利都会高速增长，这是企业发展的快车道。

企业也有了一定的历史数据，但企业价值大部分仍然来源于其未来的新增投资。为了评估这些投资所带来的价值，你必须对两个变量做出判断。

第一个是相对于公司规模而言的，这些新增投资的大小。换句话来说，一家公司是将其利润中的80%进行再投资，还是将其利润的20%进行再投资，其新增的价值会大不相同。

第二个是以超额回报来衡量的新增投资的质量：产生于投资的超过资本成本的回报率。如果资本成本为10%，增长型资产的投资回报率为15%，则产生增值。但如果增长型资产投资回报率为10%，与资本成本相同，则不会有增值。创造价值的是超额回报的增长，而不是增长本身。

### 3. 成熟期企业

随着行业的供需逐渐平衡，企业发展就会遇到天花板，进入成熟期，这个阶段的企业，增长的速度已经逐渐放缓，但可能仍然有很强的竞争优势，享受很高的资本回报。成熟期企业已有了足够的历史数据和可比公司，增长率相对稳定，现金流的风险也大为降低，这让我们的估值工作简单了不少。但要注意的是，处在这个时期的公司通常会通过并购或者内部重组的方式来改善生产率，会导致增长率、资产结构等方面的变化，进而会影响到公司的估值。

### 4. 衰退期企业

任何企业都逃不过时间的宿命，都会进入衰退期。无论是企业的增长，还是资本的投入回报，都会均值回归，而理论上的回归终点就是GDP的增速和社会无风险收益率。衰退期已经没有或几乎没有价值来自未来资产，这省去了估值的很多工作。但是衰退期企业通常开始将现金流向股东进行分配，导致债务风险的上升，这个时期很难用一个合适的贴现率来对现金流进行折现。企业的清算价值或者账面净值可能会比传统的估值方法更为可靠。

从风险来讲，初创期和成长期，企业的经营风险较大，但同时企业可能会获得较高的发展速度，而在成熟期和衰退期，企业都会进入一种相对稳定的状态，风险较小。

但关键在于，如何判断企业进入成熟期？这个问题至关重要，因为这决定了高速增长期有多长，以及我们在这个时期赋予公司的价值(终值)有多大。对于有些公司，这个问题可能比较简单。比如说那些规模较大且较稳健的公司——这些公司要么已经成熟，要么即将成熟；还有那些增长依靠某一竞争优势且有到期日的公司(如一项专利权)。但对于大多数公司而言就不那么简单了，因为这里存在以下问题：

判断公司何时进入成熟期，需要我们考虑公司业务所处板块、竞争对手的状况及其未来举措。对于那些业务处在不断发展板块的公司而言，随着新竞争对手的加入和原有竞争对手的退出，很难做出相关判断。

通常我们假设每个公司都会存活下来，走到稳定增长期，并持续下去。但现实情况却是，在发展的路上往往有各种意外阻碍公司前进。毕竟大部分公司在没有进入稳定增长期之前就已经被收购，或者发生重组，甚至直接破产。

综上所述，我们不仅很难确定公司何时进入成熟期，而且在估值时考虑公司是否能够做到持续经营，也并非易事。

投资主要选择在成长期中后期和成熟期早期即稳定期的企业，伴随企业利润增长来获取投资回报的胜率相对更高。企业在成长期时，人和机制是成长期选择标的的首要考虑因素，其中越有敢打敢拼的精神、有远见卓识、分享精神的企业家，胜出的概率越大。优秀的公司治理结构和企业文化、强大的研发创新的机制等这些企业的软实力构成了难以模仿的核心竞争力；企业到了稳定期之后，需求趋于稳定，竞争力强的优秀公司会强者恒强，能通过市场份额和利润率的提升继续获取较为确定的利润增长。这类公司稳定期规模已经很大，企业家精神、合理的激励机制和组织管理效率最为重要。

自由现金流估值模型(简称DCF模型，详见本书第6章内容)就是利用企业生命周期的这种特点，将估值分为两个部分，一部分预测未来快速增长阶段(如10年)的现金流，另一部分用来计算假设公司能永续经营的价值。

什么样的企业，用DCF模型可以评估出最大的价值。具有最大价值的是成长期和成熟期较长的企业。成长期是企业快速发展的价值创造阶段，而成熟期是企业相对稳定的永续经营阶段。这两个阶段，企业会获得最大的现金流。如果企业处于价值创造前、中期，往往市场给予其估值溢价。

对一个企业的分析，首要问题就是定位其处于什么样的价值创造阶段，这从根本上来说属于一种商业洞察力。但ROE的RNg三维度视角为这种模糊的判断提供了一种相对逻辑化和可衡量的方法。这个概念，最早是由徐星投资的张东伟先生提出的。RNg具体是指：

——R，在现有资源（净资产）投入情况下，所能达到的ROE高度（雪道湿滑程度-生意特性）；

——N，企业业务扩张的持续期和竞争优势所带来的高ROE可持续时间（竞争优势）；

——g，指的是资本扩张程度，即净资产的增长空间（雪道长短-商业价值）。

在任何行业，企业的盈利能力都有天花板，企业的ROE主要是由其生意特性和企业运营水平决定的。企业通过持续经营，提升效率，不断提升ROE。这种生意模式一旦形成，ROE就不会出现大幅波动。当ROE到达天花板的时候，就需要看商业模式上是否具备快速复制，而由于净资产的不断增长，导致在一定时间范围内，ROE会暂时降低，只有企业将经营所得的利润，再投入进行规模的扩大，随着增量净资产投入生产，ROE会持续回升。

长期的增长，就是ROE和净资产的轮番提升，从而不断提升企业的价值。在这个过程中，需要企业的ROE能不断地维持在高水准，净资产收益率在高水准上下波动的时间，也决定了企业价值的增长空间。以上三个因素——RNg也基本定位了企业所处的经营周期。

所以，RNg三要素，也是进行企业经营周期定位的重要工具，我们要找的长期大牛股，就是处于价值创造阶段的好企业，而价值创造阶段，往往也是企业的快速增长阶段。那么，什么样的企业处于价值创造的前、中期呢？

价值创造的前、中期，体现在RNg因子上，就是指企业的ROE水平可以由低到高，具备较大的提升幅度，企业的业务扩张持续期和竞争优势能够维持很长的时间，企业的净资产还有广阔的增长空间。

显然R是有限度的。一般情况下，ROE达到并维持在30%已经是很优异的结果了,极少数客户黏性大的轻资产企业可以超过50%,但也仅此而已。所以,对于ROE是否已经达到高点,我们并不难从定性的角度予以判断。

但N却是相对无限的。一个成功企业的经营空间和存续期往往屡屡超过市场的预料,那些真正的长牛股几乎都是如此。所以,决定一个公司投资价值的因素中,最重要的一条其实就是可持续性(投资又何尝不是呢? 暴涨暴跌的那种绩效无论对于公司还是对于投资人来说都是风险极高的)。而决定一个公司业务增长是否可持续的因素中,最重要就是业务的长期增长空间和在行业内的竞争优势。仅仅有很好的业务前景,但是缺乏真正强大的竞争优势(或者这个行业本身就很难产生持续的竞争优势),其业绩增长往往只是昙花一现或者行业景气波动的产物,这种公司是不具有估值溢价的。

另外,仅仅具有看似很强的竞争优势甚至是垄断市场地位,但其业务已经高度成熟,既缺乏广阔的增长潜力、本身的经营要素也接近顶峰(表现为ROE极高),往往预示着它将进入高峰向下的拐点,这种公司同样不具有溢价的基础。

三因子中满足两个因子,即可预见其股价未来增长的潜力巨大,极大概率是长牛股,且可以享受较高的估值溢价。

我们来看海天味业的情况是否符合。

先看R因子。海天味业2014年上市时的ROE就很高,达到33%的恐怖数据,而2015—2017年,海天味业的ROE分别是32%、32%、31.12%。可以看出,ROE起点就很高,且四年来稳定维持在30%以上的水准,因此,推断ROE再大幅提升的可能性就不大了。

再看N因子。海天味业取代茅台成为食品饮料板块估值最高的细分行业龙头,就是因为它具备更长N的特质,这主要是从三个角度考虑的。

首先,从行业上来讲,白酒、乳制品等均处于行业的成熟期,而调味品行业还处在成长到成熟期的过渡期。因此,调味品行业的天花板更高,行业的增长速度比之白酒、乳业等更快,而海天味业作为绝对的龙头,自然能继续从中享受最大的红利,使得其业务可以维持足够长的扩张持续期。其实,从调味品领域优秀企业估值普遍比白酒高也可以看出这一点。

其次，从产品的特性来看，高端白酒属于高端品，相对酱油的大众品属性，它其实有较强的周期性，从需求的角度来看，酱油的刚性程度远高于白酒，受经济波动小，酒可以少喝（或者喝差一点儿的酒）甚至不喝，饭不可能不吃，因此做酱油的海天其扩张过程中的业绩稳定性比白酒更好。

最后，海天的竞争优势最突出的表现在渠道优势，其他调味品企业跟海天的渠道力相比不是一个档次，再加上海天越来越强的品牌力，可以说在调味品领域，海天是当之无愧的龙头。这个竞争优势要保持非常长的时间几乎没有问题。

从以上三个关键点可以看出，海天的"长N特征"确定性相对比较大。

再看g因子。海天是典型的轻资产特征的生意，对上下游有很强的议价权（这点通过预收账款就可以看出来），且其极佳的现金流可持续完全可以支撑企业扩张，基本不需要再融资。其净资产的增速主要取决于利润增长规模和分红。由于海天目前市占率还不高（酱油品类市占率大概是18%，而第二到第五名加起来的市场占有率仅有约15%，行业格局是一超多强），海天继续提升市场份额的潜力还很大，利润增长潜力也较高，未来其净资产的绝对增长潜力是比较大的。

综上所述，可以看出，RNg三因子中，海天具备长N和大g的特性，且R本身就高，这样的企业，市场给予高估值溢价也就是自然的事了。所以说，海天上市以来，尤其是最近两年，估值这么高，是有其内在原因的，而且经得起推敲。

深入了解RNg三因子的特性后，可以帮助我们解答另外一个疑惑。

为什么很多企业净利润增速每年看起来并不算太高，大概20%，比如恒瑞医药，但其股价从2015年之后一直长牛，估值也很高。这里很重要的一个原因大概是和海天味业类似——具备长N的特性。而且足够长。同时高R、大g也很重要，但是长N是最重要的。这也暗合了长牛股的字面意思，长牛，最重要的是持久性。

公司在不同发展阶段的折现率也应该是不同的，比如风险较高的成长阶段应该对应较高的折现率，风险较低的成熟阶段应该对应较低的折现率。

## 4.3.4　财务杠杆

关于资产负债率，有一些投资者称该比率不大于30%为好，如果它大于50%，那么该企业的投资风险将非常大，因为一旦资金链断裂，负债率过高就意味着破产（银行股不适用）。

对于任何一种负债，只要负债数额适当，可以增加收益，但是负债太高，可能会导致灾难。具体来说，我们可以结合企业生命周期来分析：

（1）如果企业处于新建或不稳定和低水平发展阶段，为了避免还本付息的压力，应采取偏重股东权益的资本结构，包括内部筹资、发行普通股和优先股筹资等；

（2）如果企业处于稳定发展阶段，则可通过发行企业债券或借款等负债筹资的方式，充分利用财务杠杆的作用，偏重于负债的资本结构。

但不同的行业，情况也不完全相同，在国内，特别是在房地产开发、银行、金融投资等部门，更倾向于通过高杠杆运作来获取超额利润。我们这里说的高杠杆企业，是指有息负债超过总资产70%的企业，有息负债就是需要企业长期支付利息的债务，通常出现在短期借款、一年内到期的非流动负债、长期借款、应付债券、其他非流动负债科目。

企业适度举债经营可以提高股东的回报率，但资产负债率过高会导致企业财务状况恶化，偿债能力降低，存在不能清偿债务而破产的风险。因此，对于资产负债率过高的企业，投资者须抱有一定的戒心，一定要仔细分析公司，并留意观察所在行业的资产负债情况。

这里需要分析一下债务的结构。企业的债务一般分为经营性负债和有息负债。区别在于有息负债是附有一定的利息支出条款的，并且有明确的偿还时间限制，如应付债券、短期贷款等；而经营性负债通常是企业经营中产生的负债，如应付账款或预收账款、应付薪资等，可以有一定的协商空间。

因此，我们一般讲违约，主要是有息债务产生的违约。通过资产负债率与资产有息负债率的比较，我们可以很清楚地了解到一家公司的负债构成，便于我们掌握企业产生债务违约的风险大小。

在财报中，有息负债率是资深投资者才会关注的数据，它反映出企业真实负债的情况，更折射出企业竞争力和行业地位。有息负债率排除了预收账款、应付账款等经营性负债对资产负债率的干扰。投资者需要警惕有息负债率比较高的企业，如果有息负债率降低，往往意味着企业经营性现金流增多，周转率更快，随着运行效率提升，ROE会逐步走高，进而净利润也会增长。

有息负债率，是以产业思维考虑商业本质，反馈了产品竞争力强弱。2018年，伊利股份有息负债金额15.56亿元，有息负债率仅为3.27%，而资产负债率是41.1%，占比极少。伊利负债主要是经营性的无息负债，伊利股份2018年应付票据和应付账款共计91.16亿元，且预收账款44.01亿元，伊利占用上下游产业链的资金较多，资产负债率主要以经营性负债率为主，这种资产负债率偏高一点儿，风险其实并不大，企业需要偿还的利息较少，虽然预收账款等计入负债，但这笔钱是能被公司支配，反映了伊利对上下游产业链强势地位，只要公司生产能力安排好，反而越多越好。

先看银行业，银行业高杠杆负债经营，首要在于保守，而中国银行业缺少自主意识与风险意识，抵押循环，推波助澜，银行只是依附经济周期上的更强周期行业。不了解银行具体贷款行业结构，外人很难准确评估。银行的报表利润和真实利润之间也有一定的差距，真实的坏账比例取决于贷款违约的可能性，报表坏账率只是按一定的比例计提，因此，报表利润无法反映真实的盈利情况，真实的坏账率可能更高，也可能更低。

市场担心系统性风险发生后，可能会出现大量的坏账，由于高负债率，会出现亏损甚至破产，比如美国的雷曼兄弟银行，在2008年金融危机的时候破产倒闭，股票价格自然归零了。因此，银行的贷款质量显得非常重要，不同的银行是有差异化的，因此，选银行股时对于贷款质量的考量非常重要。

我们也可以换个角度进行验证。银行ROE很高，主要是通过加杠杆得到，虽然盈利能力强，但盈利质量差。考虑到ROE并未反映出企业真实的盈利能力，我们从ROA来看，银行板块的ROA是所有行业中最低的。正如索罗斯所说，中国的监管机构对银行业的风险监控是世界上主要经济体中最严格的，这其实正是中国银行业最大的竞争优势之一。银行股只有在一种情况下可以购买，那就是出现危机的时候，当各种坏账开始计提，股价跌入低谷的时候，这个时候有安全边际可以买入好的银行，等市场信心恢复后，估值得到提升，个股获取适当的盈利就可以兑现。

再看房地产业，目前高房价的背景下，房价一旦下跌，可能很多潜在的坏账会爆发，存在发生系统性风险的可能。作为高负债率行业，如果看好未来的房地产市场，买入逐步降杠杆的地产股是好于直接买房的，在不考虑经营风险的情况下，虽然目前地产股估值不贵，但房价很难有大幅度提升的空间了。

为了追求利润的最大化，高杠杆运作事实上成为商业社会的一种普遍状态。过度依赖财务杠杆的公司，受经济周期的影响较大，且大量的财务费用也拉低了股东的回报率，行业间的差异也较大。风险一定要与回报一致，你要高回报就要承担高风险，你承担了高风险就一定是为了更高的回报。折现率一定要有一致性。由于折现率体现机会成本，所以折现率一定要与资产风险的高低相一致，高风险资产就要匹配高折现率。

低确定性、高杠杆、强周期、低利润率、周转慢等长期给予一定的折价是正确、合理的。高确定性、低杠杆、弱周期、成瘾依赖性、高利润率的高端快消品及医药医疗服务等都是优质好生意，市场长期都会给予一定的溢价。

前面的四章内容，我们已经把投资中的诸多内容进行了详细地阐述，为本部分及之后的内容进行了很好地铺垫。公司估值的逻辑在于"价值决定价格"。准确的估值有利于我们对标的公司或其业务的内在价值进行正确评价，进而成为各种投资决策的基础。常用的估值方法主要有相对估值法、绝对估值法。

# 第5章

# 相对估值法

何为相对估值法？

相对估值法是根据同价理论，通过参考同一行业中类似的企业（即可比公司），基于某些共同的价值驱动因素，进而估算目标公司的价值。有时也被称为乘数法。也就是说，相对估值法是选择公司财务的某一个方面，比如盈利、净资产、销售收入等指标，然后用股价跟这些财务指标结合得出一些价格指标，常用的有市盈率、市净率、市销率等。

在成熟完备或有效的市场下，可比公司市场公允价值接近其内在价值，进而使估算的目标企业的价值接近其内在价值。因此，只有在成熟完备的市场下才能够有效发挥相对估值法的作用。

通常，投资者会根据标的企业的实际情况，利用一些指标对标的公司进行估值，正确运用这些指标，有助于对标的企业进行更准确的价值评估。

相对估值法是最常见的股票估值方法，常用的指标包含以下五种：市盈率（P/E）、市净率（P/B）、市销率（P/S）、PEG（市盈率相对盈利增长比率）、企业价值倍数（Enterprise Multiple）。那么，这些指标分别应该如何计算呢？

使用相对估值法进行股票估值一般分以下几步：

第一步，选取可比公司股票。

可比公司是指公司所处的行业、公司的主营业务或主导产品、资本结构、经营规模、市场环境、盈利能力及风险度等方面相同或相近的公司。在实际估值中，我们在选取可比公司时，一般会先依据一定的条件初步挑选可比公司，然后将初步挑选的可比公司分为两类——最可比公司类和次可比公司类。使用时，我们往往主要考虑最可比公司类，尽管有时候最可比公司可能不多，只有2~3家。

比如，我们在对中国建筑做可比的值时，首先初步挑选可比公司——选取A股市场上所有上市的建筑施工类公司，然后将这些公司分为两类——最可比类和次可比类。我国建筑施工类上市公司分为三类：大型国有控股建筑施工公司、地方国有控股建筑施工公司和民营控股建筑施工公司。中国建筑、中国铁建、中国电建和中国交建属于大型国有控股建筑施工公司，选取里面和中国建筑盈利能力（ROE等）相同或者接近的公司，即为最可比类公司。

第二步，将被评估企业和可比企业的财务报表规范化。

会计差异（如发出存货成本的计量、期权费用的确认、研发支出的费用化或资本化等）的调整；非正常性的项目（如停止经营的业务）的规范；非经营性资产的规范；等等。

第三步，计算可比公司的估值指标。

常用的估值指标倍数主要包括市盈率（Price/Earnings，PE）、市净率（Price/Book Value，PB）、市销率（Price/Sales，PS）、市盈率增长比率（Price/Earnings to Growth Ratio，PEG）等。

第四步，计算适用于目标公司的可比指标。

通常,我们选取可比公司可比指标的平均值或者中位数(有时候需要剔除异常值)作为目标公司的指标值。需要注意的是,我们可以根据目标公司与可比公司之间的特点进行比较分析,对选取的平均值或中位数进行相应调整。比如,目标公司实力雄厚、技术领先,盈利能力更好,是行业内的龙头企业,具有较强的竞争优势,则可以在选取的平均值或中位数的基础上,相应给予一定的溢价。

第五步,被评估企业和可比企业进行比较。

分析被评估企业和可比企业之间在现金流、成长潜力和风险水平方面的差异;常用方法包括:定性的SWOT(优势、劣势、机遇、挑战)分析、定量的财务经营状况分析(财务比率分析、趋势分析、与行业同类比较等)。

第六步,计算目标公司的股票价值。

将调整后的价格乘数应用于被评估企业,综合考虑价值评估结果的差异,进行溢价和折价调整。综合考虑用这个可比指标倍数乘以目标公司相应的财务指标,从而计算出目标公司的股票价值。

# 5.1 市盈率相对估值法

## 5.1.1 市盈率概念及计算

市盈率(Price earnings ratio,即P/E),也称为"本益比""股价收益比率""市价盈利比率",是相对估值法最常用的指标之一,用于评估股价水平是否合理,是具有很高参考价值的股市指针。

目前,国内很多投资者认为新经济企业增长很快,但波动大、风险大、盈利模式不清晰,很多都是亏损的,也是轻资产模式,尤其像传统的市盈率(P/E)估值法难以发挥作用,因为净利润是负的或波动很大。其实,P/E估值法仍是海外上市IT公司的主要估值方法,例如谷歌、苹果、甲骨文、腾讯、网易、新浪等多数主流科技巨头均采用P/E估值法,估值范围为15~30倍。下面我们就详细阐述市盈率(P/E)估值法。

市盈率是指在一个考察期（通常为12个月）内，某只股票每股市价与每股盈利的比率，用倍数来表示。运用市盈率指标的数值，可以估量股票的投资价值，或者在不同的公司之间进行比较。

市盈率是一个反映市场对公司收益预期的相对指标，使用市盈率指标要从两个相对角度出发，一是该公司的预期市盈率（或动态市盈率）和历史市盈率（或静态市盈率）的相对变化；二是该公司市盈率和行业平均市盈率相比。

市盈率的计算公式为：

市盈率=每股价格/每股收益=股票市值/净利润

在这里，需要注意的是市盈率公式有两个：你用哪个都可以，笔者常用后者来计算市盈率。企业的股本常常会持续扩大，那么它就会稀释每股收益和股价。为了能够在同一标尺上分析企业的市盈率，用第二个公式最方便，不用考虑除权因素。

市盈率用一个公司股票的市场价格除以每股收益计算得出。市盈率对个股、类股及大盘都是很重要的参考指标。不管任何股票，若市盈率大大超出同类股票或是大盘，都需要有充分的理由支持，而这往往意味着该公司的未来盈利将快速增长。一家公司的市盈率非常高，说明投资者普遍相信该公司的未来每股盈余将快速成长，以致数年后市盈率可以降至合理水平。一旦盈利增长不理想，支撑高市盈率的力量无以为继，股价往往会大幅回落。

市盈率的倒数，其实就是我们用现在的股票价格进行投资可以获得的年度收益率。假设某公司的每股收益为0.6元，投资者用1 200元购买该公司100股股票，即价格为12元每股，那么PE倍数为12/0.6=20（倍）。如果该公司未来每年的盈利保持当前水平，并且以每股收益代表投资该股票的收益，则其永久持有该公司股票的收益率为1/20×100%=5%。

市盈率法认为股权价值与净利润最为相关。在使用该方法估值时，一般先选择并计算一组可比公司股票的平均市盈率或中间值，以该市盈率作为估值的倍数（可以根据目标公司和可比公司之间的差别对该市盈率进行调整），并使用下列公式计算：

每股价值=每股收益*市盈率

或者

股权价值＝净利润*市盈率

使用市盈率倍数法估值，需要确定每股价格和每股收益。每股价格比较简单，我们采用最新的股价数据。但是每股收益中存在两个关键问题：一是每股收益的口径；二是每股收益中净利润的调整。

### 1. 每股收益的口径

基于不同的考虑可能会采用不同口径的每股收益，通常包括三种选择：一是最近一个完整会计年度的每股收益，二是最近12个月（last twelve months，LTM）的每股收益，三是预测的年度每股收益。

不管使用哪一种口径，我们都要保证目标公司和可比公司在计算过程中使用相同的标准。换句话说，如果可比公司的计算指标是采用最近一个完整会计年度的每股收益，那么推算目标公司股价时也应采用最近一个完整会计年度的每股收益。

使用前两种口径的好处在于每股收益是已知的，很客观。但质疑历史数据的观点认为，股票价格是股票未来价值的体现，从这个角度出发，使用预测的年度每股收益更为合理。这种观点不无道理，因此在使用历史数据计算市盈率时，我们应尽可能使用最新公开的信息。使用最近12个月的每股收益的具体方法如下：

某公司在7月15日（会计年度的中间）发布了半年度报告。这时，合适的历史数据就不是上一年度的每股收益，而应考虑最新的半年度报告数据，因此就需要进行调整。调整的方法是，用上年的净利润扣除上年半年度的净利润，再加上本年半年度的净利润，就会得到从公开数据中可获知的最近12个月的净利润；然后可以根据该利润数据计算相应的最近12个月的每股收益和市盈率。

### 2. 每股收益计算中净利润的调整

目标公司和可比公司之间的利润构成可能存在差异。我们对公司进行可比分析时，需要考虑净利润的持续性和稳定性，因此最好是对经营活动的可持续经营利润进行比较。但公司会计上的净利润受到金融资产收益、长期股权投资收益及其他非经营活动的影响，可能不能完全真实地反映公司经营活动的状况，因此，应当将公司净利润中的这些因素及相应产生的税收影响进行调整。

市盈率倍数法在估值实践中得到了广泛的应用，其原因在于：市盈率是将股票价格与公司盈利状况联系在一起的直观的比率，容易理解，便于计算，使得股票之间的比较变得十分简单。

## 5.1.2 市盈率估值法总结

### 1. 运用PE估值需注意以下几点

（1）净利润要做剔除处理，以反映企业真实的净利润。市盈率要在比较中才有意义，绝对值无意义。

（2）找出企业在相当长的时间段内的历史最低、最高和平均三档市盈率区间。考察周期至少五年或一个完整经济周期。若是新上市企业，必须有至少三年的交易历史。

（3）找出同行业具有较长交易历史的企业做对比，明确三档市盈率区间。

### 2. P/E估值法的优点

（1）计算P/E所需的数据容易获得，简单易行，它运用了近期的盈利估计，而近期的盈利估计一般比较准确，可以有广泛的参照比较；

（2）P/E指标直接将资产的买价与资产目前的收益水平有机地联系起来。

### 3. P/E估值法的缺点

（1）P/E指标使用的是公司的净利润，净利润不等于现金，由于在收益表中，利润是最终的计算结果。因此，企业收益对会计政策的敏感性非常高（所以，在计算市盈率时最好不考虑商誉的摊销额和非经常性项目的影响额），并且这使得在使用时缺乏从DCF模型的角度去思考公司的现金流情况，如果公司利润质量差，经营性现金流很少，而投资性现金流净额又很大，这样的低市盈率的公司，其实背后是因为公司的价值低；

（2）P/E不反映资本结构，忽视了公司的风险，如高债务杠杆，因为同样的P/E，用了高债务杠杆得到的E与毫无债务杠杆得到的E是截然不同的；

（3）P/E无法顾及远期盈利，对周期性及亏损企业估值困难；

（4）P/E估值忽视了摊销折旧、资本开支等维持公司运转的重要的资金项目；

（5）P/E不能区分经营资产创造的利润和非经营资产创造的收益，降低了公司之间的可比性。

### 4. P/E估值法适用

P/E估值法主要适用于目前的收益状况可以代表未来的收益及其发展趋势的一些公司。包括：

（1）周期性较弱的企业，如公共服务业，因其盈利相对稳定；

（2）负债率较低的业务成熟稳定的消费类公司。

一般来说，市盈率法比较适合价值型企业，企业价值的高低主要取决于企业的预期增长率。其实，企业的市盈率就是用风险因素调整后得到的预期增长率的一个替代值。企业价值评估中运用的市盈率经常是一段时期（3～5年）市盈率的平均值（当然对新建企业难以用过去的平均值，但可以用它计算新建企业当前的或者预期的收益）。只有在收益有较高的预期增长时才可使用较高的市盈率值。对于那些经营状况稳定的企业，更适合使用平均市盈率来估值。

### 5. P/E估值法不适用

（1）周期性较强的企业，如化工行业、有色金属行业；

（2）每股收益为负的公司；

（3）银行、房地产、保险和其他高杠杆行业的公司。

投资者在使用市盈率的过程中，容易陷入"低市盈率陷阱"，如果不能深刻理解市盈率的局限，那么迟早会被"低市盈率陷阱"给坑的。华尔街著名投资家彼得·林奇的著作《战胜华尔街》对"低市盈率陷阱"有所阐述，但是没有进行深入拓展，他说道："当一家周期性公司的市盈率很低时，那常常是一个繁荣期到头的信号。迟钝的投资者仍然抱着他们的周期性股票，以为行业依然景气，公司仍然保持高收益，但这一切转瞬即变。精明的投资者已经在抛售这些股票，以避免大祸。在市盈率很低的时候买入收益已经增长了好几年的周期性股票，是短期内亏掉你一半以上资产的有效办法。"

一般多少倍的市盈率才算合理？约翰·邓普顿同样没有界定界线，但是著作通篇举例都是15倍左右。而格雷厄姆认为，过去三年平均市盈率15倍以内是合理的。美股市场的PE常年在15～25倍徘徊。对于A股，一般来说，蓝筹类估值不超过10倍PE，价值股估值20倍PE以内，成长股估值30倍PE以内。

PE因为简单易懂，成为投资者最常用的指标，但这个指标确实存在很多缺陷，价值创造早期，这个指标虚高。价值创造中、后期，这个指标虚低。可以说，只有盈利非常稳定并且利润含金量高的消费类企业，才适合参考市盈率来估值，事实上，大多数公司，盈利都是不稳定的。所以，真正适合用市盈率指标的公司其实并不多。

从概率上来说，如果一个组合涵盖了来自不同行业的低市盈率公司，那么这个组合长期（30年以上，否则可能存在3～15年都跑输的可能）跑赢市场指数的机会很大。

在运用市盈率进行估值的时候，投资者要特别注意到损益表的操控空间和变动弹性远大于资产负债表。最常见的错误便是，将"当期业绩"与企业的"盈利能力"混为一谈。即便是持续几年的历史优秀业绩，也不代表企业未来的盈利能力。

PE估值法（特别是在此基础上进一步的PEG法）经常造成"企业动态低估"的假象，其实可能早已透支了未来若干年的盈利。所以投资者一定要注意，每股收益不能简单用去年的或者前年的历史每股收益，我们应该用的是未来这家公司能够保持的稳定的每股收益。

因此，你需要对未来几年公司能够稳定保持的每股收益进行预测。一个简单的预测方法是，用过去这个公司一个完整的经营周期的平均每股收益，来对未来进行预测。前提是这个公司是一家有竞争优势、盈利非常稳定的公司。如果不稳定，每股收益上蹿下跳，市盈率也会相应地跳来跳去，那就无法判断市盈率到底是高了还是低了，因为PE无法蕴含持续稳定的盈利思维，更无法正确反映盈利增速应该在估值中的表现。总的来说，市盈率大致反映了股票的贵贱，但是高市盈率未必真贵，低市盈率未必真便宜，仍然需要具体分析。

## 5.2　市净率相对估值法：市值/净资产（P/B），市净率

### 5.2.1　市净率概念及计算

市净率即PB比率，即每股股价（Price）与每股净资产（Book Value）的比率，也等于公司股票市值除以公司净资产。净资产即股东权益，用公式表示，净资产=总资产−总负债。

市净率（PB）在格雷厄姆时就已经备受重视了，他曾说："公众在买卖公司股票前至少应关注一下它们的账面价值，如果足够聪明的话，至少应该告诉自己实际成本到底是多少，而且还要明白将自己的货币换成了何种资产。"

市净率（PB）的计算公式同样很简单：PB=每股股价/每股净资产，体现的是股价相对于当前净资产的溢价倍数。

市净率=每股价格/每股净资产=股票市值/净资产

基于PB对公司估值，其实质是看公司的价值相对于公司净资产有多少溢价。市净率越低，意味着所花的钱换来的资产越多。

市净率反映股票的市场价值和财报里的净资产账面价值之间的比率关系。市净率相对估值法的逻辑在于：公司的净资产越高，则创造价值的能力越强，公司的股价就应该越高。

例如，如果股价是10元，每股净资产是8元，市净率=10/8=1.25倍。

再比如，某企业总资产为1 000亿元，总负债为900亿元，最新市值为125亿元，那么市净率=125/（1 000−900）=1.25（倍）。

在上述两种情况下，市净率都等于1.25倍，意味着投资者购买公司股份的价格相当于原始股东投资价格的1.25倍。

市场价值通常会与账面价值有显著差异，账面价值往往被看作是市场价值的一个底线。但是，由于资产的质量不同，对于一般公司采用市净率来做价值分析，很难得出明确的结论——市净率到底是低一点儿好还是高一点儿好。

通常来说，市场价值高于账面价值时公司资产的质量较好，有发展潜力；反

之，则资产质量差，没有发展前景。优质股票的市场价值都超出每股净资产许多。市场价值低于每股净资产的股票，就像售价低于成本的商品一样，属于"处理品"。当然，"处理品"也不是完全没有购买价值，问题在于该公司今后是否有转机，或者购入后经过资产重组能否提高获利能力。

市净率（PB）是基于企业净资产的估价形式，背后的支撑是财务报表中的资产负债表。而资产负债表的可操控空间和变动弹性均比损益表要小很多，其中的净资产项目相对较为稳定。这一点既是其优点，也是其缺点。缺点就是对企业的基本面变化反应不够灵敏。

一般来说，PB比较适合重资产的行业或周期公司，或者说公司的营收和利润很大程度上依赖于资产，这类公司利润的增加依靠资本的再投入，如果不增加投资，利润几乎不变。

比如银行业、水电公司、房地产等。最典型就是银行，资产和负债直接就是钱。银行业的杠杆几乎不变，总资产收益率变化较小，所以ROE和边际ROE都相对稳定，要想增加利润，就需要增加资本金。水电公司利润比较稳定，要想增加利润，就需要再投资建设新电站。房地产公司的运营规模和利润水平成正比，如果想提高利润，只能增加资本，提高运营规模。

PB对金融类公司和有巨额有形资产的公司是最有用的。相对来说，市净率对于银行业具有更深刻的意义和更普遍的应用。由于银行的利润主要来源于其贷款等生息资产，出于银行业特殊的公共性质和审慎的考虑，银行业往往面临着比其他行业更加严格的监管，这使得银行资产规模的扩张严格地受制于其资本的充足水平。

此外，银行的大部分资产和负债为金融资产和金融负债，在计算时已按照市场价值计量。所以，对于银行来说，其价值和净资产之间有着比一般行业更加紧密的联系。银行的主要资产，是现金等流动资产，非常容易变现，上市的银行股每个季度都会按照市场价格对资产重新估值，这就意味着账面价值与实际价值相当接近。因此，市净率(PB)更适合用来给银行股估值。市净率法是银行业最常用的估值方法之一。

美国晨星公司研究结果表明，（美国）大银行往往以账面价值2~3倍价格交易。而我国上市银行目前的PB只有不到1倍。晨星公司同时提醒到，银行打折交易总有理由，所以确信你搞清楚了风险所在。PB法也很适用于证券公司。准确地讲，保险的估值不用PB，而是它的变种，PEV，EV是企业价值，在保险公司中是内含价值的意思。

处于成熟期阶段的行业或公司也比较适合用PB进行估值，因为这一阶段公司的资产估价会较为准确，比如钢铁行业，产业非常成熟，基本上根据其资产数就能估算出产量。

市净率（PB）不太适合对一些轻资产类型的企业的估值。轻资产类企业的主要盈利资产是无形资产，可能经常在资产负债表中没有反应。轻资产企业，一般净资产收益率比较高，按市净率定价的话，结果会导致基本都是高市净率公司，这样的公司有一个问题，就是要求壁垒很强。高壁垒、高净资产收益率，才有高市净率。一些快消品公司如可口可乐、贵州茅台、五粮液等，这类公司固定资产较少，边际投资收益率非常高，产品往往依靠品牌力可以随着通货膨胀提高价格，所以经常可以在不增加资本的情况下，利润也能实现增长。

主要靠人和品牌价值的服务类公司也不太适用于PB，比如咨询公司，有形资产就是桌子、椅子和电脑。一些重度依赖研发的企业也不太适用，比如医药公司也是轻资产，生产线的投资额一般不高，研发支出以费用形式从资产负债表上消失了，而以在研产品管线的形式存在，利润的增加和资本的关联性低，也不适合用PB估值。一些高科技行业的情况也类似，比如互联网公司PB普遍都较高，此时用PB估值也就不太准确。

使用市净率法估值的步骤与市盈率倍数法类似。我们先选择一组可比公司，计算其平均市净率倍数或中间值。为了反映目标公司与可比公司在基本因素方面的差异，我们可能需要对计算出的平均值进行调整，以此作为估值公司的市净率倍数，然后使用下述公式：

每股价值=每股净资产*市净率

或者

股权价值=净资产*市净率

与PE估值类似，运用PB估值需注意以下几点：

（1）净资产要做剔除处理，以反映企业真实的经营性资产结构。市净率要在比较中才有意义，绝对值无意义。

（2）找出企业在相当长的时间段内的历史最低、最高和平均三档市净率区间。考察周期至少5年或一个完整经济周期。若是新上市企业，必须有至少3年的交易历史。

（3）找出同行业具有较长交易历史的企业做对比，明确三档市净率区间。

我们得到的结论是低PB策略是A股中的有效策略；市净率PB是比市盈率PE更加有效的估值指标；低PE*PB策略是比单纯低PB策略更好的策略。

从市盈率PE的计算公式，可以看出，基于PE的估值，侧重的是公司的当期利润。但是利润本身有很多"不确定性"。

（1）从财务核算的角度看，因为财务估值和假设的艺术，会计利润有很大的调节空间。如果公司的"利润"有水分，并不是公司真实的业绩，那么，基于利润的估值，自然也会有很大的偏差。

（2）会计利润不等于公司的"盈利能力"。公司利润的来源有很多途径，可以是主营业务创造的利润，也可以是投资收益，甚至可能是政府补贴、资产处置等营业外的收入带来的利润。这些无法持续的非主营业务利润，同样会给估值带来很大的偏差。

（3）利润的质量在于利润能否转化为现金。从公司经营的实际来看，利润只是一个账面数字，只有利润转变为现金，才能给投资者带来实质性的回报。如果利润的质量不可靠，那么基于利润的估值同样也会失真。

（4）利润的波动性。公司在不同经济周期和行业周期，盈利状况会有很大的变化，在景气周期和不景气周期，基于利润的估值会有完全不同的结果，同样会让估值有偏差。

以上都是在基于PE对公司进行估值时需要注意的场景。在对公司进行估值前，需要有较长时间的尽职调查，其实也是为了弄清楚公司的真实经营状况。

相对来说，净资产不像利润那样对市场非常敏感，有很强的波动性，净资产的稳定程度相对要更高一些，尤其是重资产行业。所以，相对于市盈率（PE），市净率（PB）有更好的稳定性和连续性。

但是，基于市净率PB的估值，同样也有需要关注的几个方面：

首先，是资产的质量和水分。按照会计准则要求，公司的账面资产通常采用历史成本计量，按照使用年限逐年摊销。这背后就有不小的调节空间，已经停工的生产线，已经被新技术淘汰的设备，已经没有市场价值的专利，这些如果还留在账面，就会让PB有所偏离。再比如最近两年频繁爆雷的商誉，也是值得质疑的一项资产。

其次，是资产的安全性。虽然PB使用的是净资产，但是如果公司的资产负债率很高，资产结构有较大的风险，未来也可能有流动性危机，公司净资产的安全性就要大打折扣，基于PB的估值就有待商榷。

最后，公司的竞争优势很难用资产来衡量。现有的会计准则最早是基于传统制造行业，可以衡量公司的有形资产，但并不能对公司的无形资产进行有效地衡量，典型的比如品牌价值、人力资源、客户群体，这些其实也是公司竞争优势中非常关键的一部分，却很难量化。

比如可口可乐，它的品牌价值就很难衡量，再比如互联网行业的轻资产公司，亚马逊和FaceBook，最核心的竞争优势就是用户数，也很难在资产中衡量。还比如，对研发支出做费用化处理的创新药企PB估值也不适合，原因在于研发费用转化为在研产品线，是创新药企最重要的资产，却不在资产负债表上体现，这样的估值还有何意义？所以严格来说，用PB来给创新药企估值的投资者，创新药企根本就不是其能力圈。

以上三点，让仅限于PB进行估值有了一定的局限性。

## 5.2.2　市净率估值法的总结

P/B估值法的优点是：

（1）P/B概念本身浅显易懂；

（2）随着时间的推移，P/B相对比较稳定，因此适合于历史分析；

（3）在各公司所选用的会计政策符合可比性的条件下，P/B可用于鉴别哪些公司的价值被低估，哪些公司的价值被高估；

（4）在公司发生亏损或净现金流量小于0时，仍然可以使用P/B估值法。

P/B估值法的缺点是：

（1）账面价值受所选用会计政策的影响非常大，各公司的账面价值可能存在巨大的差异，不具有可比性；

（2）资产负债表上披露的账面价值并不能公允地反映资产的市场价值。

PB法适应：

（1）高杠杆行业及周期性较强的行业，拥有大量固定资产并且账面价值相对较为稳定的企业；

（2）银行、证券、保险和其他的资产依赖性公司；

（3）ST、绩差及重组型公司。

PB法不适应：

（1）账面价值的重置成本变动较快公司；

（2）固定资产较少的，商誉或知识产权较多的服务行业。

市净率同市盈率一样，存在误用的情况。以下是较为常见的误用之处：

（1）市净率低不代表一定有价值。

市净率的一个重要驱动因素是净资产收益率。因此，那些跌破1倍市净率的股票很可能是因为净资产收益率非常低，不到10%，公司的盈利价值本身就很低，所以只适合拥有很低的市净率。投资者投资这一类型的公司除非看到净资产收益率提升的可能，或者是资产价值释放的可能，以及分配较高的现金股利的可能，否则就真的是花了低价钱买的次货。

（2）资产重估或资产虚增导致市净率低。

账面净资产虽然不像净利润一般变动幅度很大，但是如果公司同样存在财务造假，账面净资产实际价值很小，市净率评估也会高估了公司的价值。

（3）风险过高。

市净率的另一个重要驱动因素是贴现率。如果公司承担着过高的经营风险，很可能存在某些判断失误，就会造成账面净资产全部损失殆尽。

PB和PE相比较，由于公司的盈利更容易被操纵，因此不少投资者认为用市净率PB进行估值要比市盈率PE更加可靠一些。对于不同行业个股之间的比较，PB

和PE都不太具备可比性,但是在同行业中的比较,由于资产比利润更加稳定,因此,认为PB的可比较性胜过PE。

首先看看单独市净率指标在整个A股市场的有效性到底如何。将A股4000多只股票按照PB值从低到高进行排名,按照排名次序分成10段,每段大约有四百只股票。然后计算各段所有股票的平均收益(假设每一段中股票是等权重),最后比较各段总收益。回测区间从2007年1月1日至2020年。调仓周期是20日,即每隔20个交易日,重新对所有股票进行排名、计算,结果如下:A股从2007年起2020年,PB的确是比PE更有效的估值指标。

## 5.3　市销率相对估值法:市值/销售额(P/S)

### 5.3.1　市销率是什么

市销率(Price-to-sales, PS)是指用总市值除以主营业务收入或者股价除以每股销售额。用公式表示如下:

市销率=股票市值/营业收入=每股价格/每股营业收入

每股价格=每股营业收入*市销率

在PS的计算过程中,营业收入的确定最为关键。PS反映了股票的市场价值和财报里的营业收入之间的比率关系。市销率越低,说明该公司股票目前的投资价值越大。其逻辑在于:一般来说,公司需要通过营业收入来创造价值,随着企业营业收入规模扩大,则创造的价值越多,市场价值越高。

市销率指标可以帮助投资者排除市盈率很低但主营业务没有核心竞争力的上市公司,市销率也是考察目标企业收益基础的稳定性和可靠性的重要指标。

与市盈率、市净率相比,市销率的优点在于:首先,市销率可以适用于几乎所有公司,而市盈率可能由于利润为负或者市净率可能由于净资产为负,出现计算结果为负,因而毫无意义。因为公司只要还在经营就会有销售收入,因此市销率在任何时候都可以使用，甚至对于处在最困难时期的公司也同样是适用的。

例如，京东上市以来一直亏损，为何它却一直受到资本的热捧呢？如果从市销率的角度考虑就很合理了，估值高正是因为京东的营收足够庞大。京东之所以利润水平不高，主要是由于京东一直在深挖自己的"护城河"，投入大量资金建设庞大的物流体系和销售壁垒，一旦占据垄断地位，京东销售净利润的回升是指日可待的。对待京东这样的公司，营收足够大，牺牲净利润的主要目的是形成商业壁垒，市销率估值法能更好地体现这类公司的价值。

其次，市销率采用营业收入作为分母，不像市盈率和市净率受到折旧、存货、资产减值准备等会计政策和会计估值的影响，导致不同公司之间的比较存在口径上的差异。

最后，营业收入比较稳定，估值也相对稳定。相对来说，企业营业收入也更难造假。要知道，企业的收入都是要纳税的，如果企业想要调节营收，一方面可能面临高额的税务负担；另一方面也容易被税务部门或者审计部门发现问题，往往得不偿失。企业可以通过各项成本、费用的调节，调节企业利润，这样被美化的利润数据很难被发现，极易导致投资人估值误判、投资踩坑。

市销率存在的缺陷也非常明显，因为公司创造价值的能力不仅取决于营业收入，还取决于成本费用的控制能力，而市销率直接忽视了后者。在可比公司的成本费用控制能力存在显著差异的情况下，市销率估值法会高估或者低估公司的价值，甚至因为无法识别目标公司和可比公司成本、毛利率等方面的差别，而得出极其错误的评价。

不同行业的市销率差别也很大。所以，跨行业的比较没有任何意义，你拿银行业的市销率和餐饮业的市销率进行比较，无法得出有参考价值的结论。另外，有些行业就不适合市销率指标估值，例如医疗行业，医药的细分领域太多，不同的药企并非直接竞争，任何企业都很难在所有细分领域占据绝对优势。因此，单纯从销售规模衡量药企的价值，有失偏颇。

使用市销率法估值时，我们先选择一组可比公司，计算其平均市销率倍数或中间值。为了反映目标公司与可比公司在基本因素方面上的差异，我们可能需要对计算出的平均值进行调整，以此作为估值公司的市销率倍数，然后使用下述公式：

每股价值=每股营业收入*市销率

或者

股票价值=营业收入*市销率

市销率高低的决定因素：

如果想深刻理解市销率(P/S)高低的决定因素，就需要把这个模型进行变形。

PS=市值/销售收入=价值/销售收入=净利润*市盈率/销售收入=净利率*市盈率

因此，从市销率估值模型的变体可以得到，市销率的决定变量是净利率和市盈率，而市盈率最重要的决定因素是企业的成长性，从而可以得到市销率最重要的两个决定因素就是企业的利润率和成长性，换句话来说，不同利润率和不同成长性的企业市销率的高低不同，不存在可比性。

## 5.3.2　市销率与其他估值方式的比较

市销率(PS)与市盈率(PE)没有什么本质上的区别，但是在企业当期阶段性亏损的时候市盈率是无效的。在确保企业长期盈利能力有底线或者行业反转可能的时候，市销率在这个时刻的"历史比较"（也就是与以往的历史市销率的比较）有一定的参考意义——当然前提是这家企业的资产负债表和经营格局足够强劲，还能挺过低谷。

PS反映的其实还是一个损益表预期的问题。PS高一方面说明每单位销售收入的盈利能力更高；另一方面也说明市场对于其销售额的成长空间以及保持每单位盈利能力的预期很高。那么，企业分析无非就是沿着这两个线索去展开，去回答到底这种预期是否合理而已。利润率最高的企业往往PS是最高的，比如软件类企业。而PS很低的企业，有一点特别值得注意：就是其净利润率的变化趋势。因为一旦其原本很低的净利润率发生向上的拐点，那么在极大的销售额的基数上，可能出现净利润率远高于同期销售额增速的现象。而如果这种现象出现，那么其估值水平上移是大概率的。

PE、PB、PS 估值方法的比较分析：

PE：适用于盈利稳定的公司的估值，在投资实践中应用最广泛，PE模型最贴近投资市场，被投资者广泛接受，同时该模型把企业价值同企业的盈利直接联系起来，最直观地反映了价值的变化过程。

PB：适用于重资产类型公司的估值，这些公司通常是资产盈利能力较差，竞争充分的制造类行业的公司。而具有垄断性质，资产盈利能力强的轻资产公司，如医药类、垄断消费类公司，这类公司具有很高的资产盈利能力通常不适用于PB模型估值，如恒瑞医药、贵州茅台等。

PS：适用于销售基数大，但净利率低的商品零售公司，这些公司销售收入非常高，但是由于需要投入大量的资金进行投入规模的扩张、用户体验，因此费用率也非常高，而净利率非常低。

PE、PB、PS估值方法的比较如下表所示。

| 方　法 | 适　用 | 不　适　用 | 缺　点 |
| --- | --- | --- | --- |
| 市盈率<br>（PE） | 周期性较弱的企业、一般制造业、服务业 | 亏损企业、周期性企业 | （1）无法区分经营性资产和非经营性资产创造的盈利；<br>（2）无法反映企业运用财务杠杆的水平；<br>（3）每股收益容易受操控 |
| 市净率<br>（PB） | 周期性企业、重组企业 | 重置成本变动较大的企业、固定资产较少的服务业 | 当企业出现再融资或股份回购时，会改变企业的净资产，使得历史比较失去意义 |
| 市销率<br>（PS） | 销售收入和利润率较为稳定的企业 | 销售不稳定的企业 | 股价考虑了负债融资对企业盈利能力和风险的影响，而收入则没有考虑负债的成本和费用 |

## 5.3.3　市销率估值法在亏损企业中的运用

以前投资者非常关注盈利能力及可预测的成长性，但随着那些持续五年或更长时间不能实现盈利的互联网公司频频出现，投资者的"三观"已经不断被刷新。

以典型的亚马逊为例。亚马逊整整亏损了20年，直到2016年才逐渐盈利，但投资者给它的估值超过一万亿美元。

亚马逊几乎将每一分钱都投入规模的扩张、用户体验的改善上。尽管网络零售业给亚马逊带来了庞大的现金流收益,但由于大量的物流基建投入和新业务投入,亚马逊一直没能实现盈利。

亚马逊2017年营收为1 779亿美元,2018年5月15日市值为7 770亿美元,PS估值在4.36左右,而滚动市盈率达到197倍。PE非常高,但比较同行业的PS估值,亚马逊的这个数还不算太高。投资者看中的不仅仅是其背后庞大的自由现金流,更是营收快速增长带来的净利润巨大的改善空间。

亚马逊的例子也影响着许多投资者,让他们相信尽管目前企业处于亏损状态,但那都是高速发展过程中企业必须承受的代价。为了成为未来超级大公司,当前暂时的一点儿亏损不算什么。连巴菲特也不止一次公开承认,没有买入亚马逊是一次失误。

如今A股科创板中的上市公司并非全部已实现盈利,投资者也可以尝试运用市销率等更多的估值方式对企业进行合理估值。

市销率估值法总结:

与PE估值类似,运用市销率估值需注意以下几点:

(1)找出企业在相当长的时间段内的历史最低、最高和平均三档市销率区间。考察周期至少5年或一个完整经济周期。若是新上市企业,必须有至少3年的交易历史。

(2)找出同行业具有较长交易历史的企业做对比,明确三档市销率区间。

某些公司在发展初期,不是以盈利为目的的,而是烧钱抢占地盘,营收大增,盈利为负,比如当当、京东、唯品会等公司以用PS法进行估值。而对这些电商的估值,通常以亚马逊的历史PS值进行参考。

# 5.4　市盈率相对盈利增长比率(PEG)

PEG指标(市盈率相对盈利增长比率)是用公司的市盈率除以公司的盈利增长速度。

PEG指标计算公式：

PEG＝市盈率/每股收益的年度增长率

＝（每股价格/每股收益）/每股收益的年度增长率

＝（股票市值/净利润）/净利润的年度增长率

公司的价值取决于公司的未来，而市盈率、市净率和市销率估值法采用历史数据，对公司未来的成长性估计不足。因此，PEG估值法将对公司的未来成长纳入考虑范围之内。

PEG指标应用的三大核心假设：

第一，PEG指标只适用于成长股估值，作为PE指标的辅助估值方法；

第二，PEG指标是中长期估值指标；

第三，PEG指标的应用环境只能在牛市中。

PEG指标是吉姆·斯莱特发明的一个股票估值指标，是在市盈率估值的基础上发展起来的，反映公司成长性对公司价值的影响。

每股收益的年度增长率可以是历史增长率，也可以是未来预测值。历史增长率的好处是容易得到且容易验证，但是缺点在于很多公司的历史增长率并不一定与未来增长率一致，从而容易导致高估或低估。

未来预测值则难以得到且从当前时点看无法验证，具有较强的主观性。为了减少未来预测值的误差，在具体计算公司的市盈增长比率时，针对所需的预估值，一般可以取市场的平均预估值，即收集多家机构分析人员对公司未来业绩的预测值进行平均或取中值。

增长率采用未来预测值时，需要对公司未来至少3年的业绩增长情况做出准确判断，极大地提高了预测的难度。只有当投资者有把握对公司未来3年以上的业绩表现做出比较准确的预测时，PEG指标的使用效果才会体现出来，否则会起到误导作用。

在实践中，PEG指标一般是用公司的市盈率，除以公司未来3～5年的每股收益复合增长率。例如，一只股票的当前市盈率为20倍，其未来5年的预期每股收益复合增长率为20%，那么这只股票的PEG指标值就是1。公司的PEG指标值等于1，表明市场赋予这只股票的定价可以充分反映其未来业绩的成长性。

如果PEG指标值大于1，则这只股票的价值就可能被高估，或市场认为该公司的业绩成长性会高于市场的预期。对于成长型股票，其PEG指标值都会高于1，甚至在2以上。投资者愿意给予其高估值，表明该公司未来很有可能会保持业绩快速增长。PEG指标值小于1，要么是市场低估这只股票，要么是市场认为其业绩成长性可能比预期的要差。

使用PEG指标估值时，我们先选择一组可比公司，计算其平均倍数或中间值。为了反映目标公司与可比公司在基本因素方面的差异，我们可能需要对计算出的平均值进行调整，以此作为估值公司的PEG指标倍数，然后使用下述公式：

每股价值=每股收益的年度增长率\*市盈率相对盈利增长比率\*每股收益

或者

股权价值=净利润的增长率\*市盈率相对盈利增长比率\*净利润

由于PEG指标不像市盈率、市净率和市销率那么简单直观，因此普及程度不如后三者。PEG估值法的缺陷除了前述市盈率的缺陷外，还包括在如何确定每股收益的年度增长率方面存在着比较大的困难。

PEG指标弥补了PE对企业动态成长性估计的不足。使用PEG需要注意的是，不要为预期可能但还没实现的增长多付钱。同样，低市盈率也不总是好的，高增长、低风险和较低再投资需求的公司应该有一个高的市盈率，为一家低风险但能产生巨额现金流公司多付钱，比为一家周期性的资本占用量很多的公司付钱要好。

彼得·林奇认为市盈率应该和收益增长率相等。这实际上就是大家熟知的PEG指标。一般来讲，一只股票的PEG=0.5，那么你盈利的概率较大，如果PEG≥2，你损失的概率较大。很多投资者对PEG估值方法并不陌生，但是能不能用好它那是另外一回事。彼得·林奇、约翰·邓普顿等著名投资家都比较喜欢使用。

约翰·邓普顿提出几点注意事项，而这些正是很多投资者容易忽略、导致错误使用PEG的地方：

（1）每股收益增长率取的是未来三年预估的增长率平均数。约翰·邓普顿特别提醒要对增长率的合理性进行评估。

他并没有划清界限多大的增长率才是合理，但是投资者应该了解到，高增长是有陷阱的，也就是过高的增长几乎不可能长期维持。格雷厄姆的著作《聪明的投资者》中阐述：10%的公司能保持5年的20%左右的增长，5%的公司能保持10年20%左右的增长。可见，公司要长期维持20%的增长率也是相当困难的事情，更不要说要求多年增长率在30%～50%以上。反过来说明，约翰·邓普顿所说的合理增长率应该是20%左右或以下，投资者应该保持清醒的认识。如果你将增长率定得过高，那么计算出来的PEG就没有多少实际意义。

同时需要注意一点，假如你预估公司增长率20%，那么公司的产品或服务有多大的竞争力确保达到？也就是说，你对公司必须要深入了解，理解公司，搞清楚未来的增长点在哪儿，那么预估才更容易成功。

（2）每股收益增长率（扣非）取的是未来预估的数据，而不是过去的增长率。很多投资者取过去的增长率。

（3）市盈率也要评估合理性，然后才能用于计算PEG。对于一些特殊情况，要进行特殊处理。

如果某公司市盈率10倍，增长率是5%，那么10倍市盈率对于5%的增长率已经是比较合理（如果计算PEG，那PEG=2，严重高估了？此时不能这么计算，也无须计算PEG来估值）。相反，如果增长率50%，才能使市盈率达到10倍，那么这个市盈率就不合理。

这个"10倍"市盈率不合理现象，目前在A股中是普遍存在的，有钢铁行业、化工行业等强周期股票，很多近百分之百或以上的增长率，导致市盈率看起来"很低"，10倍以下的不少。如果这样直接计算PEG，肯定是<0.5以下，但此时不代表低估了。彼得·林奇说过要剔除掉增长>50%的股票，因为高增长不可持续。所以，PEG既不适合不可持续的高增长股票的估值，也不适合用于强周期行业的股票估值。

大多数高成长的股票，ROE反而并不高。原因在于这些公司在高成长阶段会倾向于融资发展，所持有的资产不断高增长，摊平了ROE。典型的例子就是像高估值的创业板，融资之后ROE非常低，但是净利润增长率很高，这种情况下就适合用PEG估值，对于高成长的行业（比如芯片、人工智能、5G等行业），其实它们的盈利也不一定十分稳定，业绩增速也不一定能准确预测，进行估值时，对未来

3～5年的业绩增速预测适当保守一些,同时参考一下PB,PB越低,安全边际也相对越高。

## 5.5  相对估值法的总结及运用

好价格虽然强调对市场情绪和资金流向的判断,但也强调要对公司做正确的估值,寻找安全边际所在。前文阐述了PE/PB/PS等相对估值法的估值指标,这里简单总结一下。

### 5.5.1  相对估值法的优缺点

相对估值法具有以下优点:

运用简单,易于理解;

主观因素较少,客观反映市场情况;

可以及时反映出资本市场中投资者对公司看法的变化。通常情况下,相对估值法得出的结果可以作为即将上市的公司首次公开发行和已上市公司增发的价格确定的良好参考。

同时,相对估值法也有如下局限性:

首先,可比公司的选择问题。世界上没有两片完全相同的树叶,自然也没有两家完全相同的企业,我们只能选择在行业、主营业务、公司规模、盈利能力、资本结构、市场环境及风险程度等方面具有相同或相似特征的可比公司,但是可比公司和目标公司之间会存在各种各样的差异。

其次,即使找到了可比公司,也无法解决可比公司的价值是否合理的问题。相对估值法受可比公司的影响比较大,在市场低迷或高涨的时候容易被整体低估或高估。在相对估值法中,我们对A公司进行估值的时候,选取了B公司和C公司作为可比公司;而我们对B公司进行估值的时候,又选择了A公司和C公司作为可比公司。如此陷入了无休止的循环估值难题,无法回答终极问题:这些公司的绝对价值来自哪里? 是否合理? 正因为如此, 我们需要绝对估值法来解决这些终极问题, 绝对估值法将在下面的第6章介绍。

在股票估值和投资实践中, 我们可以用相对估值法寻找看起来比较廉价的投资标的, 但是必须用绝对估值法来最终解决是否值得投资, 以及应该用多高的代价进行投资的问题。

## 5.5.2 PE和PB指标需要注意的问题

我们在前面介绍过PE和PB估值指标的优缺点及适用范围, 这里再谈谈PE和PB指标的具体使用。

PE指标关注的不是绝对估值法使用的自由现金流, 而是当期利润。

低PE不代表低估值。市场给一个公司低PE不代表市场是错的。因为有可能市场在预计公司未来的利润很差。比如说一个公司现在的股价是10元, EPS是5元, PE是2, 看似很低。但是, 也许市场认为这5元利润中有4元是一次性利润, 或者市场认为企业的盈利能力在恶化, 今年赚到5元利润, 明年可能只有0.5元。如果市场是对的, 那么现在PE虽然看似是2, 但是也不代表公司便宜。在这种情况下, 如果你要投资这只股票, 你就要了解市场的逻辑是什么, 以及为什么市场是错的。

如果公司贴现率高, 即财务杠杆高的, 经营杠杆高的公司, 合理市盈率比正常公司低。当公司所处行业发展前景遇到天花板甚至前景黯淡时, 市场预期公司增速将会减缓, 市盈率自然会下降。公司某年出售某项资产或者收到补助等一次性收益时, 当年的市盈率会极低。这时投资者应该算一算扣非以后公司的真正市盈率是多少。我们所谓的财务分析, 行业分析, 本质上都是在利用线索来找出公司的价值。

### 1. PE估值要领

如何正确地使用PE给企业估值?

PE的优点在于简单明了地告诉投资者在假定公司利润不变的情况下, 以交易价格买入, 投资股票靠利润回报需要多少年的时间回本, 同时它也代表了市场对股票的悲观或者乐观程度, 但在具体使用中仍有有很多问题需要考虑。

　　投资初期，因为市盈率的简单易懂，笔者只用市盈率估值。后来，笔者尝试使用多种估值法：用市净率、市销率、自由现金流等指标给企业估值。如今，又回归到只用市盈率。

　　笔者逐渐意识到，有如此多的估值法，是因企业的类型太多，靠一种估值法无法适合所有类型的企业，实际上，投资者妄图搞明白所有类型企业，是一种自不量力的表现，每个人的能力圈都很小。所以回归后，笔者放弃了百分之九十五的企业，那百分之五不到的企业有啥特质？财务健康、业务简单、盈利稳定、稳健成长、分红好的消费行业的龙头企业，就只需市盈率估值。

　　市盈率这个估值方法中，每股盈利这个指标几乎是可以任意操纵的。

　　首先，大部分企业的盈利几乎每年都不一样，有的行业还是赚一年亏一年，业绩很不稳定，有的虽然一直盈利但上下幅度很大，还有的10年前的利润比现在都高，每况愈下，更别谈什么成长性了。

　　其次，说利润被任意操纵的，是因为企业当年的每股收益还有很多非经常损益因素的影响，比如买卖股票、资产处理、折旧方式改变、减值准备调节、退税补贴等，这些非经常性损益严重影响每股收益，使得其被会计手段任意调节。

　　我们在给一个企业用市盈率指标估值时，就算是10PE，我们也是潜意识地默认这个企业在目前的利润水平能至少保持10年，可残酷的事实告诉我们，中国企业的平均生存期只有5.5年，美国也不到10年，也就是说，很多企业连6年都存活不了，更别说保持目前的利润水平了。那么给20PE、30PE，简直不切实际，未来20年怎么样更无法预测。PE估值的核心在于估值对象是否具有确定性和稳定性，只有有了稳定性之后我们才能依靠过去的数据估值，未来才不会因为各种突发情况受到大的冲击。所以，现如今笔者基本又只用市盈率一个指标评估企业价值。因为对这个估值指标很熟悉，只会在少数它有效时才使用。

　　发现一个有局限性的指标才是好指标，局限越大，指标越有价值。我们知道市盈率不适合净利润是负数的企业，如果是负数，那市盈率就是负数，所以通常出现这种情况会使用市销率，市销率一定是正数。

　　开始笔者也认为这很可靠，因为它弥补了市盈率的缺陷。但是慢慢发现，这毫无意义，你本身就不该选择净利润为负数的企业。当然每个人风格不同，风险承受能力也不同，笔者的风格必须选择业绩持续稳定增长的企业，过往业绩不理想的企业永远不会进入备选标的。说得再通俗一点，笔者能够只用一个市盈率指标来计算企业价值，是因为在投资之前就对企业的成长性、赚钱能力、财务结构、稳定长寿等维度进行评估。这样的企业在A股中不足5%。笔者只对这不足5%的企业用市盈率计算估值。

作为价值投资者，笔者认为投资风格应尽可能保守。你发现不同版本的市盈率基本都只适合业绩稳定增长的企业，其实市盈率有局限是好事，正因为有局限，你才不会过于冒险，你就把投资目标局限在业绩稳定增长的企业就行了。

就像巴菲特只用自由现金流模型计算企业价值，能够用自由现金流模型计算价值的企业很少，那些网络科技股根本没法算，现金流都是负数，所以巴菲特不会买。笔者也一样，所选择的标的范围可能比巴菲特更严格，必须业绩持续稳定增长，这个业绩稳定不仅是净利润稳定、现金流也要稳定、主营收入也要稳定、股东权益也要稳定。我们必须严格，必须寻找最优秀的企业，过去优秀，未来也优秀，只要是优秀企业，那完全可以只用市盈率这一个指标计算估值。

如果要使用PE，最起码要进行调账，把所有的非经营性、不可持续的利润统统去掉，得到一个经营性可持续的利润。如果你在使用PE时，考虑的是企业的可持续盈利能力，那么这就成为一个可用的比率。要想使用PE估值指标，就得要在适合PE估值的企业中使用。

（1）正常盈利下市盈率经验倍数

市盈率PE的倒数，就是股票的投资回报率。不过这样计算往往会高估了回报率，因为利润（优质企业视为自由现金流）往往被分成两个部分，一部分分红变成股东的真实回报，另一部分留存用于企业发展的需要。留存的那部分利润能否实现红利再投资的收益率才是关键，实践中留存的利润多数时候是被乱投资或盲目扩张并购给浪费掉了，并没有很好地发挥复利效应或者说是每股价值的提升。所以，多数股票的实际的投资回报率都是低于市盈率PE的倒数。

巴菲特很懂复利这台机器的运作原理，他投资最成功的地方根本不止是什么浮存金效应、买入伟大公司等传统结论。而在于巴菲特只选择理性回报股东的管理层或自己去直接影响管理层或直接完全收购企业，然后充分发挥所投资企业的自由现金流的复利效应，这是其取得高投资收益的一个非常重要的原因。茅台留存了大量货币现金，这部分现金流只实现了部分现金的复利效应，伯克希尔-哈撒韦实现了其全部现金流的复利效应，是集企业经营与投资于大成者。

按照经验判断，对于正常盈利的公司，净利润保持不变的话，给予10倍市盈率左右合适，因为10倍的倒数为1/10=10%，刚好对应一般投资者要求的股权投资回报率或者长期投资报酬率。

为什么这里强调的是正常盈利状态的公司，因为亏损的公司计算的市盈率是负数，该指标失效，而微利的公司因为其净利润的分母小，计算出来的市盈率会高达成千上万，指标会非常高，但是公司的估值实际未必真高。

对于未来几年净利润能够保持单位数至30%增长区间的公司，10～20倍市盈率合适。30倍市盈率以上公司尽量别买，并不是说市盈率高于30倍的股票绝对贵了，而是因为仅有少之又少的伟大公司既有超高的盈利能力又有超快的增长速度，能够长期维持30倍以上的市盈率，买中这种股票需要非同一般的远见和长期持有的毅力。

一般公司也不可能长期保持超高的利润增长速度，因为净资产收益率受到竞争因素的限制，长期能够超过30%的公司凤毛麟角，对应的可持续增长率也不会长期超过30%。如果你组合里都是30倍市盈率以上的公司，奉劝还是小心谨慎一些为好，因为能够称为伟大公司真的非常稀少。

60倍市盈率以上为"市盈率魔咒"或"死亡市盈率"，这时候股票价格的上涨最为迅猛，市场情绪最为乐观，但是很难有公司、板块及整个市场能够持续保持如此高估值。例如，2000年的纳斯达克市场，2000年和2007年的A股市场，1989年的日本股票市场等，无一能够从市盈率魔咒中幸免。

美国股票市盈率整体处于10～20倍的波动区间，平均在14～15倍，其倒数对应6.5%～7%的长期回报率，而6.5%～7%长期回报率是由每年利润实际增速3%～3.5%及3%～3.5%的股息回报构成。

至于A股，大家不必担心经济增速降低后股市回报率的降低。资本一定会获取正回报，事实上资本的长期回报率往往是经济增速的2倍，即使经济增速为3%，资本的回报率也可以达到6%。虽然资本和劳动共同促进了经济的发展，但资本高回报的原因并非是劳动被资本剥削了，本质上资本具备复利效应，而劳动所得往往被消耗掉了。

一个国家的长期整体GDP增速基本上决定了企业利润的长期增速，且这个增速不是红利再投资所能改变的。经济增长带来的红利是一部分收益被大众买车、买房、食品、衣物、首饰等消费了，一部分被投资者红利再投资买股票了。资本和劳动因素两极构成了整体增速。整体企业利润增速3%以下(接近于通货膨胀率)，资本市场增速仅仅是整体经济增速的一个部分，而非全部。

关于市盈率与股票回报率之间的关系，无论国内还是国外的研究都表明，从长期来看，选择购买低市盈率股票组合产生的回报要明显高于高市盈率股票组合。根据埃斯瓦斯·达莫达兰(Aswath Damodaran)所著《打破神话的投资十戒》一书研究显示，将美国股票根据市盈率分为从高到低分为10个等级，这些股票是根据每年年初的市盈率进行分级的，统计1952—2001年间的年均回报，发现最低市盈率股票组合平均年回报为20.85%，而最高市盈率股票组合平均回报为11%，最低市盈率股票组合的收益率几乎是最高市盈率组合的两倍。而为了测算在不同子时期里是否会出现差异，作者分别测试了1952—1971年，1972—1990年，以及1991—2001年三个子时期，结论仍是低市盈率股票组合能够获得超额回报。

有人说整体市场市盈率应该有一个平衡点，这个平衡点可以参考长期国债利率。例如，当下长期国债利率3%，那么整体市场市盈率应该为33PE，这个说法只能说半对。股市与国债的不同在于风险，当长期国债收益率下降时，市场风险往往增大，风险利率发挥作用。当长期国债收益率接近于1%以下时，市场风险利率应该取3%～5%，所以美国历史市场的估值10～20PE本身就非常具备参考性，中轴15PE也是一个极好的参考数据。

(2)市盈率的驱动因素是什么

不能简单地认为市盈率越低越好，因为低市盈率的背后可能真的是黯淡无光的经营前景。市盈率主要和以下两个因素相关，只有在充分考虑了影响市盈率的各种因素后，才能对公司的市盈率是否合理做出判断。

一般来说，最好的投资是长期稳健长寿型的企业，此类优秀企业多数可以把净利润视为自由现金流，根据PE=P/EPS，推出P=EPS*PE，市盈率PE的倒数就是当前的股票投资报酬率，市盈率估值法本质是永续零增长的贴现模型（贴现相关内容可参照本书第6章），由P=EPS*PE推出PE=P/EPS=1/r，即P=EPS/r，那么一个常数增长的贴现模型可以推导为：P=EPS/（r-g）

以下为具体的推导过程：

常数增长的贴现模型就是以EPS/（1+r）为首项，以（1+g）为公比的等比数列前$n$项求和公式：

P=EPS/(1+r)+EPS（1+g）/(1+r)^2+EPS（1+g）^2/(1+r)^3+…+EPS（1+g）^$n$/(1+r)^($n$+1)

首项EPS/(1+r)，公比（1+g）/(1+r)，等比数列求和。

P=EPS/(1+r)-（1+g）^$n$/(1+r)^$n$]/[1-（1+g）/(1+r)]

分子EPS/(1+r)-EPS（1+g）^$n$/(1+r)^($n$+1)

在当r>g，$n$趋向无穷大时，EPS（1+g）^$n$/(1+r)^($n$+1)=0。

分母（1+r-1-g）/(1+r)=（r-g）/(1+r)

所以P=EPS/(1+r)*(1+r)/（r-g）=EPS/（r-g）

P=公司股票价值

EPS=下一年预期的每股收益

r=股权投资的要求回报率（贴现率）

g=每股收益的增长率（永久性）

因此，我们可以看到市盈率指标最主要和贴现率和增长率这两个参数相关。个人通常采用10%的固定贴现率去计算优秀稳健公司的内在价值，并直接把贴现率视为目标回报率，g的取值是0~6%。

按上述公式计算时，会发现市盈率主要跟我们假设的永续增长率g有关。按长期回报率为10%计算，医药行业的g乐观取到6%，对应25PE的买入价，医药行业的合理市盈率在20~30倍；食品饮料行业的g乐观取到5%，对应20倍PE的买入价，食品饮料行业的合理市盈率在15~20倍；水电行业的g可以取到1%，对应11PE的买入价，水电行业的市盈率在8~15倍。

这里大家可以看明白，不同行业的估值不同，表面看是由其眼前增速决定，本质是由其永续增速决定的(本质由其行业空间、寿命、增速三个因素决定)。关于g的深入理解,在《公司金融》中讲股利政策"一鸟在手"的时候,它认为当公司按照持续增长率g成长时,每股的股利也按照g成长,实际上是将公司盈利增长率视为股利增长率的近似。

消费品公司为何会有溢价?表面看是抗通胀、逆周期、转嫁成本和提价的能力相对比工业用品强,有定价权,重复消费频率高;本质是其行业的永续增长率高。消费品牌,茅台、五粮液、片仔癀、云南白药、东阿阿胶这些是无法复制的。

高价值不仅仅是不可复制,还有它必须广受客户欢迎。茅台酒,有些人爱喝,有些人并不爱喝。所以,茅台的扩张是有限的。同理,类似伊利、海天、格力这类企业也是依托资源优势形成长期竞争力,这些企业的护城河很深,是很难被击垮的。牛奶更多需要本土化生产,14亿人口的消费完全可以支撑巨大的乳品企业,伊利的护城河是很深的,伊利坐拥天然资源护城河优势。涨价空间最大的还是饮料、化妆品和保健品,例如云南白药、片仔癀和东阿阿胶。这些产品本身就属于高端消费、竞争较小,它们的涨价空间几乎没有上限,而且消费者并不关注产品的生产过程和生产成本,仅注重品牌。食品类如酱油、醋和榨菜等,由于消费者知道产品生产过程中的原料及大致成本,所以涨价空间就有封顶。

我们在对一家优质企业估值时,主要是估算长期合理的PE,它的关键在于对行业长期增速的理解和企业长期品质的洞察后,然后对g进行的估算。需要注意的是,永续增长率设为5%的要求必然是优秀行业的极品公司,所以,我们在买入市盈率大于20的公司时需要非常慎重。

### 2. PB估值要领

PB其实是一个很好的估值思考维度。把PB看作企业拥有的净价值往往会高估其价值,毕竟清算时许多厂房设备都不值钱。我们其实可以换个角度,把PB看成企业的投入成本,即使费用资本化了,它也代表企业的投入。世界上很难有一本万利的买卖,所以PB过高的风险就不言而喻了。对于高PB这个问题,有时我们也需要反过来想想;如果茅台一直没有分红,那么现在的PB会是什么情况?很多时候,那些好公司净资产低,我们可以看作是已经提前返还给股东了。什么是无本生意？最后必然表现为股东0成本，如果从数据上来说，那就是因为有可持续的高ROE。一个ROE为5%的企业和一个ROE为30%的企业，PB必然是不同的。如果我们承认这种商誉价值或者无形资产确实存在的话。

（1）市净率驱动因素是什么

市净率显著和下面三个因素相关，只有在充分考虑了影响市净率的各种因素后，才能对公司的市净率是否合理做出判断。推理方法如下：

在前文阐述的市盈率的驱动因素中我们讲过，假设将公司净利润当成现金流进行贴现，一个常数增长的贴现模型可以表达为：$P=E/(r-g)$

其中：P=公司总市值，E=下一年预期的净利润，r=股权投资要求的回报率(贴现率)，g=公司净利润的增长率（永久性）

上述公式左右两边均除以B，可以写成：

$P/B=PB=E/[B*(r-g)]$

因为ROE=公司净利润/净资产=E/B，两边同乘以B，即E=ROE*B，上述公式可以写成：

$PB=ROE*B/[B*(r-g)]=ROE/(r-g)$

其中：B=账面净资产，ROE=净资产收益率。

由此，我们可以看到市净率指标最主要和净资产收益率ROE、贴现率r、增长率g这三个参数相关。这样，我们成功地把PB与净资产收益率ROE、永续增长率g等指标很好地联系起来。

根据$PB=ROE/(r-g)$(我们通常取r=10%，g=0～6%)

当ROE=10%，g=3%时，PB=1.4；

当ROE=15%，g=3%时，PB=2.1；

当ROE=20%，g=3%时，PB=2.8；当ROE=20%，g=5%时，PB=4；

当ROE=25%，g=3%时，PB=3.5；当ROE=25%，g=5%时，PB=5；

当ROE=30%，g=3%时，PB=4.2；当ROE=30%，g=5%时，PB=6；

关于ROE与PB的取值问题，建议对稳健经营的企业，ROE取最近一个年报中的数据，PB取当前PB。根据上述PB与ROE的关系，我们不难理解为什么那些净资产收益率高的公司市场价格高于账面价值,而那些净资产收益率低的公司市场价格低于账面价值。真正吸引投资者注意的是那些市净率和净资产收益率不匹配的公司,投资低市净率但高净资产收益率的股票,回避低净资产收益率但高市净率的股票。

需要特别说明的是:该公式的假设条件有两个:企业永续经营;ROE可以维持一定的水平或者说企业赚钱能力长期存在。明显假设太理想化了,接近此类假设条件的企业在A股应该不超过5%,所以注意打折或安全边际的思维。

(2)市净率与回报率的关系是什么

前文我们阐述了PB与ROE、回报率r、长期增长率g的关系。即PB=ROE/(r-g)将该公式稍做变形,就可以得到回报率的公式:r=ROE/PB+g,即:

长期回报率=ROE/PB+长期成长率g=1/PE+长期成长率g

其中ROE=净资产收益率,PB=每股净资产,r=股权投资要求的回报率(贴现率),g=每股收益的增长率(永久性)=长期成长率=接近于长期经济或行业增长率。

(3)利用PB/ROE或ROE*PE估值

如果直接只用PE或PB估值,我们就将面临PE或PB的局限性:PE的估值形态仅仅是指当年一年的状况,而且企业净利润的波动、可操纵空间很大。PE无法蕴含持续、稳定的盈利思维,需要长期动态调整。PE所蕴含的估值意义仅仅是对利润的统计,无法蕴含背后所代表的产生盈利的资产的真实定价,也无法正确反映盈利增速应该在估值中的表现。同样,如果只用PB估值,那么我们也无法知道PB背后的驱动因素(净资产收益率ROE、贴现率r、增长率g)的具体情况如何。

由本书第4章的市场定价公式P=B*ROE*PE进而推导出PB=ROE*PE和PE=PB/ROE,可以得出PB/ROE估值是所有估值的核心。投资最终买的是净资产的变化和能维持这个变化的公司竞争力,虽然PB只是一个倍数,但它却是考验投资者洞察力的数字,给予公司竞争力如何定价。

巴菲特说过,我们判断一家公司经营的好坏,取决于其ROE(排除不当的财务杠杆或会计做账),而非每股收益的成长与否;除非是特殊的情况(比如说负债比例特别高或是账上持有重大资产未予重估), 否则我们认为净资产收益率应该是衡量管理层表现比较合理的指标。在实践中, 通过PB可以帮助投资者找到其价格低于其内在价值的股票, 而ROE则帮助找到成长潜力巨大的公司。

有些人觉得ROE只反映一年的静态情况, 并没有反映公司的成长性, 笔者认为这是一个误解, 由于公司没有分红, 每年赚取的利润增厚了净资产 (股东权益), 为了保持ROE稳定不变, 那么公司的净利润一定要有增长, 长期稳定的高ROE是如此之难, 因为要求企业尽快地把赚到的盈利重新投入生产, 既要保证利润的增速, 也要保证新增的投资能很快地形成利润。持续多年的20%以上的高ROE企业在现实中十分罕见。

我们用杜邦分析法把ROE进行分拆:

ROE=销售净利率*资产周转率*权益乘数

杜邦分析法拆分是一个十分有用的工具。从这个公式中不仅能说明ROE的情况, 还能说明ROE的来源, 并且通过ROE反映出企业的商业模式: 销售净利润代表的是公司的议价能力 (核心竞争力)、资产周转率代表着公司的运营效率, 杠杆倍率代表着公司经营的激进程度。

高利润率低周转型企业一般来自能够提供差异化的产品, 但是与此同时带来的是只能吸引到小部分的客户群体。销售净利率超过25%的企业定义为高利润率企业, 代表性的行业包括医药、软件、奢侈品等。而低利润率则是在10%以下。

当我们看一家企业ROE构成三要素的时候, 发现它的销售净利率特别高。我们需要进一步确定的是, 它的高利润率是否意味着掌握着独特的稀缺资源, 这里的稀缺资源可以指行政许可、独特的技术、网络效应或规模效应、原材料、品牌等。其高利润率在未来10年是否能够维持?

随着业务的发展, 总资产周转率能否得到明显提高。总资产周转率如何提高呢? 总资产周转率 (营业收入/总资产) 指的是一家公司对其所拥有资产的运营效率。我们将总资产周转率大于1的企业定义为高周转率企业, 代表性的行业包括零售、家用电器、食品饮料, 低周转率是在0.5以下。

通常来说, 较高的总资产周转率往往伴随着低利润率, 我们称为低利润率高周转率的生意, 与上一类刚好相反, 它的特征表现为产品差异化不高, 行业竞争程度较高,主要靠规模效应取胜的企业。

如果提高总资产周转率,一方面我们从这家企业是否具有成本优势的角度来思考问题,通过平均每件产品的低成本低售价、扩大销售额、扩大规模;另一方面,就要从分母的角度来考虑问题,如果公司的生意特征不需要在扩张中频繁的融资和资本支出,随着销售规模的扩大,资产的利用率水平也会逐渐提高。

更重要的是,在销售规模增长到一定程度后会获得规模效应和一定的品牌价值,以此进一步将竞争对手挤出市场,从而获得一定的定价权。规模效应主要作用在两个方面:一方面是生产的规模变大后,每单位产品分摊的固定成本(制造费用)变低,带来了整个产品单位成本的降低,从而在一定程度上提高了毛利率;另一方面是生产规模变大后,在产业链中对上游采购商的议价权进一步增加,能够通过谈判优势获得更低的原材料或商品的采购价格。而在极大的销售规模下,净利润率每一个点的提升都会带来利润的快速增长。

举个例子:某公司第一年销售规模100亿元,销售净利率3%,净利润3亿元。第二年公司由于规模优势带来的定价权对产品进行全面提价,公司营业收入提高10%达到110亿元,由于成本费用较上年变化不大,销售净利率从3%提高到5%。这样一来,净利润都可以提高到5.5亿元,同比增长83%。

最后一个ROE构成因素是权益乘数,实际上就是资产负债率,反映了企业债务水平的高低。企业的债务通常可以分为有息负债和经营复制。有息债务指的是从银行或债券市场借来的长短期借款和应付债券,作为代价,需要按期支付一定的利息费用。而经营负债,通常指的就是应付账款、应付票据、应付职工薪酬及预收账款等。

通过观察ROE构成的因素中的权益乘数的大小,我们可以对比两家或多家ROE接近的公司,辨别出哪些公司的高数值是由资本杠杆带来的,最典型的行业就是银行业。但对于少数企业高负债却可能是其优势的表现,比如格力电器,格力电器的资产负债率大约为70%,但是如果你仔细分析就会发现,格力的有息负债仅占总资产不到10%,剩下的负债都是靠着格力自身在产业链中的强势地位,通过占用上游供应商的款项形成的。

一个企业盈利能力的提升，同样来自于利润率或者周转率及资金杠杆三个方面的挖掘。一般认为，通过有息负债的增加在短期内提高ROE是危险并无法持续的行为。只要借款的成本低于企业的回报率，管理层就可以通过把杠杆加大，从而企业的ROE也就提高了，然而实际上经营风险也加大了很多。

一方面，结果并不一定如公司一开始预期的那样，在我们借钱加大投入后可能突然发现，我们的净利率是下降的，此外我们还要支付更多的财务费用，在双重夹击下企业原本的净利润可能完全被财务费用给覆盖了；另一方面，市场流动性好的时候有些企业借钱很容易，等到经济不景气，流动性全面紧缩时，企业资金链断裂风险就会加剧。企业的净利率水平与毛利率的高低有着很大的关系。毛利率同时受到内外部不同因素的共同影响。

内部因素主要是指成本管理水平和产品的差异化优势。这通常又取决于长年累月的研发投入和企业管理体系的健全，并非一朝一夕可以达到。

外部因素主要来自整个行业的毛利率水平与上下游的博弈力量。所以净利润率这个指标不是你想提高就能提高的。

相对而言，三大指标中既可以靠企业自身的努力实现提高，又具有很强持续性的就是总资产周转率了。如果企业本身是一个大行业中的小公司，行业竞争格局还未定型，那么我们可以说企业营业收入扩张的空间几乎是无限的。

总之，从主观提升的容易程度来说，权益乘数 > 总资产周转率 > 销售净利率。相同的ROE水平的企业，我们倾向于优先选择净利率高的企业，如果企业能保持多年高ROE，那么其最好的来源只能是企业的议价能力（核心竞争力），我们将其视为固有的天然优势。应选择总资产周转率很高的公司。

一家优秀的公司，要想长期维持其高ROE，要么高分红，要么高成长持续。优质消费或医药股g取值3%～5%是相对保守的，我们往往对ROE长期维持在高位偏乐观了。

以贵州茅台（600519）为例，我们取长期ROE=25%、PB=4，则长期回报率=6.25%+g，考虑到茅台的品质和提价能力，长期应获得接近GDP的成长性，加成长性则长期回报率会接近12%，这明显超过了指数的长期回报率，所以4PB是贵州茅台很好的买入价位。

以下是2019年8月的一些数据：

当ROE=23%，g=4%时，PB=7时；长期回报率=8.6%；五粮液（000858）

当ROE=20%，g=5%时，PB=4时；长期回报率=9%；洋河股份（002304）

当ROE=20%，g=6%时，PB=10时；长期回报率=8%；恒瑞医药（600276）

当ROE=27%，g=5%时，PB=10时；长期回报率=7.7%；海天味业（603288）

上面的几个数据可以明显看出，公众对于恒瑞医药和海天味业的长期成长率过于乐观。对于容易形成差异化优势的高ROE优秀公司，g的取值在5%～6%是合理的。所以过去长期ROE在20%以上的稳健白马股，当PB小于4时，对应长期回报是高于10%的，是很好的买入时机。

# 第6章

# 终极方法：绝对估值法

绝对估值法，又叫贴现法，是通过对上市企业历史及当前基本面的分析和对未来反映经营情况的财务数据预测，评估上市企业的内在价值。股票的内在价值是一家企业在其余下的寿命中可以产生的现金的折现值。内在价值是一个非常难以把握的概念，由于未来收益及市场利率的不确定性，绝对估值法及其他估值方法计算出来的内在价值只是股票真实的内在价值的一个估计值。

## 6.1  绝对估值法的基本原理

绝对估值法通常包括现金股利贴现模型和自由现金流贴现模型。现金股利贴现模型因为用得较少，我们这里就略去不谈。

巴菲特用什么方法评估公司的内在价值呢？是现金流量折现法（即DCF：Discounted Cash Flow）——"企业的价值等于剩余存续期内自由现金流的折现值"。巴菲特认为，正确的内在价值评估模型是1942年威廉姆斯（John Burr Williams）提出的现金流量贴现模型：今天任何股票、债权或公司的价值，取决于资产在余下的寿命中可以产生的现金流量的贴现值。内在价值非常重要，为评估投资和企业的相对吸引力提供了唯一的逻辑手段，是一种有事实——比如资产、收益、股息、明确的前景等作为根据的价值，完全有别于受到人为操纵和心理因素干扰的市场价格。

其实，关于股票的价值评估方法有很多种。那么，巴菲特为什么认为现金流量折现法是唯一正确的估值模型呢？因为只有贴现现金流量模型才能比较准确地评估具有持续竞争优势的企业的内在价值，而且它是最严密、最完善的估值模型。这是因为：

（1）该模型是建立在对构成公司价值的业务的各个组成部分创造的价值进行评估的基础上，计算公司权益价值。这样可以使投资者明确和全面了解公司价值的来源、每项业务的情况及价值创造能力；

（2）公司自由现金流量的多少反映了竞争优势水平的高低，产生自由现金流量的期限与竞争优势持续期相一致，资本成本的高低也反映了竞争中投资风险的高低；

（3）该模型非常精密，能处理大多数的复杂情况；

（4）该模型与多数公司熟悉的资本预算编制过程相一致，计算也比较简单，易于操作。

巴菲特使用伊索寓言中"一鸟在手胜过二鸟在林"的比喻，强调内在价值评估应该采用现金流量贴现模型。一般的估值指标，如股利收益率、市盈率、市净率甚至净利润成长率，与价值评估毫不相干的，除非它们能够在一定程度上提供一家企业未来现金流入流出的线索。事实上，如果一个项目前期的现金投入，超过了未来该项目建成后资产产生的现金流贴现值，反而会摧毁企业的价值。

现金流贴现法其实就是一个最经典的绝对估值法。经常看到的"DCF"就是这种方法。在讲现金流贴现法之前，我们首先要理解两个概念：自由现金流和贴现率。

首先来看一下自由现金流。一个企业的自由现金流，你可以直接理解成一个企业的经营活动，扣除所有开支以后，可以自由支配的钱。现金流量表中的现金流量数值其实高估了真实的自由现金流量。巴菲特有时候也把它称为"股东盈余"，就是说一个公司未来可以替股东净赚到的钱。其实就像什么呢？就像你自己的存款，税后工资扣除房贷、生活费用等各种开支以后，剩下的这个部分，就是自由现金流。尽管由于年平均资本性支出只能估计，导致自由现金流计算并不精确，但大致的正确估计，也远胜于精确的错误计算。

再看贴现率。这里有一个问题，就是未来的现金流不等于现在的钱，未来的钱需要你耐心等待，而且存在一定的风险，能不能把这些钱拿到手里，还是个未知数。所以，在给企业估值的时候，你需要把未来的这些现金流打一个折扣，折算到当期，也就是折算到现在，这个折扣率就叫贴现率。那些不确定性大的现金流折扣就大，反之折扣就小。

我们一般对企业未来十年的自由现金流进行贴现。之所以选择十年，是因为十年之后的净利润经过贴现后，在企业价值中所占比例已经不大了，而不计算十年之后的数值，你持有十年后的收益属于白送，而这部分白送的就相当于安全边际。好了，把所有贴现的未来十年的自由现金流加起来以后，就得到了公司的估值，所以这就叫作自由现金流贴现法。

自由现金现量贴现模型是理论上最严密、实践中最完善的公司价值评估模型，它完全适用于持续竞争优质企业。估值的最大困难和挑战是企业内在价值取决于企业未来的长期现金流，未来的现金流又取决于企业未来的业务情况，而未来是不确定的，预测期间越长，越难准确进行预测。

内在价值是估计值而非精确值，更多的时候是一个大致的价值区间。如何排除绝对估值中的地雷？为此，可采取以下几种方法：

（1）坚守能力圈与安全边际原则。

面对估值的不确定性，为防止估计未来现金流量出错，巴菲特认为，有两个保守却可靠的办法：能力圈原则与安全边际原则。

能力圈原则是指坚决固守于自己能够了解且可以了解的企业，这意味着这些企业的业务本身通常具有相对简单且稳定的特点，对于企业未来的自由现金流是大致可以预测的。如果企业很复杂而产业环境又在不断变化，那就根本没有必要花费精力去预测其未来的现金流量。

与能力圈原则同等重要的是安全边际原则，即强调在买入价格上留有很大的安全边际。例如，经过计算，某一只股票的内在价值仅仅略高于该股票的市场价格，就不该对该股票产生兴趣。与格雷厄姆一样，巴菲特认为安全边际原则是成功投资的基石。

（2）以长期历史经营记录为基础。

对未来保守的估计，只能建立在企业稳定的长期历史经营基础上。一个企业盈利的历史记录是预测其未来发展趋势的最可靠的指示器。巴菲特非常强调企业业务的长期稳定性，他认为，盈利能力最好的企业，经常是那些现在的经营方式与5年前甚至10年前几乎完全相同的企业。这些企业总是不断有机会进一步改善服务、产品线、生产技术等，最终形成稳定的持续竞争优势。

（3）以净资产收益率为最佳指标。

衡量企业价值增值能力的最佳指标是净资产收益率，即ROE，而不是每股收益的增加，ROE体现了管理层利用股东投入资本的经营效率。高水平的ROE必然会导致公司股东权益的高速度增长，相应地，企业内在价值及股价也将稳定增长。集中投资于具有高水平ROE的伟大企业，正是巴菲特获得巨大投资成功的重要秘诀之一，巴菲特通过1988年《财富》杂志出版的投资人手册的数据已经充分证明了这一点。

（4）以大量阅读财务报告为基本功。

分析企业财务报告是进行企业内在价值评估的基本功。当人们问巴菲特是如何对一个企业的内在价值进行评价时，巴菲特回答说，大量阅读。巴菲特阅读最多的是财务报告，不但要阅读自己所关注的企业年报，同时也阅读它的竞争对手的年报。

绝对估值法的基本原理：

价值投资者在找到具有连续竞争优势的企业后，为保证获得收益，需要对其所要投资的企业进行估值，即准确评估企业股票的内在价值，然后跟该企业股票的市场价格进行比较。投资者进行投资决策的唯一标准，不是企业是否具有竞争优势，而是企业的竞争优势能否为投资者的将来带来更多的现金，所以，内在价值的评估原则就是现金为王。

绝对估值法认为，价值来源于未来流入的现金流，将这一笔笔的现金流分别以一定的折现率折回现在，再进行加总就得到了相应价值。股票价值体现在它未来能够给股东带来的现金流入的多少。

绝对估值法的基本准则是，今天的现金可以投资并会立即带来利息收入，因此今天的1元现金要比明天的1元现金值钱。未来的现金在今天的价值，被称为现值；今天的现金在未来的价值，被称为终值。现值等于未来的现金乘以小于1的贴现因子（如果大于1，那么今日的1元现金反而比不上明天的1元现金）。

如果我们用$C_1$表示时期1的现金流入，则现值的计算公式如下：

现值=贴现因子×$C_1$

贴现因子等于未来收到的1元现金在今天的价值。如果我们用$r$表示资本成本率，或者说预期的收益率，也即是贴现率，则贴现因子计算如下：

贴现因子=$1/(1+r)$

比如，我们想在12月31日得到100元银行存款，1年期存款利（贴现率）为3%，那么1月1日应该存多少现金到银行账户里呢？我们可以用上述公式计算现值如下：

现值=1/(1+3%)×100=97.09元

我们在1月1日存入97.09元的现值到银行账户中，利率3%，则12月31日可以得到100元的终值。也就是说，1月1日的97.09元在利率3%的情况下，与12月31日的100元等值。

对于持续经营的公司而言，未来会持续不断地产生现金流入和现金流出。现金流入和现金流出的差额即是现金净流入。同理，对于一直持有股票的股东而言，相当于持续地享有公司的现金净利润份额。绝对估值法的基本原理就是将估值时点之后的未来现金净流入以合适的贴现率进行贴现，加总得到相应的价值，如下图所示。

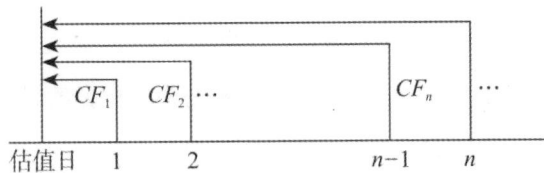

在绝对估值法下，价值的计算公式为：

$$V = \sum_{t=0}^{\infty} \frac{CF_t}{(1+r)^t}$$

其中：$V$为总价值，$t$为时期，$CF_t$为第$t$期的现金净流入，$rt$为第$t$期的贴现率。在实际应用中，一般用一个贴现率$r$代表所有时期的折现率，所以上式可以简化为：

$$V = \sum_{t=0}^{\infty} \frac{CF_t}{(1+r_t)^t}$$

## 6.2  为何是贴现现金流而不是每股收益

投资者常常关注公司的季度每股收益，分析师都测算季度收入，抛弃没有达到预期收入的股票，追捧超过预期的股票。

那为什么绝对估值法采用的现金流而不是每股收益？相对于现金流，每股收益既没有考虑货币的时间价值，而且每股收益受不同的会计政策选择和会计估值影响较大，尤其是每股收益在权责发生制下存在着很大的操纵空间，更为重要的是，每股收益没考虑企业为维护其长期竞争地位和正常生产而用于厂房和设备的追加投资，而这些是维持企业正常经营所必需的，如果每股收益增长要求过多的额外投资，那么收入的增长也可能会减少自由现金流，从而降低公司的股票价值。

显然，自由现金流是一个更好的指标。自由现金流=经营性现金流净额−维护性资本开支。就是一个企业在满足了短期和长期经营压力后可以自由支配的现金。自由现金流是投资者的利益之所在。按照价值投资者对内在价值的定义，内在价值是企业在未来存续期间产生的自由现金流的折现值。没有自由现金流，就没有源源不断自由分配给股东的现金；没有自由现金流，公司最终清算时，只有一堆债务和折旧后的固定资产残值；没有自由现金流，就没有买入这只股票的基础理由。因此，自由现金流就是内在价值，缺少自由现金流就是缺少价值。

投资的本质就是投资生意。财务报表上每股收益很清楚，容易计算，而自由现金流却难以精确计算，但看企业利润进行估值很容易掉进坑里，因为公司利润的来源，不一定来自主营业务增长，利润也未必持续，那么有时你会发现很多公司的利润增长来自卖地、卖股权，这根本代表不了公司价值的增长。

利润只是公司公布出来的一个数字而已，很容易被企业操控，而现金流才是企业的真相，按理来说，利润就应该是现金流，只有自由现金流才是真正的收益，自由现金流是不受任何约束的现金，是企业对股东所创造的全部价值或者说最大化可以进行分配的价值。在读财务报表时，应更加关注企业的自由现金流，而不是单纯的账面净利润。当然对于那些提前或者延迟计入收入的要具体来看待，利润和现金流有差距当然要深入了解，但是对于很多长期缺乏现金流的企业，投资者还是尽量回避为好。

自由现金流贴现法计算企业内在价值的方法的对于投资具有重要指导意义：

（1）自由现金流让我们着眼于未来。投资企业就是投资企业的未来。未来好才是真得好。研究企业未来相对确定的利润增长点和持续竞争优势，永远是投资者最主要的工作；

（2）自由现金流让我们追求长寿的企业，因为长寿的企业经营时间长，永续年金大、产生现金多、内在价值高。不要纠结在10年还是15年，要尽量从是否能成为"百年老店"的角度去思考和投资；

（3）自由现金流给我们指引了一条正确的选股方向：要尽量避开那些缺乏经济商誉和无形资产、生产同质化的产品、固定资产投入巨大、折旧费用高昂，同时还要不断投入资本以维护市场地位和正常生产、资本性开支巨大且无休无止的产业或企业，而要尽量挑选用尽可能少的资本性支出来获得和保持高增长的企业；

（4）自由现金流提示我们控制好风险：折现率与风险成反比，采用较高的折现率总比较低的折现率更能够抗拒未来各种可能发生的风险。买便宜是硬道理；

（5）自由现金流告诉我们一条真理：无论企业多么优秀，如果在经营多年后，仍然不能拥有大量可以自由分配给股东的现金，如果不能以股东利益为先，都不能成为好的投资标的。

# 6.3　自由现金流贴现模型

自由现金流指企业满足了营业和再投资需求支出后，能自由支配的现金。比如茅台公司卖酒赚取了真金白银之后，必须得还债、支付人工、税收，甚至建设厂房、购买设备等，剩余的现金才能供管理层自由支配，如回报股东。

## 6.3.1　有关自由现金流贴现的几个概念

### 1. 自由现金流量净额（FCF，即Free Cash Flow）

自由现金流净额（FCF）＝经营现金流净额（OCF）－投资活动产生的现金流量中的（购建固定资产、无形资产和其他长期支付的现金）。

### 2. 贴现率

贴现率在本章前文中已经有所讲解，这里还需要对贴现率进行更深入地解读。贴现率(折现率discount rate)：是指将未来预期收益折算成等值现值的比率。

举例：因货币具有时间价值，一年后的110元，等于年初的100元，那么将年末110元折现到年初100元的比率就是折现率。$110/(1+i)=100$元，$i=10\%$就是折现率。

贴现，简言之就是将未来的钱折算成现在的钱，这一概念的精髓在于"手里的现钱比今后的钱更值钱"。比如你持有100元现金，投入某项年利率5%的投资。那么你今天的100元的价值就相当于明年可以拿到的105元。反之，1年后的105元折算成现在则只有100元，这5%则为折现率。现实的情况更为复杂，未来能够到手的回报取决于无风险投资收益率，通货膨胀率和投资风险等因素的综合影响。

巴菲特并没有采用常用的加权平均资本成本作为贴现率，而采用了长期国债利率，这很好理解，巴菲特看重的是机会成本，如果一只股票未来的收益率跑不赢长期国债，他根本就不会选择它，而且未来的风险水平并非不变，无风险利率并不是固定不变的。巴菲特选择的是有持续竞争优势的公司，对于他来说，未来不存在其他的不确定性，他干脆用长期国债利率作为折现率。

对于我们普通投资者，选股能力肯定没有巴菲特强，所以最好保守一点，以我国5年期国债的利率为基准，再加上4%～5%的风险溢价，因此贴现率一般在8%～10%（周期性公司折现率可设为12%，高杠杆类公司折现率设为15%），在这个范围内根据投资者个人的风险偏好再进行取值比较合适。

将未来的钱折算成今天的价值，就是折现，若确定年收益为10%，一年后的110万元折算成今天的现值就是100万元。从理论上来讲，将企业未来每年的自由现金流，按照某折现率（国债利率+适当风险补偿）逐笔折算为今天的现值，然后将所有现值加总，便是该企业的价值。企业的终极价值来源，是能从企业拿走且不影响企业正常运营的现金总和。其他的价值仅仅是在此基础上的情绪博弈。在实际运用中，通常会需要投资者逐笔计算出数年的自由现金流，然后将之后的部分估算一个永续价值。把数年的现金流及永续价值一起折现，加总得出企业的价值。例如，假设现在是年初，我们预计某企业今年底可产生自由现金流10亿元，预计5年内自由现金流的年增长为15%，其后能保持3%的永续增长。若折现率取值10%，企业价值如下表所示。

**自由现金流折现法计算企业价值**　　　　　　　单位：亿元

| | 自由现金流 | 现　值 | 计算公式 |
|---|---|---|---|
| 第1年底 | 10 | 9.1 | $10 \div 1.1$ |
| 第2年底 | 11.5 | 9.5 | $11.5 \div 1.1^2$ |
| 第3年底 | 13.2 | 9.9 | $13.2 \div 1.1^3$ |
| 第4年底 | 15.2 | 10.4 | $15.2 \div 1.14$ |
| 第5年底 | 17.5 | 10.9 | $17.5 \div 1.15$ |
| 永续价值 | 257.5 | | $17.5 \times 1.03 \div (10\% - 3\%)$ |
| 永续价值现值 | | 145.4 | $257 \div 1.16$ |
| 企业价值 | | 195.2 | |

　　评估出企业价值，投资者可以在市场价格低于企业价值时买入，以获取高于折现率的回报，即上表企业价值为195.2亿元，若现金流预测正确，195.2亿元买入将获取10%的年回报，低于195.2亿元的价格买入，就能获得超过10%的回报（市盈率变化导致的回报不在讨论范围）。

　　保守的投资者，一般会在企业价值的四五折附近买入。这就是"投资没有什么神秘的。简而言之就是先确定某个证券的内在价值，然后以这个价值的适当折扣买进"的含义。这种估值方法依赖于对企业未来现金流的预测，且年增长、永续增长或折现率假设的细微变化，都会导致计算结果差距巨大。

　　因此，该方法只能用于评估产品变化小、需求偏好稳定、具有持续竞争优势，未来自由现金流可以大致预测的企业，且主要是作为一种选择企业原则和大致估算的方法，无须也不可能寻求到精确估值。若不具备以上特征（如初创企业或科技企业），该企业未来是否存在尚不可知，更谈不上预测自由现金流了。消费品行业弱周期性和抗通胀能力比较强，盈利稳定并且一般能够持续增长，可以穿越周期，具备以上特征，尤其竞争格局稳定的细分行业中的持续竞争优势突出的企业，容易估值。

　　贴现的概念不难。如果确认年收益10%，那么一年后的110万元和今天的100万元等价。换句话说，一年后的110万元，按照10%的折现率折算，其现值为100万元。理论上可以将企业未来每年的自由现金流，按照某折现率（无风险收益率+风险补偿）逐笔折现。所有年份现金流的折现值加总，便是该企业的价值。知道了价值，投资者才能决定如何出价。

### 3. 现值

要计算100元未来现金流的现值，就要用未来现金率/（1+折现率）

例如：使用10%的折现率。

100元未来1年的现金流价值=100/(1+10%)=90.91（元）

100元未来2年的现金流价值=100/(1+10%)^2=82.64（元）

换句话说：82.64元以10%的收益率投资，1年后变为90.91元，2年后变为100元。折现率刚好是利率向后倒算而不是向前算。

$n$年的未来现金流现值计算公式=$CF_n$/(1+R)^n，其中：R表示折现率。

### 4. 永续年金价值PV

计算永续年金价值最普通的办法就是拿你估计的最后现金流（CF），按照你期望的现金流增长率（g）增长，用折现率（R）减去长期预期增长率的结果去除。公式如下：

永续年金价值=$FCF_n$*(1+g)/(R-g)

永续年金-折现值=永续年金价值/(1+R)^n

## 6.3.2　自由现金流折现法计算步骤

搞清楚了自由现金流、贴现率、现值和永续年金价值之后，再计算自由现金流折现法的步骤并不复杂，只需要如下五步便可以实现每股价值计算：

第一步：预测下一个10年的自由现金流（FCF）；

第二步：把这些未来自由现金流（FCF）折现成现值；

折现FCF值=那一年的FCF/(1+R)^n（这里的R=折现率，$n$=被折现的年份数）

第三步：计算永续年金价值并把它折现成现值；

永续年金价值=FCF10*(1+g)/(R-g)

永续年金价-折现值=永续年金价值/(1+R)^10

第四步：计算所有者权益；

所有者权益价值合计=永续年金折现值+10年折现现金流；

第五步：计算每股价值。

每股价值=所有者权益价值合计/股份数

举例（见下图）：自由现金流，是企业经营活动流入现金净额，减去维持现有生意运转必需的现金投入。实践中一般用财报"经营现金流入净额–投资活动现金流出"。伊利股份平均折旧年限在10年左右，每年大概15亿元固定资产折旧。另外，处置报废等一年大概进账5亿元，这样每年固定资产折旧这块费用大概10亿元。由于从财报中很难得到保全性资本支出的金额，我们通常用长期资产的折旧摊销来做近似替代。

2018年伊利获得现金净额86亿元，减去固定折旧10亿元，2018年自由现金流大概76亿元。

首先，确定伊利股份的增长率。过去10年伊利保持在12%左右的增长率，在下一个10年，我们预计伊利依然会保持在10%左右的增长率。至于10年以后的增长率，10%这样的增长率不可持续，所以给出一个3%的永续增长率，也就是在未来会永远以3%的速度增长下去；

其次，再确定折现率。贴现率我们按照国债利率再加上适当的风险补偿，数值为8%；

再次，2018年自由现金流为76亿元；

最后，确定了增长率、折现率和自由现金流之后，则2028年的自由现金流为：

$76*(1+10\%)^{10}=76*2.59=197.12$（亿元）。

永续年金折现值：

永续增长率3%、折现率8%，则永续年金价值为：

$197.12*(1+3\%)/(8\%-3\%)=4060.67$（亿元），永续年金折现值为：$4060.67/1.08^{10}=4060.67/2.16=1879.94$亿（亿元）。

所有者权益：

$841.6+1879.94=2721.54$亿（亿元）

每股价值：

$2722/61=44.62$（元）

| 第一步：预测下一个10年自由现金流（FCF） | | | | | 伊利股份 | 自由现金流折现法 | | | | |
|---|---|---|---|---|---|---|---|---|---|---|
| 年份 | 2019 | 2020 | 2021 | 2022 | 2023 | 2024 | 2025 | 2026 | 2027 | 2028 |
| 年数 | 1 | 2 | 3 | 4 | 5 | 6 | 7 | 8 | 9 | 10 |
| 增长率 | 0.1 | 0.1 | 0.1 | 0.1 | 0.1 | 0.1 | 0.1 | 0.1 | 0.1 | 0.1 |
| 自由现金流 | 83.6 | 91.86 | 101.16 | 111.27 | 122.4 | 134.64 | 148.1 | 162.91 | 179.2 | 197.12 |
| 第二步：计算未来自由现金流（FCF）折现值 | | | | | | | | | | |
| 年份 | 2019 | 2020 | 2021 | 2022 | 2023 | 2024 | 2025 | 2026 | 2027 | 2028 |
| 年数 | 1 | 2 | 3 | 4 | 5 | 6 | 7 | 8 | 9 | 10 |
| 自由现金流 | 83.6 | 91.86 | 101.16 | 111.27 | 122.4 | 134.64 | 148.1 | 162.91 | 179.2 | 197.12 |
| 折现率 | 1.08 | 1.17 | 1.26 | 1.36 | 1.47 | 1.59 | 1.71 | 1.85 | 2 | 2.16 |
| 自由现金流-折现率 | 77.41 | 78.6 | 80.29 | 81.82 | 83.27 | 84.68 | 86.61 | 88.06 | 89.6 | 91.26 |
| 第三步：计算永续年金-折现值 | | | | | | | | | | |
| FCF10 | 197.12 | | | | | | | | | |
| 永续年金平均增长率 | 3% | | | | | | | | | |
| 折现率 | 8% | | | | | | | | | |
| 永续年金价值 | 4060.7 | | | | | | | | | |
| 永续年金-折现值 | 1879.9 | | | | | | | | | |
| 第四步：计算所有者权益 | | | | | | | | | | |
| 10年折现现金流 | 841.6 | | | | | | | | | |
| 永续年金-折现值 | 1879.9 | | | | | | | | | |
| 所有者权益 | | | | | | | | | | |
| 第五步：计算每股价值 | | | | | | | | | | |
| 所有者权益 | 2721.5 | | | | | | | | | |
| 总股本 | 61 | | | | | | | | | |
| 每股价值 | 44.62 | | | | | | | | | |

## 6.3.3　自由现金流贴现模型

自由现金流贴现模型的理论基础是现值原理：任何资产的价值都等于其预期未来全部现金流的现值总和，对于公司而言就是自由现金流。

公司自由现金流是由公司产生的，可以向公司所有权要求者包括普通股股东、优先股股东和债权人提供的现金流总和。

自由现金流贴现模型的计算公式如下：

$$V = \frac{FCF_1}{(1+WACC)^1} + \frac{FCF_2}{(1+WACC)^2} + \cdots + \frac{FCF_t}{(1+WACC)^t} + \cdots$$

即

$$V = \sum_{t=1}^{\infty} \frac{FCF_t}{(1+WACC)^t}$$

其中：$V$代表公司价值，$t$代表第$t$年，$FCF_t$为$t$年的自由现金流，$WACC$为公司加权平均资本成本率，也即贴现率。

在实际中，应用上述公式确定股票的内在价值存在一个困难，即必须预测未来所有时期的自由现金流。这几乎是不可能的，而且普通股票并没有固定的生命周期。因此，我们在使用自由现金流贴现模型时通常加上一些假定将模型简化，从而形成不同的模型。一般用得比较多的有零增长模型、不变增长模型等不同的表现形式。

### 1. 零增长模型

对于一家成熟稳定、没有增长的公司而言，每年的自由现金流也保持在一个稳定的金额水平，类似于永久年金，比如成熟稳定的公用行业上市公司。此时，自由现金流贴现模型的计算公式为（具体推导过程略，按等比数列求和即可得出结果）：

$$V = \frac{FCF}{WACC}$$

其中，$V$ 代表公司价值，$FCF$ 为每年的自由现金流，$WACC$ 为公司加权平均资本成本率。

如果该类公司的自由现金流全部用于发放现金股利，那么自由现金流贴现模型得出的结果跟现金股利贴现模型的结果非常接近。

### 2. 不变增长模型

有一些成熟的公司，未来的自由现金流以非常缓慢的速度增长。不变增长模型假定未来的自由现金流每年均按不变的增长率增长。这样自由现金流贴现模型的公式变为（具体推导过程略，按等比数列求和即可得出结果）：

$$V = \sum_{t=1}^{\infty} \frac{FCF_0(1+g)^t}{(1+WACC)^t} = FCF_0 \frac{1+g}{WACC-g} = \frac{FCF_1}{WACC-g}$$

其中，$FCF_0$ 代表第0年的自由现金流，$FCF_1$ 为第1年的自由现金流，$g$ 为自由现金流每年的增长率，$WACC$ 为公司加权平均资本成本率。

### 3. 两阶段模型

两阶段模型是自由现金流贴现模型中较为常见的类型。该模型把时间分为两个阶段。第一个阶段被称为详细预测期，通常为10年。在此期间通过对公司的收入与成本、资产和资本等项目的详细预测，得出每一时间段的现金流。第二阶段被称为终值期，此期间现金流的现值和的价值被称为终值。因此，自由现金流贴现模型的计算公式为（具体推导过程略，按等比数列求和即可得出结果）：

在实践中,对于成长型的公司而言,我们通常可以在第一阶段给予较高的增长率。但是维持高增长对于任何公司来说都非常困难,因此我们在第二阶段给予较低的增长率假设。假设公司的详细预测期为$n$期,最后一期的自由现金流为$FCF_n$,此后第二阶段的现金流以一个不变的较低增长率$g$永续增长,公司加权平均资本成本率为$WACC$,则:

$$TV = \frac{FCF_n(1+g)}{(1+WACC)^1} + \frac{FCF_n(1+g)^2}{(1+WACC)^2} + \cdots + \frac{FCF_t(1+WACC)^t}{(1+WACC)^t} + \cdots$$

一般情况下,投资者的预期回报$WACC$至少要高于总体的经济增长率,因此不变增长率$g$通常小于$WACC$。如果$g$永远高于$WACC$,潜在的含义是很长时间以后,公司的规模将超过总体经济规模,这显然不可能。通过等比数列求和可以得出:

$$TV = \frac{FCF_n(1+g)}{WACC-g}$$

此时:

$$V = \sum_{t=1}^{n} \frac{FCF_t}{(1+WACC)^t} + \frac{FCF_n(1+g)}{(WCAA-g)\ (1+WACC)^n}$$

在实际应用中,有时候会对详细预测期进行简化,直接对第一阶段采用一个较高的增长率$g_1$来替代大量的预测分析,第二阶段则采用一个较低的增长率$g_2$。此时两阶段模型的公式为:

$$V = \sum_{t=1}^{n} \frac{FCF_t(1+g_1)}{(1+WACC)^t} + \frac{FCF_n(1+g_2)}{(WCAA-g_2)\ (1+WACC)^n}$$

# 6.4 运用自由现金流贴现模型进行股票估值

运用上述模型来进行股票估值,主要解决以下问题:自由现金流的界定和计算、未来增长率的分析及如何计算加权平均资本成本率,最后计算出公司股权价值及每股价值。

## 6.4.1　确定自由现金流

公司的资本来源有两部分：股权资本和债务资本。两类资本虽然来源有别，但在企业生产经营中发挥的作用是相同的。公司所产生的现金流量在扣除对库存、厂房设备等资产所需的投入及缴纳税金后，其余额应属于股东和债权人，因此，经营资产自由现金流应当是在支付利息之前。在支付利息之后的经营资产自由现金流归股东所有，故称为股权自由现金流。

科普兰（Tom Copeland）教授比较详尽地阐述了自由现金流量的计算方法："自由现金流量等于企业的税后净营业利润（即将公司不包括利息收支的营业利润，扣除实付所得税税金之后的数额），加上折旧及摊销等非现金支出，再减去营运资本的追加和物业厂房设备及其他资产方面的投资。它是公司所产生的税后现金流量总额，可以提供给公司资本的所有供应者，包括债权人和股东。"

我们以此为基础来进行分析。简单地说，自由现金流量FCF是指企业经营活动产生的现金流量（Cash Flow From Operations, CFFO）扣除资本性支出（Capital Expenditures, CE）的差额，即FCF=CFFO−CE。

该公式如下：

自由现金流（FCF）=(税后净营业利润+折旧及摊销)−（资本支出+营运资本增加）=息税前利润×（1−所得税率）+折旧及摊销−（资本支出+营运资本增加）

自由现金流，是可以分配给所有投资人，包括股东和债权人的税后现金流量。税后经营净利润=息税前利润*（1−所得税税率），加上折旧，是因为折旧是非付现成本，所以要加回来。

（税后净营业利润+折旧及摊销），成为毛流量，然后再减去（营运资本增加+经营长期资产增加+折旧）就等于自由现金流，其中，经营长期资产增加+折旧=资本支出。

资本支出包括两部分：一部分是维持原有经营规模的资本支出，另一部分是扩张经营规模的资本支出。按照全部资本性支出这个口径计算，在企业成长期或者扩张期，计算自由现金流的结果往往是错误的。

因为在这个阶段企业的资本性支出会非常多，导致公司自由现金流为负数，得出公司价值为负数的错误判断，从而错杀很多实际上很有前途的公司。因此，我们认为应当将资本支出调整为保全性资本支出更为合理。只要所有扩张性资本支出的内含报酬率高于资本成本率，扩张性资本支出对于股东价值就是正效应而非负效应。

经营资产自由现金流应该是基于经营活动创造的可持续性现金流。在分析中，我们要时刻牢记经营资产自由现金流的本意是公司通过经营活动赚取的可以自由支配的现金。

上市公司通过经营活动收回的现金并不都是可以随便花的现金，首先要做的事情就是经营规模和能力保全（变旧的固定资产换成新的，到期的无形资产换成新的）。如果不进行经营规模保全，这个公司的经营规模和能力就会越来越小，到最后这个公司就没有了。所以，经营活动现金流量净额首先要高于一个公司的折旧摊销金额。折旧摊销在财务上的含义就是，提取出来以后用来弥补一家公司经营规模和能力的损耗。计算口径如下：

经营资产自由现金流量=（税后净营业利润+折旧及摊销）-（保全性资本支出+营运资本增加）=息税前利润*（1-所得税税率）+折旧及摊销+其他非现金支出-（保全性资本支出+营运资本增加）

不同公司的自由现金流计算是有差异的。并非所有的公司都要按照这个公式和口径来计算，要看不同的公司做不同的调整。所以估值不是一门科学，而是一门艺术。比如，对于上海机场、深圳机场、白云机场等公司，一旦建好机场，每年就计提很多折旧和摊销。但是这些折旧和摊销中的大部分并不需要再次投入替换新资产，而只需投入远低于折旧摊销的金额即可保全机场的经营规模和能力，在这种情况下，需要对保全性资本支出进行计算调整。

机场类公司的自由现金流=经营活动现金流量净额-经过计算得出的保全性资本性支出

经营资产自由现金流的用途：首先，支付债务利息，只要能及时支付债务利息，债务本金就可以长期使用；其次，在内含报酬率符合预期的情况下，投资新项目，用于扩张性资本性支出；最后，如果还有剩余，则给股东进行现金分红。我们通常也可以计算股权自由现金流。

股权经营资产自由现金流=经营资产自由现金流-利息支出

计算股票内在价值的计算方法：

公司股票价值=金融资产公允价值+长期股权投资价值+未来预期经营资产自由现金流贴现值-公司债务

## 6.4.2  预测*FCF*和估计*WACC*

我们在前面介绍了自由现金流贴现模型，该模型可以运用到经营资产价值现值的计算中，其原理是相同的。

$$V = \sum_{t=0}^{\infty} \frac{FCF_t}{(1+WACC)^t}$$

其中，$V$为经营资产价值，$FCF_t$为$t$年的经营资产自由现金流，$WACC$为公司加权平均资本成本率。

根据上式，经营资产自由现金流贴现模型的应用包括两个步骤：

第一步：预测未来的经营资产自由现金流即$FCF$。准确估计经营资产的未来现金流相当困难。

首先，我们要对公司的历史财报数据进行分析，包括历史上投资活动的净现值和内含报酬率，筹资活动的加权平均资本成本率、资本结构、资本期限、筹资顺序、筹资时机，体现资产配置能力的资产结构合理程度，体现资产带来收入能力的周转率是否稳定，收入、成本费用、毛利和经营利润的增长程度，毛利率、费用率的多少及是否稳定，收入和经营利润是否能够转化为经营活动产生的现金流量，销售商品、提供劳务收到的现金，经营活动现金流量净额的增长程度，以及自由现金流的多少和增长程度。虽然未来并不一定是历史的简单重复，但历史数据至少给我们提供一些未来分析的假设基础。

然后，我们要对公司进行未来情形的判断和预测，包括公司所处行业的分析、公司战略及业务可持续的分析、公司管理层因素的分析。

第二步：估计加权平均资本成本率即$WACC$（WACC:Weighted Average Capital Cost，即加权平均资本成本）。

通过对公司历史资本结构的分析以及未来的预测，预计公司的债务资金成本率和股权资金成本率，估算加权平均资本成本率。

## 6.4.3　理解WACC

公司的WACC是利用债务、优先股和普通股的资本成本率计算的加权平均数。公司债务、优先股的资本成本率比较容易确定，而股权资本成本率并不是非常明确。

**1. WACC是投资者的预期投资加权平均收益率**

WACC是一体两面：既是投资者的预期回报率；同时，公司需要创造满足投资者预期回报率的价值，其又是公司的资本成本率。

无论对于资本市场上的股票估值还是公司管理层的管理决策，公司的WACC都是一个很重要的指标。在分析一个公司潜在的投资项目时，期望收益率大于WACC的项目能够为公司带来更多的自由现金流，并为股票拥有者创造更多的NPV（净现值）。这些投资应该引起公司股票价格的上升。相反，期望收益率低于公司WACC的项目将减少公司的自由现金流，从而降低公司的价值。管理层应该拒绝这样的投资项目，净现值为负的项目将导致股票价值减少。

**2. 利率、WACC和股票价值**

按照自由现金流贴现模型，公司股票价值的变动来自两个方面：分母驱动和分子驱动。所谓分子驱动，即公司自由现金流的变化：公司未来自由现金流增加，股票价值增加；公司未来自由现金流减少，股票价值减少。所谓分母驱动，即WACC的变化：公司WACC增加，分母变大，则股票价值减少；公司WACC减少，则股票价值增加。

中国人民银行公布的基准利率或者国债利率的变动会直接影响到投资者对于投资回报的预期。基准利率和国债利率上升，则投资者预期回报上升，WACC上升；基准利率和国债利率下降，则投资者预期回报下降，WACC下降。由于股票的风险高于国债，因此投资者期望的股票收益率应该至少大于同期国债利率。

2019年我国5年期国债的利率为4.27%，换句话说，股东的预期收益率应该大于4.27%。假设利率和公司WACC的变化不影响公司未来自由现金流的数量。但是，利率和WACC的变化对同样的自由现金流的现值却有很大的影响。低利率会导致一个较低的WACC，而较低的WACC又可以提高公司未来收入或现金流的现值及公司股票的价值。相反，较高的利率和WACC会降低自由现金流的现值和股票的价值。

利率变化能够对股票价值产生多大的影响？理解证券定价过程中的数学原理有助于更好地回答这个问题。假设有一个投资者，他拥有面值1万元的30年期国库券，到期一次付息。假设这种债券的收益率或贴现率是8%。

根据我们对复利和复合年增长率的讨论，可以知道债券的贴现因子等于1除以1.08的30次方，即1/（1.08）^30=0.0994。

这项投资的现值就是：1 0000×0.0994=994（元）。如果利率下降1个百分点，该债券的新贴现率是7%，它的折扣因子现在就等于1/（1.07）^30=0.1314。债券现值是：1 0000×0.1314=1134（元）。

相对于贴现率等于8%的情况，还是同样的债券，但价值上升了320元或者32%。如果利率再下降1个百分点，债券的贴现率就变成6%，它的折扣因子就等于1/（1.06）^30=0.171 4，债券现值将等于1 174元。相对于贴现率是7%的情况，同样的债券价值上升了427元或者33%。

股票评估的分析过程和债券评估相类似，股票价值对银行基准利率的变化极其敏感。利率下降有利于股票价值上升，利率上升推动股票价值下降。

### 3. 如何确定股权资本成本

在计算WACC时，公司的资本被划分为债务、优先股和普通股。公司可能会有不同种类的未清偿债务和优先股，它们有不同的息票、股息和期限。通常来说，债务和优先股都会有明确的利率和股息率，因此确定其资本成本比较容易。公司的利息支付可以扣税，债务的税后成本用于公司WACC的计算。

但是，股权资本成本是隐含的成本，因此公司股权资本成本是计算WACC中的难点。如果一家公司只有一个股东，评估股权资本成本会简单得多。但是，在一家上市公司，我们遇到一个实际的问题：股东成千上万，每个股东的预期回报存在差别。股东的预期回报与股票的风险之间存在着密切关系：风险越高，股东的预期回报越高。

对于具体公司股票投资的风险，本质来源于公司自身经济活动所带来的未来自由现金流的风险，而不是来自市场价格的波动。和回报不同，投资结束时也无法对风险进行较投资开始时更加准确的量化，无法简单地使用一个数字来描述风险。投资不会提供有关自身风险的任何信息。投资者只能做几件事情才能应对风险：进行足够的多元化投资；在拥有安全边际的情况下进行投资。当出错的时候，便宜的价格会给我们提供缓冲。

在股票估值实践中，风险的调整有两种方式：

（1）通过分母的调整来体现风险。对不同公司采用不同的贴现率：风险高的公司采用较高的贴现率，风险低的公司采用较低的贴现率。风险高的公司比如银行股，银行的杠杆显然是各板块中最高的，所以银行面临的风险很大。

我国迄今为止只出现过一家银行破产案例（海南发展银行），但我们观察其他国家，会发现银行业的风险是非常大的。以美国为例，其经常出现银行大规模破产的现象，连花旗银行这种巨无霸在金融危机期间都差点儿倒闭。由于银行属于高杠杆经营的行业，所以投资者对其要求更高的回报率作为风险补偿，也是合理的。

我们也可以换个角度进行验证。银行ROE很高，主要是通过加杠杆得到，虽然盈利能力强，但盈利质量差。考虑到ROE并未反映出企业真实的盈利能力，我们观察ROA（理论上ROIC是更合适的指标，但我们用ROA代替，是为了方便日后的分析。其实使用ROIC得到的结论跟ROA差不太多，这里不再赘述）。从ROA来看，银行板块的ROA也是处于所有行业中垫底的。

（2）通过分子的调整来体现风险。也就是说，我们在估算公司的自由现金流时，如果未来的不确定性比较大，风险比较高，那么我们就应当采取保守的自由现金流。

股权资本成本率一般应该在同期的国债利率的基础上，加上股票投资的风险溢价。我们根据市场进行股权资本成本率的简化估算：以我国5年期国债的利率4.27%为基准，加上4%～5%的风险溢价，因此，股权资本成本率在8%～10%，针对周期性公司12%作为股权资本成本率,高杠杆类公司比如银行、地产等折现率采用15%作为股权资本成本率,并在这个范围内根据投资者个人的风险偏好进行取值。我们在后续的分析中,都采用8%(优秀稳定的消费垄断型企业)作为股权资本成本率来进行分析演示。

### 4. 计算WACC

在确定了债务资本成本率和股权资本成本率后,我们还需要估计一家公司未来的资本结构,以确定不同债务资本和股权资本各自在资本结构中的权重。通常,我们用公司当前的资本结构来估计它在未来的资本结构。

关于资本结构,按照公司财报中资本的账面价值,采用账面价值更加符合股票估值的逻辑。在得到债务资本成本率、股权资本成本率和各自的资本权重后,计算WACC的公式如下:

公式:WACC=优先股权重\*优先股成本+普通股权重\*普通股成本+债务权重\*债务成本(1−税率)

## 6.4.4 自由现金流现值

在前述分析的基础上,我们对伊利股份采用两阶段模型估算经营资产自由现金流现值如下:

$$V = \sum_{t=1}^{n} \frac{FCF_0(1+g_1)}{(1+WACC)^t} + \frac{FCF_n(1+g_2)}{(WCAA-g_2)(1+WACC)^n}$$

例如,按前面的伊利股份的数据:$FCF_0$=76亿元,$g_1$=10%,$WACC$=8%,$g_3$=4%,$n$=10。把上述值代入公式,可以计算得出:自由现金流现值=1 902.42亿元。

## 6.4.5 公司价值和股票价值的估算

### 1. 公司价值

在上述计算分析的基础上,我们可以来计算公司的价值。

公司价值=资产价值=金融资产价值+长期股权投资价值+经营资产价值

其中:经营资产价值以经营资产自由现金流现值作为计量标准。

以伊利股份2018年财报为例，金融资产为503 165.4万元，长期股权投资为190 938.7万元，经营资产价值为27 215 400万元(在自由现金流折现法计算步骤已经计算过)。

伊利股份公司价值=金融资产为503 165.4 万元+长期股权投资为190 938.7万元+经营资产价值为27 215 400万元=27 909 503.1（万元）

### 2. 股票价值

我们在上述步骤的基础上进一步分析股票价值。股票价值的计算公式如下：

股权价值=公司价值–公司债务

这里的债务只是指有息融资性负债，公司的经营性负债（应付账款等）不计入在内。

所以，公司价值=净债务+股权价值

净债务=债务+现金

这个价值恒等式是对于公司价值的理解的逻辑基础。

从理论上来说，我们应当减去公司债务的市场价值。关于债务市场价值的当前报价通常很难获得，而且在多数情况下债务市场价值也不会太多地偏离它们各自的账面价值。为了节省时间和简化评估任务，我们直接使用公司公布的债务账面价值。

在计算上市公司股票价值的时候，我们还需要考虑少数股东权益的问题。

上市公司股票价值=股权资本价值–少数股东权益价值

=股权资本价值×（1–少数股东权益比例）

多数上市公司都有控股子公司，控股子公司中可能存在少数股东权益。举个简单的例子，假设A上市公司持有B子公司80%的股权，那么B子公司纳入A上市公司的合并范围。A上市公司的财报包括B子公司全部的资产、负债、收入、成本费用、利润和现金流，但是B子公司中20%的股东求偿权是不属于A上市公司的，而是属于另外20%的少数股东。归属于上市公司股东的股票价值，显然不应该包括少数股东权益，但是我们在计算公司价值的时候并没有扣除该部分价值。所以，在计算股票价值的时候，我们应当把少数股东权益价值剔除在外。

从严格意义上来说，少数股东权益价值的计算，应该建立在每一个子公司价值计算的基础之上，然后按照少数股东权益比例予以扣除。但是，对于当今的上市公司来说，这是不太可能的工作：一是因为我们无法拿到上市公司所有下属子公司的详细信息；二是因为即使我们拿到数据，但是计算分析的工作量太大。因此，我们只能采取简化的方法来计算。

少数股东权益价值=少数股东权益/股东权益合计*公司价值

其中，少数股东权益和股东权益合计来自估值日的合并资产负债表。

以伊利股份为例，我们计算该公司2018年12月31日的股票价值如下：

伊利股份公司价值=27 909 503.1万元，伊利股份公司债务=152 300万元，伊利股份股权价值=公司价值−公司债务=27 909 503.1万元−152 300万元=27 757 203.1（万元）。

伊利股份少数股东权益比例=（伊利股份少数股东权益12 163.8万元/股东权益合计2 803 722万元）=0.4%

伊利股份上市公司股票价值=股权价值×（1−少数股东权益比例）=27 646 174.3（万元）

伊利股份发行股份总数=610 000（万股）

伊利股份每股内在价值=上市公司股票价值/发行的股份总数=45.32（元）

股票估值是艺术，不是科学。在用自由现金流方法估值时，前20～30年的现金流、折现率和永续增长率是决定性因素。从前文的伊利估值的例子可以看出，一般情况下，永续经营价值的现值是前10年现金流现值的2倍以上，尽管永续经营理论上不可能，但实际上在永续经营价值的现值中，比重最大的是10年～30年，往往20年、30年之后的数据影响就很小了，因为时间是把"杀猪刀"。可以通过以下的例子来体验：假设折现率是10%，那么1年后的10万元折现到现在是10/（1+10%）=9.09（万元），这个9.09万元就是现值；10年后的10万元折现的现值是10/（1+10%）^10=10/2.59=3.86（万元）；24年后的10万元仅仅等于现在的10/（1+10%）^24=1（万元）。所以巴菲特最看重的是10年及20年内企业能产生多少自由现金流。

投资者往往过于关注短期的业绩，或者夸大短期业绩增速的持续性，看不到持续而稳定地中低速增长的价值，过于关注近2～3年的业绩而忽略了企业的未来。很多投资者根本没弄明白，为何A股2017年以来一些持续中低速增长的消费白马股比高速增长的中小盘股涨的好。只有明白了投资重点，才会懂得该找什么样的投资标的。只有具备深厚护城河的消费垄断企业才能大概率实现持续的业绩中低速增长，投资者也只有对目标公司即目标公司所处行业有深入研究，才能预判10年后或者更长时间，比如该公司能用多长时间发展到成熟规模？开始缓慢增长时，市场会给多少倍合理PE？深入理解企业和估值比确定折现率与永续增长率具体为多少数值更有意义。

　　虽然在估值计算的过程中，我们计算到小数点后面两位貌似精确，但其实是不可能的。估值结果可以作为我们的投资决策的参考依据。伊利股份在2018年10月30日的时候，股价为21.37元。与45.32元的每股内在价值比较，我们很容易得出结论：伊利股份的价格被市场低估了。至于低估15元还是25元并不是很重要，只要被低估的幅度足够大，就为我们的买入投资提供了足够的安全边际。

# 6.5　DCF适应范围

　　DCF其优点是理论最为完美、需要的信息量多、角度更全面。但缺点是需要耗费较长的时间、模型复杂，一点儿小变化可能会引起巨大的差异，最重要的是，绝大多数的A股不适用。主要是公用事业、家电、水电公司、消费品行业等。

　　DCF是一套很严谨的估值方法，是一种绝对定价方法，想得出准确的DCF值，需要对公司未来发展情况有清晰地了解。得出DCF值的过程就是判断公司未来发展的过程。

　　所以DCF估值的过程也很重要。就准确判断企业的未来发展来说，判断成熟稳定的公司相对容易一些，处于扩张期的企业未来发展的不确定性较大，准确判断较为困难。

　　再加上DCF值本身对参数的变动很敏感，使DCF值的可变性很大。但在得出DCF值的过程中, 会反映投资者对企业未来发展的判断, 并在此基础上进行假设。有了DCF的估值过程和结果, 以后如果假设有变动, 即可通过修改参数得到新的估值。

使用不同方法得到的公司估值可能不尽相同。公司估值结果的表达最好采用区间估计, 而非点估计。

交易的最终定价往往最终取决于市场营销好坏或谈判力量的大小; 而投资的最终取舍决定于价值与价格的相对关系。

# 第7章

# 估值方法具体运用: 贵州茅台

本书第5章、第6章已经对相对估值法及绝对估值法进行了详细介绍, 学习理论的目的不在于理论体系本身, 而在于应用, 理论的作用是指导实践。本章通过具体几个实例对这两种估值法进行演示。

由于篇幅所限, 不可能举太多的上市公司作为实例交流, 这里只列举贵州茅台作为估值对象, 这家公司对任何投资者都是耳熟能详的, 很具有代表意义, 希望在这里能起到抛砖引玉的作用。

## 7.1　茅台及酿酒工艺简介

公司主要业务是茅台酒及系列酒的生产与销售。公司经营模式为采购原材料—生产产品—销售产品，原材料采购主要根据公司生产和销售计划进行采购。

茅台酒生产产品工艺流程为：小麦制曲、高粱酿酒、采用高温制曲、二次投料、堆积增香、回酒入窖、八轮发酵、七次蒸酒、分次入库，分型分级贮存、长期陈化、精心勾兑。"长期陈化"是当今茅台酒的最重要特色，但它并不是传统操作，是1956年新增加的。

## 7.2　白酒是个好行业

白酒行业是个好行业，原料就是一把米、一斤水，可有的酒售价1 000元，有的酒售价100元，哪怕100元，毛利率都在80%以上。同时，白酒行业经过数千年发展，其酿制技术还是大同小异，所以工艺稳定、产品简单易懂、贴近生活。并且白酒不会坏，不担心库存增加，而且白酒年份越长，价值越高。白酒技术变化慢，不必创新，不用担心白酒替代风险。并且茅台作为高档白酒，人们是越贵越买。事实上，茅台酒与其他白酒差别不大，只是贵州茅台给人带来更大的精神享受。另外，白酒容易上瘾，对客户有黏性，并且换个牌子就觉得不是那个味道。

白酒能够满足人们的某种味觉需要，而且一旦习惯这种味蕾的感觉，终生难以改变。白酒行业里流淌着一种传统文化的血脉，或者说有中国传统文化的基因"保护"，所以不容易被颠覆。白酒能够满足人性中的解闷、抒怀、社交、尊重等需求。因为人类的舌头具有记忆功能，而且十分敏感，不如大脑那样容易被欺骗，酒企的工艺也不需要多大创新，只要保持传统的工艺，保持原有的品质与口味就可以了。所以，也不需要多大的研发投入。

高端白酒的需求特性比较单一，客户的需求就是品牌知名和口味，品牌满足心理需求，口味满足舌尖的需求，最后这种单一的需求形成茅台和五粮液的双寡头，其他公司难以进入。所以白酒行业只需要关注茅台及五粮液即可。

白酒行业集中度偏低，未来消费将进一步向名优白酒集中，高端白酒参与者少，竞争格局良好，行业集中度有望继续提升。我国高端白酒市场主要由53度茅台酒、五粮液普五和国窖1573组成，市场份额较为集中，竞争格局好。茅、五、泸在高端白酒市场的集中度持续提升。2018年，高端白酒整体容量预计达6.17万吨，其中，茅台3.25万吨，五粮液2.22万吨，国窖1573约6 500吨。按销量计算，茅台市占率53%，CR3占比高达98%。剩余被梦之蓝、水井坊等其他品牌瓜分。

高端白酒的进入壁垒高。首先，高端白酒对品牌和品质的要求极高。对品牌底蕴的要求就将大多数白酒企业排除在外，仅有极少名酒具备进入高端白酒队列的品牌力；其次，高端白酒的产能壁垒高，拓展产能需要较长的时间。高端白酒对生产窖池的使用年限、窖藏的时间都有很高的要求，一般只有连续使用时间在几十年以上的窖池才能生产出高端酒基酒，生产出的基酒需要储存3～5年才能出厂销售。所以，高端白酒的产量有限且拓展产能需要一定的时间。

在A股，从整个消费品来看，白酒行业应该是食品饮料行业里面生意模式最好的细分行业，而食品饮料行业是整个A股投资生态里面相对最稳定的行业。白酒的消费群体萎缩，投资者不用担心，喝白酒是中国人的文化。你25岁不喝、30岁不喝，35岁也得喝，随着年龄增大和社会地位提升，白酒消费量是逐步提升。消费升级和品牌集中提升是白酒行业的核心投资逻辑。

# 7.3　茅台商业模式

（1）白酒行业具有永续的特点和品牌的历史传承。

产品具有成瘾性，酒文化源远流长，喝白酒的文化是很难改变的，虽然说古代喝的是低度酒，高度酒是近100年才有的，但是在大多数人的文化认知里面，诗词歌赋里面提到的酒就是白酒。白酒和其他食品饮料行业不同，它的品牌壁垒非常高。由于它有很强的历史文化延续性，你很难新创一个白酒品牌，能和茅台、五粮液齐名。目前所谓次高端的新品牌也都是脱胎于原来的八大或十八大名酒。（比如水井坊来源于全兴大曲，舍得来源于沱牌，海天梦之蓝来自洋河大曲）没有历史渊源的白酒品牌没有办法讲故事，不能讲故事的白酒品牌无法长期占领消费者的心智。因此白酒的品牌是行业天然的护城河。

（2）白酒企业拥有非常优秀的现金流和极少的固定资产投资，轻资产类型、追加投资少、边际成本低、利润含金量高。

酒窖的维护成本很低，只要不发生地质灾害和人为破坏，一个酒窖可以用几十年、几百年，几乎不需要进行资本投入就能维持盈利，甚至还能成长。

（3）茅台的生产环境、工艺、独特的口味构成了差异化竞争优势。

微软和苹果的技术都有可能被超越，但茅台不会，因为茅台的酿造技术是千年来前人不断推陈出新的文化积攒，是被人类认可的、至今最好的、不可或缺的精神食粮。茅台这种差异化优势在于，每次酒宴满上它，无论能喝不能喝的，懂酒不懂酒的，都共同知道一件事：这是最好的。也都能明白无误的感受到今天的规格和主人的诚意。而这种诚意仅需2 000元。在中国，它牢牢地植根在每个消费者的心智中。

（4）作为消费品，拥有提价能力，其实主要是面对通货膨胀的提价能力，这决定了这个企业几乎是永续的，不会因为成本问题倒闭。

（5）极高的毛利率和净利率。

产品差异化程度高，高端白酒是ROE、毛利率、净利率都很好的生意。贵州茅台2018年的毛利率是91%，净利率竟然达到51%。白酒的原料是什么呢？高粱、大米等五谷杂粮，这些都是非常便宜的大众基础食品。原料丰富且便宜，但是生产出来后却是价值非常高的快消品。茅台酒以糯高粱和小麦为原料，小麦占52%，这是白酒生产中绝无仅有的。

（6）超强的议价能力，先交钱后交货。

茅台148.1亿元固定资产占1471亿元总资产比重约10%，148亿元的固定资产产生约600亿元的营收与300亿元的净利润，由于固定资产的占比低，扩大生产所需的资本性支出就少。典型的投入少、回报高，产业链中议价能力高，很多都是渠道商主动要求拿货，所以庞大的预付款是行业的一大特征。很多企业净资产收益率不低，但由于应收款多，或者资本性支出多，长期并未给股东带来较高回报。

（7）需求稳定、弱周期。

强周期性行业一般特点如下：一是产品没有什么差异化，同质化竞争，当行业出现产能过剩的时候，只能通过价格战解决，于是整个行业陷入低谷。二是基本都是重资产企业，资本驱动型，需要大量的资金不停地追加投资、更新设备，容易将股东留存的利润最终化为乌有，价值投资者讲究的是低投入高回报，所以强周期行业这种重资产及不断追加投资的行业不符合价值投资对标的的要求。

白酒行业不属于强周期性行业。首先，白酒行业属于消费品行业，消费品受到经济的影响相对强周期性行业较小；其次，白酒行业是典型的差异化竞争，茅台再牛，古井贡酒也能卖得很好，它们的品牌属性、目标客户定位、文化价值、地域属性等都不一样，所以高端白酒和中低端白酒能相安无事，不需要打价格战，而且打价格战也没有用，也不会让自己的市场变大；最后，白酒行业不属于重资产行业，扩大生产不需要大量的资本投入。

高端白酒属于弱周期性行业。高端白酒高度依赖多级分销，每个渠道都有库存。一般库存弹性越大，周期性越强，再加上高端白酒的投资属性，造成了三到四年的高端白酒周期。近年来，白酒企业对渠道的控制力越来越强，渠道对高库存也越来越谨慎，因此，高端白酒周期性被渐渐抹平。一方面消费需求转向以大众消费为主，消费群体趋于稳定；另一方面从厂家到终端店对压货的诉求明显更弱，且消费升级取代总量经济成为驱动白酒下一阶段增长的主要动力。因此，行业周期性趋于弱化，白酒消费随经济的波动性减小。

但白酒行业的需求量周期波动性还是比一般消费品更强一些。从白酒历史周期的影响因素来看，白酒周期性强于一般消费品的主要原因在于消费场景及金融属性（高档白酒特有的现象）。

（8）快消品商品属性。白酒作为快速消费品，随着人们生活水平的提高，同样存在消费升级的强大动力。

（9）存货优势。白酒行业不存在存货减值的问题，存货更值钱。

（10）白酒行业对管理层的依赖度没有其他行业高。

## 7.4　酱香型相比浓香型的优势

白酒香型有酱香型、浓香型、清香型、兼香型等，其中最为熟知的应该是浓香型白酒和酱香型白酒。浓香型白酒以四川泸州地区酿酒生产工艺为代表，而酱香型以贵州仁怀地区酿酒生产工艺为代表，比如茅台。

由于酿造工艺不同，酱香型白酒只要有适合的建厂区域，就可以扩产建厂，五年后就可以形成产能，所以，茅台酒的产能在逐年稳健的增长。浓香型白酒则不同，正所谓"千年老窖万年槽，酒好全凭窖池老"。浓香型的高端酒都得用老窖池生产的优质基酒才能酿出来，而一般连续使用30年以上的窖池才能称为老窖池，才能生产出优质基酒，因此，浓香型白酒的高端产能是无法在几年内立马提升的，只能等时间慢慢推移。

酱香型白酒虽然时间长，工艺流程多，但几乎所有轮次的酒都可以用上，高端酒出酒率高，没有窖池限制。而浓香型的高端酒，窖池年线限制得死死的，而且高端酒出酒率还不高。因此浓香型高端酒的产能增长比酱香型更难。

浓香型的高端基酒对老窖池要求严格，高端酒出酒率低，制约了浓香酒高端酒的发展。浓香型高端酒，需要老窖池，最好的窖池就是五粮液的明朝窖池，用明朝窖池酿酒，高端酒出酒率60%～70%，但明朝窖池是有限的。用五六十年的窖池酿浓香酒，高端酒出酒率10%以下。五粮液高端酒出酒率占总产量10%～15%。

用20～50年的窖池来酿酒，高端酒的出酒率5%～10%。酿10万吨酒，能出5000～10 000吨的高端酒。2018年五粮液产酒19万吨，按比例来说，五粮液高端酒1.9万吨～2.8万吨。五粮液在生产20 000吨高端酒的同时，也要伴生出更多的低端酒（16万～17万吨）。这是浓香酒的宿命。这也就是我们在市面上看到大量的五粮液系列酒的原因，系列酒稀释了五粮液的品牌价值。浓香白酒只有具备将中低端白酒销售出去的能力，才有提供高端白酒的可能。否则，你生产1吨高端酒，积压10吨中低端酒，企业也会被拖垮。

# 7.5　贵州茅台护城河

贵州茅台是国内白酒行业的标志性企业，主要生产销售世界三大名酒之一的茅台酒，其他两个是苏格兰威士忌、法国柯涅克白兰地。茅台酒历史悠久、源远流长，是酱香型白酒的典型代表。

白酒企业的核心竞争力是产品品质和品牌基因。白酒品牌的塑造需要历史的积累和沉淀，相对而言，白酒的一线品牌资源是稀缺的，而这恰恰是茅台酒的另一大特点优势所在。在中国数千年的酿造史上，茅台酒的酿造工艺可以称为是最复杂的。因为其制作工程的独特性，1996年茅台酒的酿造工艺就被确定为国家机密加以保护，随后2001年被列入首批国家物质文化遗产，2006年被列入首批国家非物质文化遗产名录。

茅台护城河体现在：

（1）贵州茅台的品牌是独一无二的招牌，公认的国酒，只要提到白酒，第一个想到就是茅台；

（2）贵州茅台是酱香型白酒行业垄断者，其销售收入占细分酱香型白酒市场总收入的80%，是典型的产品垄断。还由于所有的白酒只有酱香型白酒越陈越好喝，越陈价值越大；

（3）茅台酒工艺被确定为国家机密，被列入国家级首批非物质文化遗产，而且茅台的工艺不可复制。1975年政府举一国之力异地复制茅台都没有成功；

（4）茅台酒产量有限，使得茅台酒稀缺，公司具有定价权，茅台涨价是常态；

（5）深厚的品牌文化积淀——不可复制性。

未来只要白酒文化没有改变，只要茅台的品质文化没有改变，茅台的护城河就会依然宽阔。

## 7.6 茅台量价分析

根据贵州茅台集团的"十三五"规划,至2020年,茅台酒设计产能将达到5.6万吨,按照茅台的环境承载能力,完成此次扩建后将不再扩建。茅台酒制酒车间设计产能为38 528吨,实际产能为49 922.71吨,超出设计产能近30%;系列酒制酒车间设计产能为21 245吨,实际产能为25 122.02吨,超出设计产能18%。

如果按公司的表述,茅台酒产能达到5.6万吨之后较长时间内就不扩张了,再根据茅台酒实际产能比设计产能高出个20%~30%。那么也就是实际产能的最大值可能是3.85+1.75×1.3=6.12(万吨),3.85万吨是已有的实际产能,1.75×1.3是目前正在扩建产能的最大值,两者相加是茅台较长时间内的最大产能。

根据茅台酒基酒产量及可供销售量的对应关系,预计2024年可供销售茅台酒量接近6.12万吨,2019年销售3.45万吨,未来销售量的增幅为6.12÷3.45=1.77,也就是增幅77%,相当于2020—2024年未来5年每年复合增长15%以上。

如果按销售价格未来10年增幅为80%计算,2019年贵州茅台的茅台酒的营业收入为758亿元,那么预计未来10年之后茅台酒收入758×1.77×1.8=2 415(亿元),是2019年茅台酒758亿元收入的3.19倍。

以上的数据主要指的是茅台酒,茅台除了茅台酒还有系列酒,系列酒2019年销售3万吨,销售收入95亿元,公司未来继续扩产,可能到6万吨,是否能提价未知,因为系列酒竞争对手众多,定价权不强。

即使按最乐观的计算,价格也翻倍,未来10年之后,茅台的系列酒的收入大概是95×2×2=380(亿元),贵州茅台未来10年之后收入大概是2 415+380=2 795(亿元),是2019年854亿元收入的3.27倍。

茅台的净利率呈现逐年攀升的态势,预计10年后可以达到55%—60%,保守点儿按55%算,净利润大概是2 795×0.55=1 537(亿元)(2019年白酒行业整体利润是1 404亿元)。

贵州茅台基本面分析总结:

茅台作为价值投资的标杆,几乎满足了价值投资所有的要求:强大品牌、少或研发、少或无广告、少或无资本支出、少或无运营投入、库存不折旧、无应收账款、供不应求、毛利率高、自主定价权、生命周期长、业务简单易懂、弱周期高端消费品（重复、成瘾消费）、行业技术变化慢、进入壁垒高，高端白酒竞争格局好。

商业模式决定行业优势，酱香酒特性即决定了酱香酒细分行业的优势，商业模式+酱香酒特性+茅台品牌=茅台优势。

# 7.7　PE估值法

PE估值是广大股民最喜欢用的一个估值指标，因为简单易懂，下面就分析一下贵州茅台的PE估值多少算合理？

茅台增长的四个驱动因素：量提升、价提升、产品结构提升、提高直销比例。

茅台酒2018年的产量是49 671.69吨，销量是32 463.95吨，产量比销量多53%。（正好是飞天53度），另外，贵州茅台方面明确表示，将在2019年底前把年产能提高到5.6万吨，达到这个目标后不会再扩大产能。

未来十年分两阶段：如果设计产能是5.6万吨，实际产能就是6.12万吨，那么未来有5年，年化15%增速；5年之后的增长为5%的假设原因有两个，一是其他系列酒的增长，二是茅台酒的提价，当然不可能每年都提价，但长期看提价是趋势。假设其提价幅度能稍微跑赢通货膨胀。未来5年茅台提价2次，分别为15%，即5年后茅台出厂价大概在1 280元。5年之后茅台的供应量增长77%，再假设这些酒都能卖出去，得到第一阶段5年的年化增长率为20%左右；考虑茅台的提价效应，即使未来供应量不再增加，茅台也能维持5%的增长率。

总结：未来5年可以量提升每年15%，价格提升5%～7%，产品结构和直销比例提升，保守起见，可以保持15%～20%增长；5～10年，没有量提升，也至少有产品结构提升和价提升，保持5%～10%的增长没问题，10～20年保持至少5%跑赢通胀没问题。

贵州茅台历史市盈率如下图所示：

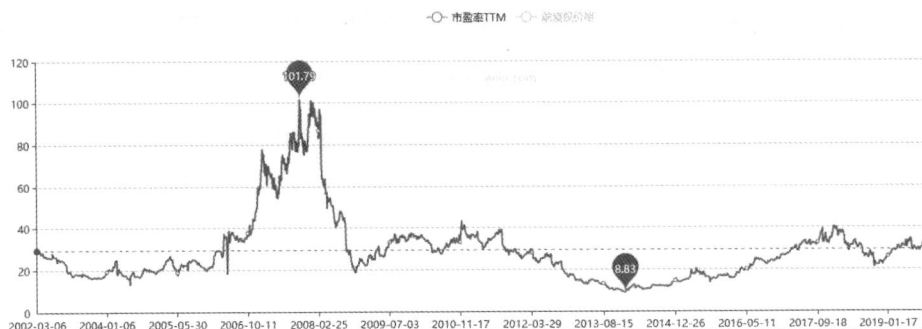

2002年至2019年，贵州茅台的估值中枢在20～40倍，股价跌破20倍PE基本上都是买入良机，当前股价（1 097元）对应2018年PE为39.26倍。茅台目前处于一个合理偏高的估值位置。可以持有，但是如果是要买入的话，并且投资期限也不是很长，比如2～3年以内，安全边际还不够。

如果现价买入，按照10年期持有，10年后茅台的估值按20倍PE计算，根据前文的量价分析，2029年的净利润1 537亿元，那么茅台的估值为30 740亿元，如果按照40倍PE计算，那么茅台的估值为60 480亿元，目前的市值13 820亿元，未来10年的回报仍有2.22～4.45倍空间。虽然无法与前几年的回报相比，但也还是不错的。

纵向比较，根据茅台历史动态PE可以得出三个结论：

第一，茅台在市场风险偏好快速提升时，PE估值也会快速提升，但茅台稳健的业绩增长可以不断消化高估值，例如，2007年60倍以上的高估值通过业绩快速增长得以消化；

第二，历史上估值20倍以下处于茅台估值偏低区域，两次估值在10倍以下均受到特殊的行业背景影响，其中，2002—2003年被严重低估主因茅台"大市值、高股价"的特征与当时的市场偏好背离有关。2013—2014年被严重低估主因高端白酒受政务消费断崖式下滑，市场对高端白酒预期极度悲观所致；

第三，茅台估值在20～30倍在历史上属于常态，对于持股周期偏长的投资者而言，30倍左右估值依然处在继续持有的合理区间。

横向比较，选取五粮液等10家可比白酒公司：当前白酒行业的平均估值处于22倍，在近年白酒板块股价整体大幅上涨之后，估值仍处于合理区间，足以看出白酒板块业绩的高成长性。当前白酒板块仍处于估值合理状态，茅台作为占据行业发展制高点的龙头酒企，可以获得估值溢价。

第一，白酒行业具有相较其他多数行业更加确定性和成长性的商业模式；

第二，白酒上市公司均是全国性和区域性龙头酒企，在行业挤压式竞争环境下更占优势；

第三，茅台作为行业发展的风向标和基石，可以给予适当的估值溢价。

再结合PB。前文第4章的市场定价逻辑有公式如下：PB=ROE×PE。ROE和PE都要估算长期的，至少10年。

预计茅台ROE长期可以达到25%（2016年以来ROE在24%～34%），考虑增长性，前文茅台量价分析估算未来10年茅台业绩平均增速可达到10%，PE给到25倍左右，ROE最低按25%计算，两者相乘，PB=25%*25=6.25，因ROE平均在30%，PB=30%*25=7.5，7～8倍PB是比较合理的。打五折的话，3～4倍以下PB是非常低估的价格。根据历史数据，茅台超过10倍PB的价格是相对高估的。

贵州茅台历史市净率如下图所示。

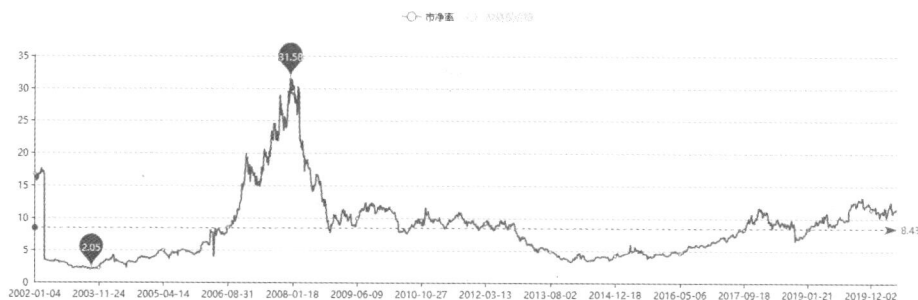

回顾历史，最近十年，茅台有两次大的机会。一次是2008年金融危机期间，股价下跌超60%，PE从100倍到20倍。第二次是2012年末的塑化剂事件叠加"八项规定"（大盘也不好），股价跌到89元，PE最低至10倍。第一次机会主要跟市场危机有关，而第二次危机主要跟个股和行业危机有关。

投资者能不能抓住这两次机会呢？第一次应该相对好抓住一些，只要有经验的投资者应该都知道，市场危机就是买入优质股票的好机会；第二次机会需要投资者对高端白酒的洞察力，判断这次危机是不是足以撼动整个行业或公司的市场地位。

行业逻辑的变化,由总量经济高速增长驱动的白酒量价齐升的时代已经过去,由消费升级驱动的白酒品牌集中、结构升级的时代正在到来,优势品牌将尽享消费升级带来的结构性红利。

从资金面来看,过去板块缺乏重价值而轻趋势的长线投资者,而外资正在扮演这一角色,进入2019年外资对白酒板块的配置明显提速,随着MSCI比例逐渐放开及A股国际化不断推进,外资长期流入A股趋势不改,白酒板块有望持续享受外资流入红利。

总的来说,讨论高端白酒行业的估值,仅仅只从当前或上一年的静态PE来考虑,这无疑是非常不可靠的,还必须同时考虑到宏观经济周期、库存周期、基本面变化、资金面及历史估值等方面,尤其基本面和资金面的变化将作用于估值体系,一方面周期性减弱导致业绩波动程度减小,名优白酒增长具备确定性;另一方面外资的逢低介入将会对板块估值形成托底作用,因此我们认为未来名优白酒估值区间将呈现出"区间收窄、中枢上移"的特征,过去估值在10~40倍波动,未来有望在15~40倍PE甚至20~40倍PE波动,持续看好优质酒企的投资前景。对消费品龙头企业尤其是高端白酒龙头企业来说,只要投资者愿意在市场低迷的时候买入,只要拿的时间够长,都会有超额收益。

行文至此,贵州茅台的估值就结束了,我们并没有罗列太多的数据,PE估值这种相对估值法,我们在第5章时就详细介绍了它的一些局限性,知道了一个估值方法的局限性,才能真正用好它,想要做好估值,除了了解每种估值方法的优缺点,更重要的是深入理解企业,对贵州茅台进行估值也是如此,谁能对白酒这门生意和贵州茅台的独特优势理解超过业内专业人士,甚至超过白酒上市公司管理层,谁就会拥有更多的投资优势。

# 第8章

# 估值思维的定性分析

市场价格短期是由资金面和心理面决定的，无法预测。而长期是由企业的生意特性、经营态势和风险决定的。好生意、好企业会在PE上获得经常性的溢价，相反则会经常性的折价。

对于估值水平（PE）的判断，短期内是不好把握的，就像我们经常说的价值回归会迟到，但从不会缺席一样，对于什么时间资本、心理和企业基本面产生共振，出现牛市或熊市，我们无法预判。

ROE是制约企业价值的最重要因素，因为ROE决定企业的长期可持续增长率，而一只股票的成长性是决定PE水平的重要因素（成长速度/成长时间/成长风险/成长效率），因此ROE也就同时决定PE，所以根据公式：企业价值＝净利润*PE，最终推导出ROE决定企业价值，巴菲特所有的选股准则几乎都是围绕ROE展开的，比如巴菲特寻找具有护城河的企业，就是为了使ROE可以在较长时间内稳定波动。

对于PE更多的是定性的判断，企业是会经常性的溢价还是折价。假如企业未来有较为确定而持续的增长，那么早上车者就是坐轿者，享受溢价，后来者就是抬轿者，支付溢价。较为实际的做法不是非要等到低估值时才买入，而是溢价较低时先买入，万一有低估时再加仓（比如2008年金融危机及三聚氰胺带来的伊利低估的机会或2013年塑化剂带来茅台10倍PE的机会）。

投资是认知的变现，而认知也会有一个渐进的过程。对一个企业的估值，要全面、动态、综合地参照行业地位、商业模式、成长性及风险系数等各种因素来看。当你买入一个企业以后，真能做到无论涨跌不惊，甚至是内心渴望它能下跌的更多一点，从而可以买到更便宜的筹码（因为短期不会卖，跌了，如果有现金流可以更低的价格加仓，未来的回报也将更高），那么就可以一定程度上反映出你对企业的理解比一般投资者要深刻得多。

# 8.1 有关估值的常识

在讨论估值的定性分析之前，我们先简单普及一下有关估值的一些常识。

## 8.1.1 A股只有少数公司可以估值

估值需要解决的问题主要有两个：一是确定企业的经营类型（我们把企业分为两种，优势型和普通型），二是确定企业的经营阶段，是属于价值创造的哪个阶段？是处于企业生命周期的投入期，成长期，成熟期还是衰退期？只要定性地解决了这两大问题，企业估值的大概也就基本可以确定了。

对A股4 000多家企业大致有以下的两个判断：

一是大部分企业不可估值（如果一家企业在经营中没有竞争优势，那么其未来的经营是不确定的，会受到无数因素的影响，这些企业很难达到可预期的经营规模和收益水平，对这类企业经营做预测或估值，是没有意义的。是企业的经营品质决定了企业价值而不是某期的经营数据决定了企业价值，这一点非常容易被很多投资者忽视。经常听到很多投资者议论某医药企业在当期业绩取得30%增长，而PE估值才20多倍不到，恒瑞医药业绩增长只有20%，PE估值却超过50倍，从而得出结论：恒瑞医药高估，该医药企业低估。乍看起来有理有据，实际上，这样的分析判断过程只能显示出投资者对于投资及估值都还未入门。对于企业的基本面定性分析是最重要的，是否在经营中拥有持续竞争优势，是否属于行业的龙头，决定了未来较长时间经营的确定性，一个没有竞争优势的企业，当期的经营业绩算不了什么，业绩增长很难有持续性，要知道我们给一个企业估值的前提就是未来5～10年的经营的可预测性）。所以每当笔者看到投资者对科技行业及周期性行业的一些企业给出精确的估值会感到很惊讶，企业的存续期能有多久、明年是否盈利都难以确定，更别说未来5～10年的经营业绩，给出的精确估值对投资者能有多大的参考价值？

二是少数企业可以模糊估值（少数具备牢固的竞争优势的企业，那么其未来的经营格局是明确的、稳定的，这样就可能存在关键的、稳定的经营要素，通过反映这些基本要素的关键经营数据来估算企业价值。这就是毛估的根据。对很多行业而言，实际经营中只有极少数企业可能具备竞争优势。所以，只可能有少数公司可以以现金流折现来估）。公用事业、消费及医药的需求相对稳定，而这些行业中的一些具有强大竞争优势的企业，比如恒瑞医药，上市之后不仅不需要持续融资，每年在加大研发的同时，仍然保持业绩增长，这就是可持续性、良性循环，相比之下，复星医药、华海药业等不仅业绩不稳定，还需要不断融资。

## 8.1.2 竞争优势>营业收入>利润

一个企业是否值得投资，最核心的指标并不是利润，而是竞争优势，没有可持续的竞争优势（即护城河）保护的多数公司难以持续保持高盈利能力，为数不多可以克服均值回归的公司正是巴菲特一直强调的具有持续竞争优势的优秀公司，这种竞争优势能够转化为企业的营业收入，营业收入又会转化为利润。投资一个企业，其核心竞争优势>营业收入>利润。

一个企业虽然今年盈利非常靓丽，但是营业收入增长却和利润增长相差很多，比如利润增长40%，但是营业收入仅增长了5%，那么就先别因为这种企业利润高速增长而兴奋了，尽管市场却因此给了这个企业25倍甚至更高的PE估值。再比如，一个企业利润只增长了5%，其营业收入却大幅增长了40%，市场却给到了25倍或更低的PE，不少人会选择以利润为导向的公司，其实营收增长40%比利润增长40%更亮丽。

营收的增长能力表示企业抢占市场份额的能力，很大程度上反映出企业在行业中的竞争能力，而利润的高增长很大一部分是取决于企业内部的运营效益。对外部的市场竞争相比对内的成本管控显然难度更大，也更有价值。

毕竟只要营收增长，然后再结合公司内部精细化管理，利润释放还是相对容易的。比如伊利股份，近年来因为一直陷入和蒙牛的双寡头广告和营销的竞争中，牺牲了短期利润，却有利于未来发展，一旦和蒙牛拉开了足够的差距，这种竞争将得到缓解，伊利的广告及营销费用将在更大规模上得到分摊，蒙牛势必无法再和伊利打广告战，伊利的利润迟早会在将来的某个阶段得到释放。

当然还有一种情况更令人激动，就是一个公司的竞争优势在持续提升，但是却未能反映在报表上。比如说一个医药公司研发了一款重磅产品，而一款产品研发成功，有时其股价短期不但不上升，反而会下跌，因为一款新产品要产生营收，需要公司加大推广力度，这样的经营运作势必会给企业短期的经营业绩带来负面影响。当企业竞争优势显著提升时，市场给企业的估值却出奇得低，此时市场以利润为导向的习惯则往往会给投资者带来极佳的投资时机。

投资者如何在企业的竞争优势、营业收入、利润三者之间取舍，会给投资带来不一样的风险系数和结果。

关注利润增长的投资者，很容易踩准市场节奏，因为市场多数就是关注利润，此类投资风格的投资者容易赚到快钱，但是利润的增长波动会比较大，因为利润涉及的因素相比营业收入要多得多，投资者需要承受PE可能的大幅波动，一个发展速度较快的行业，企业利润从10%提升到30%并不是太困难的事情，自然也可能随时从利润增幅的30%下降为10%，比如企业加大产品、品牌推广力度，导致销售费用大幅提升，这种短期的经营调整，对于一个体量不大的公司来说，极易给企业带来盈利的大幅波动。如此一来，投资者会面临较大的投资风险，因为其进场买入的时点多数是利润从10%增长到30%的股价上涨过程中。

而关注营收增长的投资者相对来说对企业能有更强的把控能力，因为营收的增长所涉及的因素相对较少，除了行业的发展状况外，就是企业在行业中的相对竞争优势。这些相对利润而言更容易把控，而且很多时候不少企业受到一些行业政策因素的影响，会有一段增收不增利的发展阶段，这个时间段内市场不会给到企业很高的估值，因此这个时段介入投资，不但可以享受企业竞争优势的持续提升，而且投资风险也相对较低。因为企业的竞争优势提升终将反馈到经营层面，最后体现到财务报表上。

市场与企业经营的时间差和认知差给了投资者诸多绝佳的投资机会，而投资者需要的是一双慧眼，去挖掘出竞争优势持续提升但是竞争优势尚未反映或者尚未完全反映到财务报表上的企业。

## 8.1.3 估值是一个区间

所有的定量研究，都是建立在恒定的假设条件基础上，而这些假设条件真的成立吗？DCF估值法也一样，假设条件如下：

（1）假设公司未来是稳定增长的：企业是否可以通过自己的竞争力提升、量增或价升等方式，使自由现金流保持增长态势，将大幅影响企业估值。

（2）假设公司未来现金流可以预测：所以一般规避初创企业和技术更新快的高科技企业。

（3）假设公司未来存续期可期：企业要能通过经营提供产品和服务来每年获取大量的自由现金流。

（4）假设社会无风险利率维持固定水平：这个需要持续根据风险偏好进行调整，因为影响折现率，所以对估值的影响很大，比如大家常听到的央行放水或降息则估值提升之类的消息。

所以，自由现金流折现法更多的是一个方法论、是一把尺子，上述四个假设也导致了估值不是一个精确的数据，而是一个区间，合理估值区间（合理估值从来不是一个准确的数值，而是一个模糊的区间）。其数值究竟有多么接近正确答案，取决于投资者对企业生意模式的认识深度，取决于各项假设是否符合实际。

巴菲特在1996年致伯克希尔股东的信中说："我们只是对于估计一小部分股票的内在价值还有点自信，但也只限于一个价值区间，而绝非那些貌似精确实为谬误的数字。"从这段话也可以判断笔者认为A股只有少数公司可以估值的正确性：大部分上市公司的经营业绩是不稳定的、难以预测的，而具体到投资者的能力圈来说，这少数的经营业绩稳定、可预测的上市公司，又只有其中一小部分在自己个人的能力圈之内。

估值是一个区间，不是一个精确的数值。而且每个人因为自己的投资理念、投资经历的不同，对公司了解的程度不同，对同一家公司的估值区间也不同。

比如说，笔者对格力的估值，PE在10倍以下算低估，12～15倍算合理；可能有的人却认为格力PE12倍以下就算低估，20倍以上才算高估；或者有的人认为格力PE在8倍以下才算低估，12倍以上就算高估了。

### 8.1.4  不同的行业适用不同的估值指标

（1）最常见的是现金流折现（DCF）估值。巴菲特最爱这种方法。这个方法最难的是现金流怎么预期。因此，DCF模型只适用于现金流比较稳定、可以预期的公司。主要就是消费行业、医药行业等。

（2）银行业其实不太适合现金流折现，也不适合PE估值，因为E是失真的。银行的PE很低，但大家都知道有坏账，可能坏账爆发PE一下就高了甚至E变成负数了，银行股用PB估值可能更合理，核心看的是信贷资产质量。

（3）保险业也不看PE，因为每卖一张保单，首先提取代理人佣金，对保险公司是亏损，而不是当期利润，但未来会转化为利润。保险股科学的估值是内涵价值，也就是EV(Embedded Value)，市盈率、市净率是没有办法反映处于成长期的寿险业务的。

保险有专属于自己的指标EV。像保险中的寿险，它的长期保单类似长期债券。我们说过股票的价值等于其剩余生命周期内自由现金流之和，这个道理也适用于寿险保单。保险公司在其年报中帮我们计算出了这些保单的现金流折现价值之和，也就是内涵价值，内涵价值可以看作是保险公司如果不再发展任何业务，单纯看其现有业务所对应的合理价值。实际上我国保险行业仍处于高速发展阶段，未来5~10年保险行业无论是广度还是深度都会有比较确定的高成长。

（4）地产也不是只看PE，主要看重估净资产法RNAV（Revaluated Net Assets Value），E只是结果，NAV是净资产价值，指在一定销售价格、开发速度和折现率的假设下，地产企业当前储备项目的现金流折现价值剔除负债后，即为净资产价值（NAV）。假设某地产企业，刚开发楼盘没有体现出利润，但土地储备的可开发价值是市值的几倍，所以企业有大量优质土地储备可供未来释放利润，也即股价相对其RNAV存在较大折扣，则说明其股价相对公司真实价值有明显低估。

（5）钢铁、煤炭、水泥、汽车这些强周期行业，PE、PB、DCF用处都不大，因为未来现金流很难预期，固定资产清算时又是废铁，今年赚10亿元，明年可能亏20亿元，所以强周期行业不能用PE来估值。按彼得·林奇的说法，反着看，强周期行业就是高PE、低PB时买入，低PE、高PB时卖出。低PE时说明行业在景气周期，大家都纷纷进行产能扩张, 未来可能要陷入价格战的泥潭; 而高PE表明全行业微利或亏损, 也表明供给端在去产能, 供需平衡行业反而可能走出低谷。

(6) 互联网行业的估值, 更不看PE、PB, 主要看用户月活数日活数变化。互联网公司初期没有利润, PE可能无限大; 轻资产, PB也可能无限大。只能看未来利润的源头, 即用户流量 (UV), 特别是活跃用户数 (ActiveUers) 的变化。BAT为什么估值高, 高就高在它们的用户数量太庞大了。

这个模式其实很好理解, 非常像中国平安的寿险业务, 保单表面上看是费用, 实际上是未来的利润, 中国平安卖出的保单越多, 账面亏损越大, 但内涵价值越高, 就是这个道理。互联网公司的用户流相当于传统行业的现金流; 传统行业看净利润的增长率, 互联网公司看用户数量的增长率; 传统行业看PE、PB, 互联网公司看市值和用户流量之比 (P/U)。

| 行　　业 | 行业特点 | 适合的估值方法 |
|---|---|---|
| 消费、公共服务业 | 盈利相对稳定、周期性较弱 | PE、DCF |
| 钢铁业、航空业、航运业 | 周期性较强、拥有大量固定资产且账面价值相对较为稳定 | 高 PE 与低 PB 结合 |
| 银行业 | 流动资产比例高, 关注信贷资产质量 | PB |
| 保险业 | 流动资产比例高, 成长性高 | 内涵价值 EV |
| 房地产及酒店业 | 关注资产账面价值与实际价值的差异 | 重估净资产法 RNAV 与 PB 法结合 |
| TMT、生物医药、网络软件开发业 | 成长性较高 | PEG 法、P/U |
| 资源类行业如煤炭、矿业等 | 关注产量和资源拥有情况 | 市值 / 储量, 高 PE 与低 PB 结合 |
| 商业零售行业 | 微利性 | PS |

## 8.1.5　谨防掉入"估值陷阱", 投资不要忽略常识

常见的估值陷阱:

一是被技术进步淘汰的夕阳产业的股票, 如柯达胶卷, 估值再便宜也不能买;

二是处于景气周期顶点的股票, 一般来说, 一家公司市盈率PE越低越好。但对于强周期行业而言, 如钢铁、化工、大宗商品等行业的公司, 如果在低PE时买入反而会掉入估值陷阱。

因为此时往往是行业景气高峰期，企业处于盈利顶峰，随着行业景气度下降，企业盈利下降甚至亏损，市盈率PE越来越高。所以，对于强周期性行业，反而要在高PE时买入，在低PE时卖出。

另外，买卖周期股必须结合自上而下的宏观分析，不能只靠自下而上选股；

三是发生危机的具有反身性的股票，情况会越来越差，如金融危机中的花旗银行和贝尔斯登；

四是赢家通吃行业里的小企业。所谓赢家通吃，顾名思义就是行业老大、老二抢了老三、老四、老五的饭碗。在全球化和互联网时代，很多行业的集中度提高是大势所趋，行业龙头在品牌、渠道、客户黏度、成本等方面的优势只会越来越明显，这时业内的小股票即使再便宜也可能是价值陷阱；

五是为成长出价过高。股价或者估值反映的应该是投资者对公司未来的预期，过去的成长不能代表未来的成长。关于成长性，一般的常识：高成长通常是不可持续的，大多数的高成长是会快速回归均值的。投资风险的一部分来自出价过高的风险，高估值股票业绩不达预期的比率远高于低估值股票，一旦成长故事不能实现，估值和盈利预期的戴维斯双杀往往会十分惨烈。

## 8.1.6　估值要保守

选择历史经营数据优异，股东回报丰厚而持续、大概率能保证永续经营的优秀企业，这是保守投资中最核心的要素。所以，最重要的保守就是优质。

等待更便宜的价格，当然也是一种保守，所以在保守投资中，耐心也非常重要。从前文的估值陷阱中可以得出：股票绝对不是价格越便宜就越值得投资，因为企业经营不是静止不动的。有些企业经过跟踪研究后可能会发现，价格便宜是因为企业质地或行业格局有所变化，比如护城河被削弱、产品被其他企业的新技术替代、管理层犯下不可饶恕的错误等，致使丧失行业地位，我们有可能需要将该企业从自己的股票池里剔除。

低估值可能是陷阱，那高估值呢？高估值往往意味着市场看好企业未来的高增长。然而，生意场上的竞争是极其激烈的，很少有公司可以长期保持高增长。一旦增长放缓，必然杀估值。

所以, 估值一定要保守。不买高PE股票应该成为投资者的一条纪律, 笔者自己的标准是一般不买超过20倍PE的股票, 极其优秀的企业也最多放宽到30倍PE。

当然, 坚持估值的保守, 往往会错过一些机会。不过, 在漫长的投资生涯中, 投资者最不缺的就是投资机会, 为了保证投资的安全性, 宁可错过一些机会, 也不想做错。

### 8.1.7　估值准确度取决于对企业的了解度

估值简单来说就是数字的计算, 但投资并不止于此。估值的前提是了解企业。如果对企业不了解, 谈估值是没意义的。

比如说, 一家企业10倍PE, 估值到底是高了还是低了, 要看企业处于哪个行业、行业的景气度、处于哪个发展阶段、业绩稳定性如何、未来的发展前景等, 才能得出结论。

再比如说, 就算粗略地知晓企业低估, 但因为不是很了解公司的基本面, 一旦市场波动, 投资者就各种担心, 跌也担心、涨也担心, 这样很容易操作失误。

## 8.2　估值水平的定性分析

企业当前的经营状况是受很多因素影响的, 这些与公司价值实际上没有什么关联。过度关注企业的经营细节, 在估值时大多都是 "噪声", 导致主次不分, 只见树木、不见森林。

长期而言, 一个企业股票的盈利很难比这个企业的盈利更多。如果企业每年的净资产收益率6%持续40年, 你最后的年化回报也就是6%左右, 即使你买的时候股票有很大的折扣。但反过来如果企业每年资产收益率达18%并且持续二三十年, 即使你买的时候看起来很贵, 它还是会给你带来惊喜。

高估、低估不是由PE或PB所能表达的。如果你能判断企业的正常盈利能力, 或者知道其目前的盈利是不正常的高还是低, 那么你就基本能判断其股价目前的估值高低了，这通常与PE、PB的指示相反。

企业间的优劣，正如同人与人能力上的差别一样，不是同一个数量级的数值差别能代表的。但市场上却总是把本来经营优劣能力相差很大的企业用了相差不大的溢价来定价。如果明白了这个道理，就知道什么才是投资的关键，以及什么才是"便宜货"了。

当媒体或投资者质疑你已经很熟悉的公司时，其实绝大多数的所谓质疑都是并不真正地了解公司经营，也不专业的主观猜测。最好的投资时机，往往就是优秀企业公被大众恐慌、忽略、误读时。只有众人恐惧绝望时，才是价值投资扬眉剑出鞘的时刻，宝石也总是藏在人迹罕至之处，市场给了低估的好价格，剩下的就是自己敢不敢进入的问题，只要你对它了解的像好朋友那样地坚定不移，宁可溢价买强者，也不要折价买平庸与落伍者。

企业的估值水平PE是可以分解为两个部分：

一个是由其内在价值决定的合理估值水平（Normal PE），它是由企业商业模式优劣、行业发展前景、发展阶段（成长性）、经营态势等各种因素综合决定的。

另一个是情绪等短期因素的影响，是由人性的恐惧和贪婪、跟风及人类认知偏误决定的，是心理学、行为金融学的范畴。在熊市来临时，在优秀企业遭遇黑天鹅时，在企业早期多数投资者看不清其未来优势时，在投资者对某一行业或个股存在普遍的偏见时，情绪会将估值水平打到正常 PE 之下，这就提供了难得的买入时机。当人们为新经济和新概念疯狂时，被牛市的赚钱氛围带动纷纷入市时，则提供了很好的卖出时机。

本书讨论估值的目的不是要精确地确定企业的内在价值，而是提供一种估值的思维方法及主要关注点，用于确定市场价格是否足够的便宜或合理。对于内在价值的粗略估计就足以达到这一目的，模糊的正确胜过精确的错误。

企业的内在价值等于其未来的净现金流折现，一个企业的内在价值，主要由以下因素决定：未来的现金流成长预期 (增长率)、未来预测的现金流变成现实的可能性(风险)、未来的资本回报率（ROE）、企业创造超额利润的持续时间（经济护城河）。

企业的未来的成长预期主要由企业商业模式、生命周期所处阶段和护城河及企业经营管理决定；预期的风险由企业的风险系数决定；未来的资本回报率主要是由ROE决定，而ROE主要是由商业模式决定；企业创造超额利润的持续时间主要是经营存续期和护城河决定。

从自由现金流的折现模型可以得出：从现在开始算，20年以后的年份，越是往后，企业现金流折现值越小，所以，估值主要立足于企业未来10～20年大致的现金流折现即可。

企业的ROE主要是由其生意特性和企业运营水平所决定的，进而由商业模式和企业经营管理决定。对于快速发展、竞争格局还未定型的行业及企业，管理层往往是具有决定性的核心因素，而对于行业成熟、竞争格局稳定的行业来说，商业模式往往更具有决定性作用，其能够帮助企业获得高绩效和竞争优势，本身就有护城河，所以没必要在商业模式之外再将护城河单独拿出来总结，至于企业的增长率及生命周期也取决于护城河宽度及商业模式的可复制性。

所以，下文我们分别就风险系数、商业模式、企业经营管理、经营存续期这四个因素做较为详细的阐述。在这里需要指出的是，这些因素与前文第4章阐述的折价与溢价因素的区别，折溢价因素是在已对企业的内在价值做了评估的基础上，再根据折溢价因素进行一定的调整。溢价是企业价值的增加部分，折价是企业价值的减少部分。

一个行业的龙头企业相对同行业的一般企业就拥有一定的溢价。例如地产行业龙头企业万科，尽管地产行业相比食品饮料等消费行业的估值是折价的，但万科相对于地产行业的保利、金地等公司长期享受一定的估值溢价。

## 8.2.1　风险系数

市场常有很多这样的跌停股，有些是正常补跌，有些是基本面不行，未来长期看不到希望，跌是迟早的事。所以还是需要知道自己的能力圈，如果所投的企业根本都不了解，企业的风险点在哪都一无所知，比如有些看着便宜的周期类个股，最近可能达到了景气的顶点，那么等待它的可能将是漫漫熊途；还比如有些个股是具有反身性的股票，在一定情况下，这种反身性会形成自我加强的反馈，导致恶性循环。

在资本市场上，很多人把波动定义为风险，认为风险就是股价波动大小，股价波动得越厉害越是存在风险。巴菲特曾说，波动不是风险，管理波动才是风险。也就是说，本金的永久性损失的可能性才是风险，真正的风险是对企业未来的错误判断。股价波动对于价值投资者来说，往往更多的是意味着机会。但是也存在另外一种风险——机会风险，即错失潜在盈利的可能性。把上述两种对风险的定义合二为一，可以总结为，风险就是事态发展不如人愿的可能性。

很多人喜欢用相对估值法来给企业估值，因为简便、好用，但是在估值时不充分考虑存续期、现金流及高杠杆风险，极容易陷入看起很便宜但实际不便宜或看起来很贵但实际上很便宜的窘境。

WACC是加权平均资本成本，它是依据公司的资本结构对企业股东和债权人的资本成本进行加权平均。在DCF模型中，它代表贴现率。那么哪些因素会影响WACC呢？

WACC作为一种贴现率，本质上是投资人对于未来获得收益的一种期望，这种期望是存在心理最低预期的。

比如，投资人投资股票，它的期望首先是要跑赢银行的固定存款或国债的利率。那么我们就把银行存款或国债这种风险极低的收益率，叫作市场无风险收益率。

一般情况下会把五年或十年期的国债利率作为市场无风险收益率。这是因为国债是国家信用背书的，一般情况下是刚性兑付，不存在本金和收益波动的风险。但是，当市场无风险收益率变化时，比如央行宣布加息，就会导致市场无风险收益率升高，而投资者也就会对股市要求更高的风险溢价。这样往往会导致整个股票市场的估值中枢下降。这属于系统性风险，通货膨胀率可能会直接影响国家的货币政策，从而间接影响市场无风险收益率。所以，影响WACC的第一层因素就是系统性风险，是市场无风险收益率。那么除了系统性风险，还有其他风险因素吗？

企业经营也是存在很多不确定因素的，这些不确定因素就是企业的经营风险。下面就重点谈谈企业经营的风险。企业经营风险的风险可以分为内因和外因。企业经营风险的内因可以归结为以下四类：

　　第一类是财务风险。负债率过高及现金流差带来的资金链断裂的风险，需要注意负债率不能过高、扩张的节奏不能太快。杠杆经营就会产生放大效应。这种放大效应，在经济环境向好的时候，对业绩是正向的放大作用；而当经济不景气时，结果可能就是灾难性的。因为成本刚性较大，抵御经济波动的能力较小，收入的小幅减少就能带来经营利润的大幅下滑。所以，一般认为高负债率的企业，会有更高的经营风险，也就要求更高的贴现率。

　　杠杆风险非常容易被投资人忽视，在DCF模型中的表现形式就是贴现率了。即使公司的收益情况不错，但承担了过高的风险，估值也会降下来。

　　对于业务稳定性较差的企业给予一定的折价是理所当然的，没有足够高的回报率又怎么会吸引股东投入呢？对于保险和银行这类高杠杆企业来说，虽然业务稳定性没问题，其估值的关键因素是增长和权益资本回报率驱动的权益现金流决定。但业务透明度很低，可供调节的余地很大。尤其是保险，净利润的展现是一种财务估计，市场很难给予理想的估值。

　　杠杆更容易理解，相同利润的两家酒店，一个是自有资本，另一个大多来自银行信贷，如果要转让，相信在同等的价格下，前者将是所有人的选择。因为如果遇到大环境不好没有负债更容易对抗经营波动，而后者一大笔利息支出的刚性成本会成为严重的负担。杠杆既可以提高收益，但也会成倍地放大亏损。

　　以A股五家主要的保险公司来看，按照2017年的年报，除了中国人保的杠杆相对较低（5倍左右）外，其余四家公司大体在8～11。因此，和银行类似，一旦资产端出现波动，会对公司业绩产生重大影响。如日本在20世纪90年代前后，保险公司一方面推出了很多高分红的保单；另一方面大量投资于房地产、股票等资产。当房地产和股市泡沫破裂后，导致很多保险公司纷纷破产。再如中国平安，可以说是国内最优秀的保险公司，但在2007年底盲目抄底富通，导致了约230亿元的投资损失，而当时整个平安集团一年的净利润才不过150亿元左右。

　　因此，投资保险，首先需要关注的不是内含价值、净利润、ROE等，而应是公司投资端是否谨慎稳健。

　　高杠杆就是高杠杆，不管你有没有利息都是不确定因子，都是要进行估值打折的。行业发展好，经济增速快的时候一切都好说，一旦危机来临，人人无法自保时，谁会在意你是不是行业龙头，先保命再说，那时候多负债就是多一层风险。

第二类是管理风险。管理层是否有股权激励及利益绑定情况、战略执行力如何、企业文化和企业的特质匹配度如何、是否存在资源配置能力的风险即盲目多元化。

第三类是业务复杂和周期性风险。主营业务不突出，企业产品是否同质化经营，产业链是否过长，上游供应商或下游客户的经营是否强周期波动，周期性行业公司在经济低迷时收入下降更多，利润下降更厉害。对企业所在行业划分为周期和非周期行业是十分必要的。公司业务是否存在大客户、大订单风险从而导致客户及业务相对集中的风险，经营过程中涉及很多的变量因素从而难以管控的风险。企业上市后，一般会进行多元化发展。当一家企业的业务非常复杂，看不出哪一项业务是主业。这类企业就是什么都想做，却什么都做不好。这样的企业可以直接放弃了。记住，复杂代表着风险。对于任何企业，资源都是有限的，如何高效地将有限的资源分配在能够创造出更多价值的地方，才是企业经营的重中之重。

第四类是企业规模。在大风大浪中，是万吨级的货轮更能抵御暴风雨的袭击，还是一艘小船更安全呢？答案显而易见。当企业具备一定的规模时，其抵抗风险的能力也会增强。而复利原理告诉我们，投资的基础就是确定性，只有长期的确定性才能享受复利的回报。

另外，在企业经营风险中，消费品公司需要特别关注产品质量问题引发的食品安全风险，医药医疗公司需要关注医疗事故风险。

企业经营风险的外因可以归结为以下两大类：

第一类是产品过时的风险。由于时代的进步和科技的发展，某类产品逐步被市场淘汰，或者被更好的产品替代。如果这个细分行业不行了，哪怕企业是该行业中的翘楚，也逃脱不了消亡的命运。比如胶卷，由于数码技术的冲击和数码相机的普及，除有限专业用途外，胶卷失去了绝大多数市场，因此柯达的破产在所难免。

第二类是市场竞争带来的风险。绝大多数企业消亡的原因都归因于市场竞争。选股要选基业长青的企业。首先，产品技术不存在过时的风险，其次，竞争对手要尽可能少，最理想的状态是没有竞争对手，即生产独一无二的产品的垄断性企业。

以上两个方面就是对风险因素的分析,这些因素综合起来,就决定了投资者在面对风险时,对投资企业回报的预期收益率。

就长期投资模式而言,最危险的企业类别莫过于以下两种:

(1)重资产支出,边际扩张成本极高且行业又高度同质化的企业。

(2)高度的杠杆经营而同时业务模式又非常复杂的企业(高杠杆说明经营的风险性是最大威胁,业务模式非常复杂则极大地加大了这种风险性,这里暂不展开论述)。

重资产支出型企业往往是规模竞争型企业,当规模越来越大时意味着其营业中的固定成本将越来越高,同时为了应付不断升级的竞争而必须持续地进行资本性开支而导致自由现金流匮乏。而当其达到极致时,1年的固定成本就将高得惊人,一旦遭遇经济环境或者客户需求的大波动,其在高负债+高固定成本+高收入波动下可能蕴含着极大的风险,如某些大型航空公司。也就是说,过高的固定资产比重+市场需求的大幅波动=企业运营的定时炸弹。相反,轻资产类+市场需求刚性很强=企业盈利能力的保护伞。

从长期来看,企业的边际利润递减是规律,但在特定的阶段,特定的企业享受一段时期的边际利润递增是可能的。也就是随着企业规模的扩大其盈利的能力在不断提高。

在这个阶段,企业每扩大一单位产品的销售规模时,其所获得的收益要明显高于其同期的资金支出。轻资产型企业的单位扩张成本更低,扩张效率也更高,其相对而言更容易获得扩张过程中的边际利润递增,但持续的期间取决于行业特性(市场容量是否足够大,是否容易产生差异化等)及企业竞争优势的牢靠程度。对于低边际成本的轻资产型企业而言,主要的危险在于一旦产生利润的主要无形资产要素被颠覆(比如某重大知识产权或者专利,又或者行业消费者最珍视的某种特殊能力被"去差异化")则非常容易被迅速替代,这个被替代的速度将远超过依赖于有形资产盈利的重资产型企业。

因此,优先选择以下两类经营风险较小的行业:

(1)行业变迁较为平缓的,行业本身不容易出现重大技术颠覆(巴菲特所谓的十年后的经营与十年前没什么变化)。

（2）竞争壁垒是复合型的，并非依赖于单独的某个专利等单一竞争要素，而是在诸如网络效应、客户依赖度或者产业链优势上形成多点优势的企业。

## 8.2.2　商业模式优劣

有关商业模式的内容，我们在本书前面的第4章有过详细的介绍。商业模式对于分析企业的基本面及估值确实举足轻重。

商业模式就是企业的基因，能做多大、能不能做得舒服、能不能持久，企业家在当初选择创业方向时，就决定了很大一部分。

好的商业模式就是好的生意，我们总结好的商业模式的特点是"三高三少及两个朋友"。

三高，是现金流量高、ROE高、门槛高。三少，第一是资本投入少；好的商业模式是少用或者不用资本投入就能带来收入及盈利的增长；第二是负债少；第三是竞争少。三高三少是定量分析。如果看资产负债表，好的商业模式通常都是存货少、应收账款少、负债少、现金多。

还有两个是定性方面的。好的商业模式是时间的朋友，随着时间的推移这家公司的产品服务需求更多，其产品服务及品牌会更有价值；好的商业模式还应该是规模的朋友，随着规模扩大，企业成本降低，用户体验更好，企业更有优势。

举两个例子：一个是保险，保险就是一个很好的商业模式，保险公司规模越大，获客成本越低；另一个是平台公司，这是现在最好的商业模式，例如有淘宝的阿里巴巴、有微信的腾讯等。

好的商业模式应具有以下特征：

### 1. 简单可复制但难以模仿

商业模式越简单越好，通常来说，我们尽可能投资那些用一句话就能说明白商业模式的企业。

首先，产品要简单。

针对用户的一个强需求，将用户体验做到极致。好的商业模式必须是简单的，简单到当你复制的时候，招过来的人按照手册，一、二、三都会做，不好的商业模式是复杂的，怎么复杂？就是前提很多，或者你有不可逾越的前提，这样的商业模式往往是不太好的。

商业模式的核心指标就是你靠什么赚钱？这个世界是不公平的。有些行业天生赚钱不辛苦（比如白酒行业），有些行业天生辛苦不赚钱（比如钢铁行业等周期性行业）。进一步分析就是要明白企业提供哪些产品或服务，用什么途径或方法向谁收费来赚钱。你的客户是谁，你是面对消费者，还是供应商，你所在的产业链的地位如何？是否有定价权等，这里面的话语权是完全不同的（比如一家苹果供应商就没有一家面对消费者的品牌稳定）。

分析商业模式可以避免我们少踩地雷。虽然一些公司业绩增长很快，但通过分析公司的客户质量、上下游关系、现金流等方面，很容易判断出公司不是好的商业模式，比如白酒商业模式就比PPP及电子企业好很多。白酒主要是面向经销商及消费者（弱势），白酒产品差异化明显，白酒和其他食品饮料行业不同，它的品牌壁垒非常高。

白酒行业具有永续的特点和品牌的历史传承。产品具有成瘾性，酒文化源远流长，喝白酒的文化是很难改变的，虽然古代喝的是低度酒，高度酒是近100年才有的，但是在大多数人的文化认知里面，诗词歌赋里面提到的酒就是白酒。由于它有很强的历史文化延续性，你很难新创一个白酒品牌，能和茅台五粮液齐名。

目前所谓次高端的新品牌也都是脱胎于原来的八大或十大名酒（比如水井坊来源于全兴大曲，舍得来源于沱牌，海天梦之蓝来自洋河大曲）。没有历史渊源的白酒品牌没有办法讲故事，不能讲故事的白酒品牌无法长期占领消费者的心智。因此白酒的品牌是行业天然的护城河。

酒窖的维护成本很低，只要不发生地质灾害和人为破坏，一个酒窖可以用几十年、几百年；而贵州茅台更是很多人心目中的国酒；利润不仅是真金白银，而且还有大量预收款。

轻资产类型，追加投资少。预收款多，现金流好，没有坏账。特别是高端白酒，不仅不打价格战，而且是竞相涨价，然后多出的利润或奖励经销商，或打广告，这个增速要远高于平均增速，这是由市场经济制度决定的——强者越强、马太效应。而且白酒还有另一个杠杆，由于它的成本是变化不大的，导致提价多出来的营收大部分转化为利润。这就是白酒可以穿越牛熊的秘密。

其次，一次创意可以多次复制。

好的商业模式都只需要一次创意，凡是需要不断创意的生意都是难度极高的。例如拍电影，你连拍十部赚钱的电影，你这部片子大卖，跟你下一部片子是否大卖没有什么必然的联系，因为下一部电影仍然还要全部从零开始，需要重新进行设计创意，这种生意风险很大。

优秀的商业模式之所以优秀，主要体现在两个方面，一方面企业成功的模式可以快速复制，实现企业的高速增长；另一方面，优秀的商业模式通过优异的价值保护系统，构筑了较高的竞争壁垒，使竞争者难以模仿它的商业模式。

行业内的龙头企业总能以创新技术领跑行业，其他企业总是在模仿它的产品。比如：苹果、恒瑞医药等。优秀的商业模式，在取得成功的同时，不断完善自身的价值保护系统，构筑了强有力的竞争壁垒。这些壁垒包括行业标准、领导地位、专利、品牌、领先两年的产品开发期，排他性的战略合作、商业秘密（如可口可乐的配方）、先发优势及成本领先等。商业模式的价值保护系统就是企业的"免疫系统"，保护企业免受竞争者"侵害"。

一个企业的战略制定是相对容易的，但是要落地就会非常困难。我们发现太多的企业可能有非常清晰的愿景、战略，也有不错的产品，但是最后输在了组织和运营层面。华为为什么那么强大？我们看到的是它有很好的产品，它有一群非常能"打仗"的团队，但是很少有人知道它背后有一套非常精细化的运营体系、组织结构和激励体系。

这个是华为最有价值的部分，也是最值得学习的部分。但是很遗憾的是，很多人想学也学不到。为什么？因为这一块其实是一个企业的综合能力的体现，需要多年的积淀才可以。企业之间其实相对比较容易模仿的是它所谓的战略，或者说模式，一说大家都听得明白，但比较难模仿的是它这个战略所依托的产品和服务。这个是比较难以模仿的，但还不是最难的。最难模仿的是它整个的组织能力、运营系统。

这个就像一个人的内功一样，是从小到大不断修炼、不断成长，而且跟很多环境、运气、时机都有关系。绝不是说可以依照它的一些东西就能学会的，有人说海底捞，你学不会；华为，你学不会，确实如此。一个企业就跟一个人一样，它的能力是由多方面的维度构成的，不是说你知道怎么做就可以做好的。具体来说，这样的特征可以分为以下几个部分：

第一，你的整个组织构架是否跟你的战略相匹配；

第二，跟组织结构相关的是你的制度、流程的变革；

第三，跟组织结构相关的还有文化的变革。

凡是掌握不可被复制能力的企业，便有竞争门槛，就有了高竞争门槛的定价权基础；有了定价权就可以获得高利润、可持续的利润。企业商业模式的设计就是通过掌控核心资源，从而不断提升话语权，最终形成定价权并树立高竞争门槛。

企业的上游、下游、客户形成一个完善的商业生态系统。系统性价值链运营，这是商业模式竞争的最高境界。价值链系统中的成员应相互合作，形成整体价值链的效率最高、成本最低、风险最小，并就利润、风险、成本在价值链成员中合理而富有创造性地分配。

商业模式不能简单地照搬照抄，而是需要通过内部的协调整合，才能从创新中获得价值。商业模式的系统构成极为复杂，同时由于不同企业的资源配置、核心能力各不相同，对商业模式的模仿是一件困难的事。竞争者由于难以复制成功模式的所有系统，难以破解成功商业模式的内在结构，要模仿这样一个系统并非易事，使模仿成功的商业模式难上加难。这就是为什么我们很少能看到对商业模式的迅速仿制。

### 2. 重复消费

好的商业模式用户都是重复消费的，需要巨额投入来拓展市场而用户并不重复消费的商业模式风险很大，例如做硬件。

如果有了好的商业模式，消费者也重复消费，但是如果选择的是其他产品和品牌，那对你也是毫无意义的。香烟、酒、保健品这些都是有强大的客户黏性的，属于品牌黏性，所以品牌是一种重要的资源，标明的是品质、身份、口味等独特的实际需求，银行、服务业、电商等行业有强大的转换成本，属于成本黏性，尤其是产品背后的独特服务，比如一些软件，要转换就涉及后面的大数据处理问题，Orcal数据库就是这种类型的企业。

世界是不随个人意志转移的，现实有时是充满无奈的，比如医院的选择，很多时候在局部区域内就有一家专业性医院，医院的药是被医生选择而不是由病人自己选择，小孩喝的奶粉是被一些品牌所固化的（比如第一口奶）。海天味业也可以算作此类产品，局部区域内的信任度最好的唯一选择，比来比去只好选它，不是它最好，而是在可选范围内最好。

刚需、成瘾性产品具有较强消费黏性。白酒、烟草具备成瘾性；调味品具有刚需属性。消费品的黏性由消费者对其需求及消费习惯决定。通常对具备刚性消费需求的产品而言，消费者在产品或品牌的选择上具备一定的习惯性，产品消费黏性强。

企业通常无须过多营销支出也能保证需求的稳定性，对非刚需、偶发性消费的产品而言，其消费黏性弱，企业需要在产品包装及营销等方面多下功夫。就食品饮料子行业而言，调味品，尤其是酱油产品具备较为明显的刚性需求，无论在餐饮和家庭消费中消费者均具有习惯性消费的特性。白酒、烟草和休闲卤味是相对特别的品类，具备明显的成瘾性，因而对其部分消费者而言属于刚性需求，且在产品选择上具有习惯性消费属性。

消费黏性强的品类具有较低销售费用率。具备成瘾性的白酒品类龙头的销售费用率可以维持在5%以内，而调味品作为刚需产品，其销售费用率为子版块次低，为10%～20%，海天味业2018年销售费用率为13.1%。反观生产偶然性消费产品的乳制品、休闲零食及速冻食品企业销售费用率多在20%以上。

调味品较食品饮料其他细分子领域估值溢价明显，这是因为其作为一种生活必需品，味觉记忆产生的强消费黏性成为调味品行业持续发展的基石，而且东西方饮食差异又为国内调味品行业高筑壁垒。

过去存续期超过100年的大型企业，其中最近五年ROE超过15%的公司中，食品饮料大概占13%。这些公司大多分为几个类型：

（1）具有一定成瘾性，例如烟草、酒精等；

（2）味觉记忆鲜明，包括可乐、巧克力、调味品等；

（3）基础食品饮料类产品，谷物类、奶制品等。调味品行业同时满足了后两个条件：味觉记忆鲜明+生活必需。

目前的会计周期是以年为单位的，从商业模式的角度看，产品寿命超过1年的行业，其销量必定呈现周期性的波动，比如汽车、手机、地产、空调等。如果产品寿命短于1年，那按年为单位的销量就显现不出周期性的波动，如牛奶、酱油、白酒等快消品，消费者买这些产品回去，不至于一年都消耗不了。周期性企业的经营状态具有明显的"周期"，企业经营会产生明显的波峰和波谷，业绩往往随着经济周期而上下起伏，无法表现出长期经营的稳定性。

企业既可能在景气时赚得盆满钵满，也可能在衰退时濒临破产。从公式上来说，ROE=PB/PE，所以，周期股有时可以参考PB、PE和ROE等估值指标，在高PE时(谷底利润)，低PB时买入，在低PE(顶峰利润)、高PB的时候卖出。因为高PE、低PB意味着ROE低，是行业低谷期，低PE、高PB意味着ROE较高，行业盈利性好，是行业景气顶峰期。

周期股的投资者一般希望通过对需求、销量、企业利润情况、开工率等方面考量，判断行业目前所处的阶段，进而找到行业由衰转盛的临界点。但是在实际投资的过程中，必须结合宏观经济情况对需求端的影响，并对整个行业的上下游产业链、行业竞争格局认真研究摸透，方可做出大致的判断。

其实任何行业都有周期性，只是强弱的分别，在世界范围内，地产、券商、汽车等行业皆为周期性行业，由于行业景气周期的波动，周期低点的资产价格远远低于其应该有的价值，此时买入就是一种真正意义上的投资行为，就是对价值的再发现，买茅台的人不比买周期股的人更高尚。

无须排斥对周期股的投资，是否具备投资周期股的能力圈才是真正重要的事。周期变化总是在记忆中反复提醒我们，别人越是乐观，自己越要谨慎，立足当下、放眼未来，现在可以很差劲，未来会变得很美好。

周期性行业最好的日子都不太长，快则两三年，慢则五到十年，繁荣周期反转后，衰退周期便不请自来。最好的投资几乎总是与当下的热门格格不入，如果要取得超出市场的收益，最好不要在乐观周期中匆忙入场，在那么几个关键时刻，你必须得跟大众反着干。逆向思考，是投资人最重要的能力之一。

周期性行业风险更高，周期性行业一般现金流状况不佳，产品同质化严重，以价格竞争为主。并且周期性行业基本上都是重资产，行业赚取的利润并不能分配给股东,而是维持企业竞争力的生产设备,所以,稳定性行业宜长期投资,而周期性行业则适合看准时机,阶段性持有。

需求不稳定的周期性企业很容易形成滞销库存,利润波动幅度大,企业价值是不确定的,所以估值上是大打折价的,弱周期性企业的利润是保持稳步增长态势的,企业的价值是逐步增加的,估值上也是溢价的。

### 3. 边际成本递减

边际成本指的是每一单位新增生产的产品(或者购买的产品)带来的总成本的增量。这个概念表明每一单位的产品的成本与总产品量有关。边际成本递减是指随着产量增加,所增加的成本将越来越小。也就是说,用户规模扩大后成本并不同比例增加,而是增加的幅度远低于收入增加的幅度。

例如规模效应。边际成本递减是几乎每种商品的普遍规律,对于一般商品而言,其递减的范围是有限的,即超过一定的限度后,生产一单位商品的边际成本将出现上升。

滴滴打车,就是边际成本递减的模式,因为滴滴大多数的供给侧平台用户就是私家车出来接单,无须滴滴投入车辆、司机等各种成本。所以,当平台每多接入一辆车,那么对于滴滴平台来讲边际成本就越趋近于零。

消费品企业的品牌给企业带来边际成本递减的模式,是通过市场份额降低后续获取客户的成本,形成份额提升和获客边际成本下降的正反馈,其作用过程:广告和其他市场营销手段带来客户消费,会阶段性提升产品销量和市场份额。

好的商业模式就是边际成本不断降低以至趋近于零,互联网企业腾讯QQ、软件企业微软的操作系统和Office办公软件是最为典型的边际成本趋零的模式,是通过网络效应使其获取新客户的边际成本极低(并越来越低)、迁移成本极高(并越来越高),导致新进入者完全无法与其竞争,实现了长期垄断。阿里巴巴的淘宝则是依靠更多买家和更多卖家之间相互吸引这种正反馈带来的极低流量成本。

### 4. 创造源源不断的现金流

企业现金流的价值体现在保证企业可持续经营,验证企业盈利质量并提示经营风险及保障股东分红收益等各个方面。

从现金流指标分析的角度来看，经营现金净流量的重要性在于其承上启下的特性：上承净利润，下启自由现金流。所有现金流指标体系分析，包括自由现金流在内，都与经营现金净流量直接相关。因此，无论是处于何种生命周期的企业，对于经营现金净流量，我们都会有大于0这个基本要求。

价值投资，就是要筛选利润含金量高的企业，一是考察经营活动现金净额是否大于净利润，二是考察购买商品、提供劳务收到的现金是否大于营业收入。贵州茅台2018年净利润352亿元，经营活动净现金流为380亿元，利润含金量可见一斑。

自由现金流，就是企业产生的、在满足了再投资需要之后剩余的现金流，这部分现金流是在不影响公司持续发展的前提下可供分配给企业资本供应者的最大现金额。

在经营期限一定的条件下，单位时间内创造的净现金流越多，代表企业内含价值越高。从财务分析的角度来看，ROE即净资产收益率代表企业的盈利能力，但是盈利能力并不等同于创造净现金流的能力，它同时还受企业日常运营模式和扩大再生产投资资金需求的影响。日常运营和扩大再生产投资占用资金越多，企业可分配的收益越少。企业内在价值的高低与ROE呈正相关关系，与企业日常运营资金需求量和扩大再生产投资资金需求量呈反相关关系。

（1）ROE分析

从长期来看，一个企业的平均ROE等同于投资收益率。从ROE的结构分析（杜邦分析法），影响企业ROE主要有三个方面：销售净利率、总资产周转率和权益乘数。

销售净利率体现的是单位产品的盈利能力，企业凭借业务的独特定位和高附加值的产品可以获得较高的净利润率。总资产周转率是指企业在一定时期内销售收入同资产总额的比值，是公司对资产运营水平的体现，总资产周转率越高，代表企业运营能力越强；权益乘数是公司利用外部资本以放大经营成果的能力。

根据净资产收益率的结构，大致可以将企业分为三种类型：高利润型、高周转型和高杠杆型。高利润型要持续关注企业的销售净利润的变化，销售净利率的高低在一定程度上代表了其产品的竞争力。高周转型要关注其资产周转率的变化，关注其资产运营能力是否还持续拥有优势。高杠杆型要关注企业的风险控制能力和其获取低息贷款的能力。

在经营期限内，企业平均ROE越高，企业的内在价值也就越高。

（2）运营环节资金需求分析

销售环节的现金含量：

企业销售环节有三种模式：先款后货、一手交钱一手交货、先货后款。最好的模式是先款后货，这表明销售收入不但可以转化为现金，还可以占用客户资金进入日常周转，减少自有资金在日常运营环节的投入。这种模式是产品供不应求的表现，在财务报表上表现为极低的应收账款、大额的预收账款，贵州茅台就是典型的例子。

次好的模式是一手交钱一手交货，应收账款占销售收入比例较小，也没有过多的应付款。不好的模式是先货后款，不但营运资金被占用，还存在应收款收不回来的隐患。在同等条件下，预收款模式销售产品的企业内在价值更高。

采购环节的付款模式：

企业向上游供应商购入原材料，与企业销售货物一样，也存在先款后货、一手交钱一手交货、先货后款这三种模式。对采购环节而言，最好的模式是先货后款，这样可减少企业日常运营资金的支出。在同等条件下，采购模式为先货后款的企业内在价值更高。

运营环节资金需求分析结论：

资产负债表中应收、预收类项目与应付、预付类项目，不但体现了企业日常运营占用自有资金的情况，还体现了企业在产业链中是处于相对强势还是弱势地位。预收款项、应付款项占销售收入比重越大，体现企业日常运营占用自有资金越小、在产业链中地位越强，内在价值越高。

（3）扩大再生产资金需求分析

ROE体现了企业通过生产经营创造现金的能力，但企业通过经营活动产生现金的同时，还要考虑如何持续的生存和扩大再发展，比如建设厂房、购置设备等。

企业经营活动产生的净现金流减去扩大再生产的资本性支出之后剩余的资金才是企业能够自由支配的净现金流。高固定资产支撑的生意，意味着扩张的高边际成本，导致持续的高资本性支出，企业挣得的利润很大一部分要投入再生产，使得企业自由现金流变少了。

扩大再生产的资本性支出在财报中，体现在"现金流量表"中"购建固定资产、无形资产和其他长期资产"项目中，分析此项目与净利润的比值可以判断企业内在价值的优劣。在同等条件下，扩大再生产的资本性支出占净利润的比例越小，代表企业的在内价值越高。

通过对企业现金流创造能力的分析，我们可以得出企业ROE越高，企业内在价值越高；企业销售采购环节占用上下游资金越多，企业内在价值越高；企业扩大再生产的资本性支出占净利润比例越小，企业内在价值越高。

**5. 商业模式要分阶段的验证**

社会科学是一门实践科学，理论和实际差别很大，未经验证很难确定一个商业模式是否可行，因此经过验证的商业模式和未经过验证的价值差别非常大。

投资的核心就是选择企业，就是跟企业搭伙一起做生意，实际上就是建立一种股权思维。选择企业至关重要，有的企业能够成为千亿市值，而有的就算是做得再好也只有百亿市值，这种巨大差异的核心还是在于企业的商业模式。

管理学大师彼得·德鲁克说，当今企业之间的竞争，不是产品和服务之间的竞争，而是商业模式之间的竞争。企业生产什么产品并不重要，重要的是通过什么样的模式生产和销售，从根本上来说，是商业模式决定了企业的成败。

商业模式决定了企业的竞争力乃至盈利水平与投资回报率。那些持续稳定增长、资本开支小、预收款多，现金流好的企业，就会表现为较高的估值，而周期特征明显、资本开支大或业务和组织架构繁杂的企业估值就会相对较低。

价值投资就是选择那些商业模式能够形成竞争壁垒的企业，这样的企业才有可能成为行业内的领导者并且获得行业的绝大部分利润，是值得我们长期投资的优质标的。

## 8.2.3　企业经营管理

对于管理层，在第4章中的估值溢价因素的确定性方面已经有所介绍，这里将针对企业经营管理方面，进行阐述，其实经营管理已经体现在其他因素上。

管理层对公司的影响有多大？这种影响是不是会影响公司的护城河和进化力？影响多大？

对于一些快速发展、竞争格局还未定型的行业或领域来说，投资者要判断一家公司的价值，往往最重要的决定性因素是企业的管理层，这时你还难以用护城河理论来判断，因为对于竞争格局未定型的行业，行业里的公司还没有形成自己的护城河，护城河理论常常是相对成熟行业而言的。

对于新兴企业来说，最大的护城河其实是它的管理层。那么要如何判断企业的管理层？你只能从企业管理层的战略布局来判断，这就需要投资者对这个行业有深刻地认识，要预见到行业的未来趋势和未来格局。这对普通投资者来说很难，当然，你完全可以回避新兴行业及行业格局还未定型的行业，如果你对这些新兴行业没有深刻地认识，那你不如去投资成熟行业里已经形成护城河的白马股，这也是价值投资者常常回避新兴行业的原因。

多数企业原来的业务就非常平庸，然后再进行收购和多元化，企业管理层也平庸，管理层的局限是企业最大的核心因素，原来的业务增长碰到天花板，然后盲目多元化往往导致更加平庸。管理层如果优秀，就可能会在一些快速发展、竞争格局还未定型的行业，发挥出决定性的作用。而在一些已经格局已定的成熟行业，管理层能做得也很少。

企业的管理层是经常会发生变动的，而经营策略有时也会表现得朝令夕改，毫无理性可言，但是消费者对好的产品与服务的需求是永远不会变的，在一个大众具有迫切需求的行业，只要管理者不犯过于愚蠢的错误，往往能使企业获得较好的收益，起决定性的作用的应该是好的行业，倒并不一定是管理者的智慧。

我们可以从事实和数据反推管理层的能力和水平。譬如年报，虽然很格式化，但是一些描述重点以公司的具体做法也能从侧面反映管理层。

都说投资要注重马而非骑手，但管理层作为企业经营的决策者，对其做出一定的评估还是很有必要的。如果一家企业不能经受一丁儿点管理失误的打击，它也算不上什么好企业。优秀的企业是可以适当容忍平庸的管理。对企业管理层的评估主要有以下几个方面：

（1）管理层是否有动力，动机来经营好企业？

主要是看管理层是否持有企业股票，是否跟股东利益一致。不少企业的经营效率不高，一个很重要的原因就是管理层缺乏动力。观察管理人员究竟是在积极努力地提升公司业绩还是在积极努力地算计股东捞取私利，这是考验管理层忠诚的重要指标。

公司治理的重点在于有效激励，激励的核心是把员工与企业的需求和利益相结合。每人都能在自己岗位上越努力需求越得到满足，协同效应越大企业越高效，从而实现利益的最大化。

优秀的管理层一般都持有公司的股权，与公司利益共进退。没有损害公司利益的动机。对于股权激励计划，一个好的机制能够带来管理层和股东利益的一致化，最直接的就是看管理层持股、股权激励是否到位？尽管不排除有事业心非常强的好人，不计个人利益的为股东创造价值，但毕竟是凤毛麟角。管理团队的诚信从公司治理上可以看得出来，大股东的控股股权比例要高，这样不会有股权之争，要有股权激励和合伙人制度，这样可以让员工和企业一同享受利润增长，有利于企业稳定而快速增长，还显得大股东不吝啬。

对于股权激励，可参考第4章的有关内容，这里不再赘述。

（2）管理层能力及执行力。

能力分为两个方面：一是看战略上是否清晰，是否聚焦。很多公司经常转型到其他行业，这种随便乱转型的公司我从来都不碰。老本行都做不好，转型做一个新行业能够做好吗？二是战术上的执行力。执行力包括：一是员工赏罚晋升机制，二是质量管理，三是客户关系管理，四是研发和创新机制。

以往，A股的上市公司凡是有并购、重组、多元化等"产能扩张"，都会被市场解读为"重大利好"，成为炒作的噱头，股价也都是先来几个涨停板再说；但是，等到扩张的实效显现、特别是出现1+1<2后，股价就会被"打回原形"，甚至下跌许多。

伴随着市场的成熟，现如今在A股，上市公司在信息披露"产能扩张"的预案后，市场也在趋向理性，不再良莠不分地先涨几天再说，甚至有预案公布后连续跌停的情况出现。

那么，如何判断一个上市公司并购、多元化等"产能扩张"的"良莠"呢？企业在实施扩张战略时，首先要考量的就是协同性，协同效应主要体现在：产品协同、客户协同、广告营销协同、人力资源协同、总部资源协同等。

企业必须首先有一个具有竞争力的核心产品，围绕核心产品、核心能力和竞争优势再考虑是否应该多元化经营。没有根植于核心能力的企业多元化经营，又不能在外部扩张战略中培植新的核心能力，产生不了协同效应就会无限制地消耗企业现金流，往往是一个大的陷阱。最终结果可能把原来的竞争优势也丢掉。企业的多元化战略应该走集中力量发展核心产品——发展相关多元化经营。

专业化公司是选择一个行业领域深耕细作，聚焦专注，而公司管理层更具有守正精进、抱朴守拙的企业家精神。市场上能长时间坚持如一的公司，大概率会成功。

在A股市场上，专业化公司不多也不少，而优秀的专业化公司廖若晨星。有贵州茅台、格力电器、恒瑞医药、海天味业、伊利股份、万科、爱尔眼科等。多元化投资经营也产生了成功的企业，如中国平安等。而从不同公司、不同发展阶段、不同行业、不同的经营环境来看，公司专业化经营和多元化经营没有孰优孰劣。但在创业初期，或快速成长期与稳健扩张期，公司一定要专业化经营，将五指握成拳头，集中所有人财物做好一个产品或服务、一个市场。当公司所处的行业日益没落的过程中（如传统能源、传统媒体等），公司应该积极改变商业模式或积极的多元化投资。

（3）如何判断管理者不够优秀或管理无效的信号有三个：即使在经济繁荣时期，该企业也居然连续几年没有给投资者以满意的回报；企业的销售边际利润没有达到整个行业的平均增长水平；每股收益增长没有达到整个行业的平均增长水平。

（4）管理层对投资人的回报意识。一般我们通过融资、并购等企业经营及分红来考虑。

（5）通过财务数据来分析经营管理。

这里以营业费用为例，赚钱的前提是要学会花钱，营业费用分析的重点不在于费用总额是否有所下降，而在于花出去的钱是否赚回来更多的收入，因此需要把费用和收入进行比较——费用率是否稳定或者有所下降。

好公司的管理费用率表现应该是比较稳定的。如果管理费用率上升,需要详细分析到底是哪些原因引起的,并考虑上升到底是好事还是坏事。

加大研究开发费用的投入,往往不是坏事而是好事。公司的销售费用和管理费用受到执行竞争战略所必须采取的经营活动的影响。执行产品差异化战略的公司与单纯低成本策略的公司相比,会有更高的研究和开发支出,形成较高的管理费用率。

同样,与通过仓储零售商或直接邮寄销售且不提供客户支持的公司相比,试图建立品牌形象,通过全方位服务零售商销售产品及为消费者提供重要服务的公司,拥有更高的销售和管理费用率。销售费用和管理费用还受公司管理经营活动效率的影响。对于以低成本为基础参与竞争的公司而言,营业费用的控制尤为重要。即使对产品差异化战略执行者而言,评估具有独特性产品的开发和销售费用,是否与在市场上获得的高价格相称也很重要。

(6)管理缺陷。

企业管理与企业价值息息相关,好的管理不但可以释放企业价值,而且可以进一步地创造企业价值,差的管理从短期来看会抑制企业价值的释放,从长期来看会毁灭企业的价值,管理与企业价值的关系密切,下面从几个方面谈谈管理缺陷对企业价值的影响。

第一个管理缺陷是管理机制缺陷;

第二个管理缺陷CEO格局不够,缺乏分享精神;

第三个管理缺陷的是战略目标不清晰,执行力不足。

## 8.2.4　经营存续期

绝对估值法使用的自由现金流折现:将一家企业在剩余存续期内所有能产生的现金流,根据当前债券利率贴现后的价值就是这个企业的内在价值。这个存续期肯定是越长越好;较长的存续期可以给我们带来较大的容错空间。比如我们买入一家存续期很长的企业,如白酒、保险,买的时候,即便估值略高(错误的价格),但是因为它的存续期长,可以在未来很长时间内带来稳定收益,最终也都会获得不错的收益。

永续经营是估值一个企业最重要的因素之一，估算一个企业的价值就是估算它存续期间所产生的现金流加以折现，那么它能活多久就显得至关重要，活得越久就赚得越多。但谁也无法估算一个企业能活多少年、产生多少现金流，每个企业的商业模式、上下游控制能力、产品特点、公司治理结构、管理能力都不尽相同，再加上投资者的主观性感知，所以每个投资者对每个企业的估值都不可能完全相同。

永续经营是一种对商业模式与公司垄断力系统分析后判断，这种判断只能大概率正确，不存在绝对的永续经营概念。

永续经营就是能够持续不断地经营下去，不因外部因素而导致该项业务的消失，由于各种各样的原因，包括各种创新驱动，其中新技术的出现、新市场的开拓、新原材料来源的发现、新替代品的出现，新的组织架构形成等创新因素的发生，都会导致永续经营的业务消亡，永续经营到永远的业务是少有的，能够连续经营20年以上，已经算是十分长寿的企业了。

很多投资者过于看重企业的成长，实际上持续增长的企业非常少，持续高增长就更是少之又少了。前文阐述过不是所有的增长都对企业的价值有正面的影响，只有在护城河的保护下，并且ROIC高于$WACC$时，这种增长才对企业影响才是正面的，通过DCF估值的实践，我们不难发现，不持续的高增长对企业的估值影响甚微。

从长期来看，更重要的反而是企业经营的永续性，就算没有增长，从投资回报来看也有很多手段，比如收入增长，哪怕收入不增长也仍然可以提高经营效率，麦当劳从1999—2019年的20年，实际上麦当劳的收入只增长了不到60%，但是股价回报达到20倍左右，公司成功的削减成本，让利润增长3倍，另外，公司通过长期举债的方式回购了50%的股本，从而提高了每股收益。

### 1. 行业发展周期

就行业特性而言，行业本身有经营存续期限。信息技术的不断发展使得每过几年就会诞生一种全新的技术或商业模式颠覆现有格局。例如在4G时代，智能手机的兴起让照相机、VCD、学习机等多个行业难以为继。即将到来的5G时代和人工智能时代，又不知将会有多少行业被取代。基于某种高新技术或者某种易模仿的商业模式的行业的经营存续期确定性较差，而基于人类社会基本需求的行业，比如消费、能源、医药类行业，因人类最基础的需求存在其存续期接近于永恒。

行业发展的高度决定了行业内企业发展的高度。企业所处行业的赛道越长，理论上企业的经营存续期也就越长。

哪些行业中的企业存续期较长呢? 消费、能源及医药行业中垄断的头部企业存续期较长，包括国家级绝密配方及高品牌商誉如云南白药的配方、食品饮料中的白酒和调味品、公用事业公司及类公用事业公司的投资，包括发电企业、供水企业、高速公路企业、机场企业等。

主要原因在于这些行业都是人类最基础的需求且持续性接近于永恒，此外，此类需求对于经济波动的敏感性也较低，还有消费及医药行业最容易产生积累的差异化的竞争优势。而其他的一些如强周期性+重资产+低差异化的行业的存续期则较短。

某一年的倒霉并不会影响企业的价值。经常见到行业内的人不敢买进本行公司股票，基本就是把一两年的经营困境等同于长久如此，看似明白，实则糊涂，不懂估值，因为公司估值是未来存续期内现金流的折现，不是某一两年的折现。

### 2. 企业经营期限

就企业本身而言，企业自身的竞争优势是企业立足本行业并在同行中脱颖而出的关键，企业的自身竞争优势决定了企业经营期限的时长。企业通过专利技术、规模经济、品牌效应、先发优势或者高效的组织能力等形成壁垒，形成自身的竞争优势，在与同行的竞争中脱颖而出，成为行业的领导者。企业在同行中的竞争优势越强，越能在行业中立于不败之地，成为同行中经营期限最长的企业。

# 读 者 意 见 反 馈 表

亲爱的读者：

感谢您对中国铁道出版社有限公司的支持，您的建议是我们不断改进工作的信息来源，您的需求是我们不断开拓创新的基础。为了更好地服务读者，出版更多的精品图书，希望您能在百忙之中抽出时间填写这份意见反馈表发给我们。随书纸制表格请在填好后剪下寄到：北京市西城区右安门西街8号中国铁道出版社有限公司大众出版中心 张亚慧收（邮编：100054）。或者采用传真（010-63549458）方式发送。此外，读者也可以直接通过电子邮件把意见反馈给我们，E-mail地址是：lampard@vip.163.com 。我们将选出意见中肯的热心读者，赠送本社的其他图书作为奖励。同时，我们将充分考虑您的意见和建议，并尽可能地给您满意的答复。谢谢！

- - - - - - - - - - - - - - - - - - - - - - - - - - - - - - - - - - - - - - - -

所购书名：_____

个人资料：

姓名：_____ 性别：_____ 年龄：_____ 文化程度：_____

职业：_____ 电话：_____ E-mail：_____

通信地址：_____ 邮编：_____

- - - - - - - - - - - - - - - - - - - - - - - - - - - - - - - - - - - - - - - -

您是如何得知本书的：

□书店宣传 □网络宣传 □展会促销 □出版社图书目录 □老师指定 □杂志、报纸等的介绍 □别人推荐
□其他（请指明）_____

您从何处得到本书的：

□书店 □邮购 □商场、超市等卖场 □图书销售的网站 □培训学校 □其他

影响您购买本书的因素（可多选）：

□内容实用 □价格合理 □装帧设计精美 □带多媒体教学光盘 □优惠促销 □书评广告 □出版社知名度
□作者名气 □工作、生活和学习的需要 □其他

您对本书封面设计的满意程度：

□很满意 □比较满意 □一般 □不满意 □改进建议

您对本书的总体满意程度：

从文字的角度 □很满意 □比较满意 □一般 □不满意
从技术的角度 □很满意 □比较满意 □一般 □不满意

您希望书中图的比例是多少：

□少量的图片辅以大量的文字 □图文比例相当 □大量的图片辅以少量的文字

您希望本书的定价是多少：



本书最令您满意的是：

1.
2.

您在使用本书时遇到哪些困难：

1.
2.

您希望本书在哪些方面进行改进：

1.
2.

您需要购买哪些方面的图书？对我社现有图书有什么好的建议？



您更喜欢阅读哪些类型和层次的书籍（可多选）？

□入门类 □精通类 □综合类 □问答类 □图解类 □查询手册类 □实例教程类

您在学习计算机的过程中有什么困难？

您的其他要求：